シリーズ　刑事司法を考える

第3巻

刑事司法を担う人々

シリーズ　刑事司法を考える

第3巻

刑事司法を担う人々

岩波書店

刊行にあたって

もし後世において日本の刑事司法の歴史に関心を寄せる者がいて、二一世紀初頭の法制度や改革、そしてその後の運用を眺めたとき、いかなる評価を下すであろうか。われわれは、これまでそうした未来からの視点に立って今の制度や改革論議を考察する機会を持ったことがあっただろうか。確かに、大きな波が押し寄せているときにその海が静かな凪へと転じる日を思うことが困難であるように、異なる意見を激しく闘わせる席上で、改革が終わった頃に人々が日常的に利用する制度、そこに立ち現れる風景を想起することは簡単ではないだろう。

周知のとおり、日本は今世紀初頭におこなわれた司法制度改革によって、裁判員制度や被疑者国選弁護人制度の導入、検察審査会への起訴強制権付与といった大きな変革を経験し、並行して、また引き続いて、被害者参加制度に加え、少年法における不定期刑の延長や公訴時効の撤廃といった厳罰化を経験した。二〇一六年には、法制審議会の答申を受けて取調べの録音録画(いわゆる可視化)の法制化や、取調べに代わる新たな捜査・立証手法の導入が国会で決まり、大きな変化を目の当たりにするに至った。

司法制度改革以前、被疑者段階にある人が自分で頼んだ弁護士を持たない場合には、「当番弁護士」というボランティア頼みの弁護人が一度限り助言に応じるだけだった(そのような当番弁護士制度ですら、それが動きだしたのは一九九〇年代のことである)。今では法定刑によっては勾留段階から国費で弁護人が与えられるようになっている。憲法の明文は起訴後の被告人段階でのみ国選弁護人を保障していたため起訴前の段階では国費による弁護人は付与されなかったけれども、司法制度改革によってその範囲はずっと広がっている。

捜査の過程で関係者に見返りを保証することによって有益な情報を引き出す手続きはこれまで公式には我が国に存在しなかった。ところが、二〇一六年の法改正によって、他人の犯罪について有益な情報を提供してその見返りに処分を軽減・免除する「協議・合意制度」を取り入れた。長年我が国では、そのような取引き的行為を使って罪責を追及する制度は市民感情に反すると説明されてきたが、いよいよ日本の刑事司法においても取引きを基礎にした刑事裁判が始まろうとしている。

裁判員裁判以前の日本の刑事裁判の法廷を思い出してみても、法曹の言葉は難しいどころか小さすぎて傍聴人には届かず、聴き手の目を見て弁論する法曹は少なかった。今や弁護人や検察官は裁判員となった市民の目を見つめ、その主張を分かり易く伝えようと苦戦している。張りのある声が法廷の隅々に届くようになっている(もっとも、裁判員裁判以外では現在でも以前と変わらず、割合的にはそうした裁判がまだ圧倒的に多いだろう)。

当事者主義の名の下に裁判当事者は独自に証拠を集めるのが当然だとされ、弁護人には検察側がどのような証拠を持って公判に臨んでいるのかを知るすべはなかった。ところが、冤罪を争った少なくない事件で被告人や請求人に有利な証拠が隠されていた事実が明らかになり、検察側の有する証拠に確実にアクセスできる制度が求められてきた。二〇一六年の法改正により、とうとう弁護人は検察側手持ち証拠のリストを手に出来るようになった。

犯罪の被害者にとっても、かつては証人としてしか法廷で語ることが許されず、法律家の質問に答えるだけであった。今では意見として思うところを述べることが出来るし、証人に質問したり、量刑について意見を述べる機会も与えられるようになっている。

九〇年代から少年犯罪の凶悪化現象が繰り返し報道され社会の不安が煽られた結果、厳罰化が求められ、更生保護を目的とした少年法の有り様に大きな変化が生まれたのとは裏腹に、日本の少年犯罪は減少の一途を辿り、二〇一五年の統計では遂に戦後最低をマークした。にもかかわらず、今なお少年法適用年齢の引き下げが議論されようとしている。

かつて受刑者は、刑務所を出ても行き先がなく社会に受け入れてもらえないまま再犯に至るというルートを通りがちであった。知的障がい者は本来福祉の手で救われるべきであったのに、福祉の網から漏れて犯罪に手を出し刑務所に送られていた。いま、検察官は起訴の前に福祉的手法で再犯を防止する手だてを講ずるようになり、刑務所内でも職業紹介ができる仕組みが導入され、弁護人も更生を見通した援助を弁護活動に取り入れるようになっている。

確実に、そして予想を上回る勢いで、日本の刑事司法は変わりつつある。その変化は専門家ですら全体像を摑むことに困難を覚えるほどであり、従来の姿を前提に議論していては将来の予測を誤りかねないだろう。

とりわけ、これまでは専門家によって独占されていた刑事司法の議論の場が、多様なアクターの声を取り入れた政治的アリーナへと変貌を遂げており、刑事司法の運用面も安定しているとは言い難く、現実の制度は絶えず法改正の動きを内包している。加えて、法制審議会における議事が明らかにしているように、改革に携わっている専門家達においてそもそも改革の筋道や改革すべき実務的課題が共有されておらず、改革を望む市民との対話はすれ違いに終わっていて、改革の処方箋すらこの国では用意されていないという現状がある。

これほどのダイナミクスと混乱は、戦後の刑事司法においてかつてなかったと言ってよい。その内容についても、これまで学界や法曹界で論じられながら実現を見なかったものから、当時はまったく予想もされなかったものまで多様な事柄を含んでいる。捜査段階から公判段階、刑事司法に関係する様々なステージに広がっていて、その広がり故に、今起きている変化について刑事司法全般にわたって功罪を論ずるにはたいへんな時間を要することになるだろう。

けれども、だからと言って今の時点でわれわれがなすべき務めを放棄することはできないはずだ。必要なのは、多岐にわたる刑事司法をめぐる改革論議の表層をなぞることではなく、それぞれの根底にある制度的・思想的課題に思いを寄せ、従来のアプローチの限界を見極めると同時に、国際的な動向は言うに及ばず、あるべき法制度を見通し将来の設計図にまで触れるような力強い議論をおこなうことであろう。

わたしたち編集委員は、実務家、研究者として、この変化の著しい時期にあえて日本の刑事司法全般に広くメスを入れ、今後のあるべき刑事司法を見据える必要を感じこの講座を編むこととした。われわれはそのためのミッションとして、刑事司法をめぐる改革論議に否を言うことも含むと了解しており、これまで改革の要が十分に共有化されてこなかった事柄について議論を加速させることも必要と考えている。また、日本では未だ十分に取り上げられ、触れられてこなかった、しかし重要と思われる未開拓の領域に分け入る作業も担うべきだと考えている。

その使命を果たすためには、国内のみならず海外も含めた多くの研究者や実務家にわれわれの思いを伝え、これに賛同する多様なバックグラウンドを持つ執筆者に対してその優れた英知や知見を提示してくれるよう求めることとした。それは後世の人たちのためにではなく、今、日本の刑事司法制度に関わる多くの問題について深く掘り下げ、立ち止まって考えようとする人々＝われわれが心から望む読者＝のためである。そうした読者にこのシリーズの全ての章が届けられるならば、刊行を企画したわれわれの本望である。

編集委員一同

はじめに

どんな制度も、その運用の結果がどうなるかは、最後はそれを担う人々によって決まる。刑事司法のために立派な法律を作っても、それを使う人々の考え方や姿勢が間違っていれば、良い結果にはならない。たとえば、裁判の方法についていかに公平な規則を定めても、それを適用する裁判官が強い偏見に捕らわれていたなら、誤った判決に至る。また、法律で被告人の権利を厚く保障したとしても、弁護人に熱意がなければそれは守られない。他方で、現実に刑事司法を動かす人々の能力や意識を無視しては、実効性のある法制度はできない。同じ法律の下でも、それを動かす人々の意識や彼らがもつ資源によって、現実の司法の姿は大きく違ってくる。

この第3巻は、刑事司法の担い手に注目することによって、日本の刑事司法を見直そうとする。どんな人々が実際に刑事司法を動かしているのか、またその人々から見ると刑事司法はどのように見えるのかという観点から、刑事司法の現実の姿を描きたい。

刑事司法を担う人々の地位は、多様である。関わり方として当事者か判断者か、あるいは情報の提供者かといった区別ができる。また、職業として関わるのか、偶然の事情でたまたま関わるのかの違いがある。さらに、法律などの専門家として関わるのか、一般市民の一人として関わるのかという違いもある。

まずは、当事者として刑事司法に登場する人々がいる。第I部では、このような当事者としての登場人物たちに目を向ける。まず、刑事司法の手続を始めるのは、主として事件の捜査をする警察官である。宮澤論文では、日本の警察官たちはどのような人々かを見る。警察官から事件の捜査を引き継いで、起訴・不起訴を決め、起訴した場合に原告役として裁判に登場するのは検察官である。検察官に大きな権限と役割を与えているのは、日本の刑事司法の重要な特徴である。ジョンソン論文は、検察官がどのような立場にあるかを描く。刑事司法のもう一方の当事者は、起訴される前の被疑者と起訴された後の被告人である。刑事司法の結果からもっとも直接的に影響を受ける人々でもある。現在の法律に照らして、被疑者・被告人の立場がどのようなものか、石田論文が論じる。村木論文は、自らの体験を通じて、被疑者・被告人の視点から刑事司法の問題点を論じる。被疑者・被告人を援助する立場で刑事司法に関わる法律家が弁護人である。村岡論文は、日本の刑事弁護人がどのような人々かを語る。なお、犯罪被害者も当事者として刑事司法に関わる面がある。しかし、被害者については特別に第4巻を用意しているので、第3巻では本格的には触れない。また、捜査や裁判の結果が出た後に、刑の執行の過程などで矯正や保護に関わる人々は、第6巻に登場する。

次に第Ⅱ部では、当事者ではなく判断者として刑事司法に関わる人々に注目する。被疑者・被告人の運命を決める人々であり、ときに死刑を宣告する権限さえもつ。このような判断者の中にも、法の専門家として判断する人すなわち裁判官と、一般市民の中から選ばれて判断に加わる人々すなわち検察審査員と裁判員とがいる。検察審査員は、検察官が決めた不起訴処分を覆すまでの権限をもつ。川﨑論文は、近年の改正で権限を強化された検察審査員の働きに関する議論を整理して、これからの方向を提案する。起訴された被告人の運命を決めるのは、多くの場合、公務員法律家としての裁判官である。安原論文は、刑事事件を担当する裁判官たちの像を描く。裁判員は、一般市民の中から選ばれて、重大な刑事事件の裁判に参加する。どんな判決をするかについて、裁判官とほぼ同様の判断権をもつ。裁判員は二〇〇九年から始まった、まだ新しい制度である。後藤論文は、法律家でも公務員でもない人々が裁判員として判決に関わることの意味を考える。そして、田口論文は、自身の経験に基づいて、裁判員を務めるという経験がもつ意味を語る。

第Ⅲ部では、当事者でも判断者でもない立場で刑事司法に登場し、あるいは刑事司法に大きな影響を与える人々に目を向ける。日本の刑事裁判にも、日本語を使えない被疑者・被告人が現れる例は多い。水野論文は、裁判での通訳の役割と通訳から見た刑事司法を論じる。中谷論文は、被疑者・被告人の精神鑑定をする鑑定人の立場から、刑事司法の在り方を論じる。渡辺論文は、報道に携わる立場から、刑事司法への関わりを語る。最後の葛野論文は、刑事司法のしくみを決める重要な決定の場である立法の過程に注目する。とくに最近の刑事訴訟法改正に至る議論の経過を素材にして、どのような人々がどのように影響を与えているかを分析する。

このように、第3巻は、刑事司法に関わり、それを動かす多様な人々に注目するとともに、その人々の視点からみた刑事司法を描く。これを通観することによって、読者が刑事司法を動かす力学を読み取ることができれば、幸いである。

二〇一七年三月

後藤　昭

目　次

I

刑事裁判の当事者たち

1　日本の警察組織と警察官

宮澤節生

犯罪が発生したと思われるときに犯人と証拠を捜査する公務員を司法警察職員という。警察官は一般的に司法警察職員として職務を行うものとされている(刑事訴訟法一八九条)。海上保安官、麻薬取締官、労働基準監督官など、個別の法律に基づいて特定類型の犯罪捜査にあたる公務員(特別司法警察職員)も存在するし(刑事訴訟法一九〇条)、検察官も犯罪捜査を行うが(同一九一条一項)、犯罪捜査の圧倒的大部分は警察によって行われている。その意味で、警察は、刑事司法へのインプットの量と質を決定する大きな役割を果たしている。本稿の目的は、そのような警察組織と警察官という職業の主要な特徴を検討することにある(1)。

一　警察組織の構造

現行警察法は、一九五二年に日本が主権を回復した後、一九五四年に制定された。その二条一項は、「警察は、個人の生命、身体及び財産の保護に任じ、犯罪の予防、鎮圧及び捜査、被疑者の逮捕、交通の取締その他公共の安全と秩序の維持に当ることをもつてその責務とする」と規定する。この責務を担う警察の組織は、①公安委員会による非専門家の管理、②法執行事務の都道府県警察への一元化、③都道府県警察に対する国の包括的な関与という、三つの特徴を持っている。一般には知られていないことが多いと思われるので、少し詳しく説明しよう。

(1) 公安委員会による非専門家の管理

国と都道府県に、合議制機関として、国家公安委員会および都道府県公安委員会を設置している。GHQ(連合国最高司令官総司令部)は、内務省による戦前の中央集権的警察組織の解体を目指したが、その強い指導の下で制定された一九四七年の旧警察法は、警察の管理を警察の専門家ではない民間人に委ねることによって民主的統制を行い、警察組織の独善性を防止するとともに、警察の政治的中立性を確保するという目的で、公安委員会制度を導入した。現在の公安委員会制度は、いくつかの変化を受けながら今日まで存続し続けたものである(岩瀬二〇一四、島根二〇一四、高木二〇一四)。

国の国家公安委員会は、内閣総理大臣の所轄の下に、委員長と五人の委員によって構成されている(警察法四条)。内閣総理大臣の「所轄」というのは、「委員の任免権のほかは、予算の作成および組織に関する命令の制定について権限あるに止まり、上級庁としての機関監督を含まない」と解されている(田上一九八三：二七二)。国家公安委員会には、その管理の下に、「特別の機関」として警察庁が置かれている(警察法一五条、内閣府設置法五六条)。国家公安委員会は、内閣総理大臣の承認を得て警察庁長官を任免する(警察法一六条一項)。しかし、警察庁は、国家公安委員会の部局ではなく、それ自体が行政庁として国の意思を決定し、外部に表示する権限を有するので、国家公安委員会による「管理」は「内部的な機関意思の決定に止ま[る]」と解されている(田上一九八三：二八〇)。

国家公安委員会の主要目的のひとつは政治的中立性の確保であるが、他方で、委員長には国務大臣が充てられている(警察法六条一項)。それは、警察行政に対する内閣の責任を明確化するためであると説明されている。委員長以外の委員は、任命前五年間に警察または検察の職務を行う職業的公務員の前歴のない者のうちから、内閣総理大臣が両議院の同意を得て任命する（警察法七条一項）。二〇一七年四月一日現在の構成は、会社役員二人、大学教授・元外交官・元裁判官各一人である（ＵＲＬ①）。任期は五年で、一回に限り再任されうる。委員会の開催は週一回であるが、委員は「常勤的」なものと位置づけられており、現在年間約二三〇〇万円の給与を得ている（ＵＲＬ②）。国家公安委員の活動実態について、ある警察官僚は、「定例会議は、原則として週一回……平均会議時間は一時間三〇分前後……会議以外の活動日数は、年間委員一人当たり平均で約一二〇日……緊急事態に際して二四時間いつでも対応する職責がある」と述べている（髙木二〇一四：三六五―三六六）。

国家公安委員会は、「国の公安に係る警察運営をつかさどり、警察教養、警察通信、情報技術の解析、犯罪鑑識、犯罪統計及び警察装備に関する事項を統轄し、並びに警察行政に関する調整を行うことにより、個人の権利と自由を保護し、公共の安全と秩序を維持することを任務とする」（警察法五条一項）とともに、その任務を果たすために、①警察に関する制度の企画・立案、②警察に関する国の予算、③警察に関する国の政策の評価、④大規模災害、騒乱、航空機の強取、人質による強要、爆発物の所持その他これらに準ずる犯罪に係る事案で、国の公安に係るものについての警察運営、⑤内閣総理大臣が全国または一部の地域について緊急事態の布告を発する緊急事態に対処するための計画およびその実施、その他、合計二六項目にわたる事務について、警察庁を管理するものとされている（同五条四項一―二六号）。

「つかさどる」というのは、行政庁が自らの判断と責任において事務処理にあたるという意味とされるが（島根二〇一四：二四二）、国家公安委員会自体は独自の職員を持たず、庶務すら警察庁が担当している（警察法一三条）。それに対して警察庁は、国家公安委員会の管理の下に警察法五条四項に規定された事務をつかさどるものとされている（同一七条）。警察官僚たちは、「国家公安委員会は、「つかさどり」の程度になるように警察庁を管理する」と解説したり（島根二〇一四：二五七）、「警察幹部は公安委員会報告を相当に重視しており、……公安委員会形骸化批判は当たらない」(四方二〇一四：二〇六)とか、「警察の側から見れば、週一回は必ず決裁を受ける、又は報告を行うことを義務付けられており、様々な予想される意見、質問等に対応するためには、当該案件内容を十分に把握、整理しておかなければならないし……全体として適度な緊張関係の下で運営されている」(島根二〇一四：二六五)と述べているが、その実態を外部から窺い知ることは難しい。

都道府県では、知事の所轄の下に都道府県公安委員会が置かれており(警察法三八条一項)、都道府県警察を管理するものとされている(同条三項)。委員は、当該都道府県の議会の被選挙権を有する者で、国家公安委員会委員と同じ要件を満たす者を、都道府県知事が都道府県の議会の同意を得て任命する(警察法三九条)。人数は、都、道、府、および「指定市」を有する県では五人で、他の県では三人であり(警察法三八条二項)、委員長は一年任期で互選する(同四三条)。面積が広い北海道では、さらに四つの方面公安委員会が置かれており、委員は各々三人である(警察法四六条)。都道府県と方面の公安委員会も独自の職員を持たず、庶務は都道府県あるいは方面の警察本部が担当している(警察法四四条)。国家公安委員会とは異なり、都道府県公安委員会は警備業の許認可権限、風俗営業に対する許認可権限、運転免許証の交付権限なども有するが、現実には自らそれらの権限を行使することはなく、警視総監あるいは警察本部長に代行させている(日本弁護士連合会二〇〇三：一一四―一一五)。委員はすべて非常勤であるが、報酬には都道府県によって大きな違いがある(日本弁護士連合会二〇〇三：一一六)。最高と思われる東京都では、現在、委員長が月額約五二万円、委員が月額約四三万円である(URL③)。

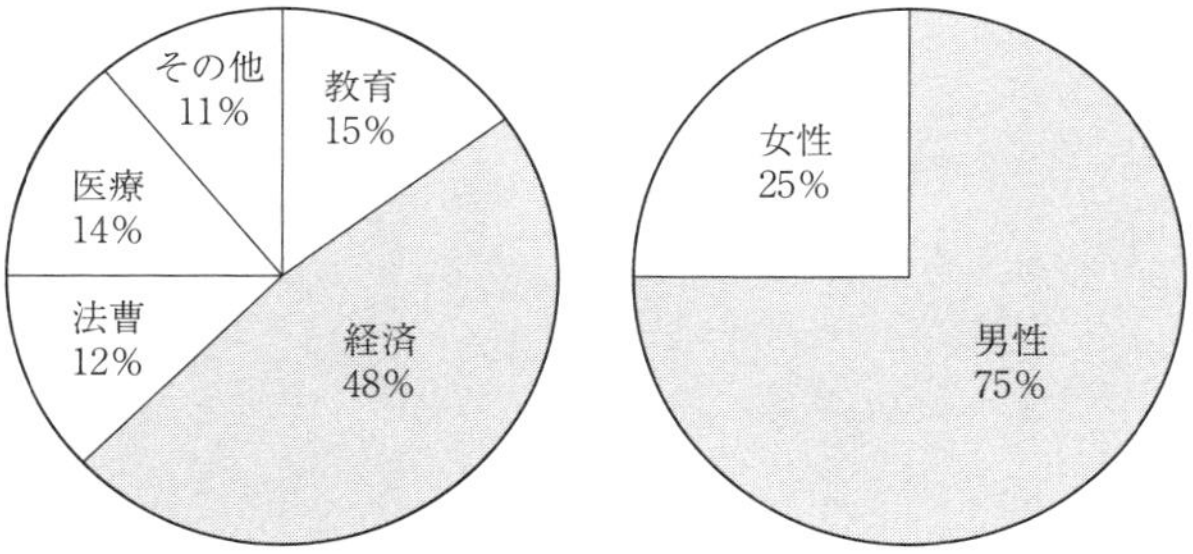

図 1　都道府県公安委員会委員の構成(2015 年 12 月 31 日現在)
出典：国家公安委員会・警察庁 2016：図表 1-4.

都道府県公安委員会と都道府県警察の実際の関係も外部から窺い知ることは難しいが、山口県の公安委員を務めた弁護士は、一カ月間で一六万件以上ある決裁案件を「直接に決裁するということは物理的にも不可能で……専決が大きいから形骸化しているという議論はいささか観念論」と指摘し、「ある程度能力のある人間がやる気を出してやれば、今の制度の中でも相当に改革改善ができる」と述べている（日本弁護士連合会二〇〇三：二一九―二三二）。また、警察部内の論客として知られた元県警本部長は、「（公安委員の）任免権者は知事ではあるけれども、実際に人選するのは警察であることが多い」という発言に対して、「知事の権限なのですから……知事の一言で慣例なんて一瞬にして消えますよ」と答えている（インタビュー二〇一七：九）。図1は、二〇一五年一二月現在の都道府県公安委員会の構成である。約半数が地元経済界から任命されているようである。

(2) 法執行事務の都道府県警察への一元化

一九四七年の旧警察法は、警察組織の徹底的な地方分権化を図った。アメリカの警察組織がそうであるように、市町村を警察組織の基本的単位として、市と、人口五〇〇〇人以上の市街的町村は各自の警察組織を持つものとされ、それら以外の村落地区を、国家地方警察と呼ばれた国の警察組織がカバーするという体制を導入した（大日方一九九三：二一八―二二一、岩瀬二〇一四：一一九―一二七）。

この体制に対しては、小規模自治体の財政負担、管轄地域が複雑に入り組んだ一六〇〇もの警察組織を有する非能率性、内閣が国家公安委員の任命以外に関与することがない制度における政府の治安責任という観点の欠如などに対する批判が提起され続け、日本が一九五二年に主権を回復すると、旧警察法改正の動きが加速した。その結果、中央集権化を恐れる反対を押し切って、現行警察法が制定された（大日方一九九三：二三一、岩瀬二〇一四：一三四―一三六）。最も大きな変化は、警察の基本的単位が、市町村から都道府県に引き上げられたことである。警察事務の具体的な執行はほとんどすべて都道府県警察が担当しており、国の警察組織として設立された警察庁は、皇宮警察を除いて、警察事務の具体的執行を行っていない。その意味で、日本の警察組織は、自治体警察の性格をまだとどめている。

すでに解説したように、都道府県知事の所轄の下に都道府県公安委員会が置かれており、都道府県公安委員会の管理の下に都道府県警察が設置されていて、都の警視庁と道府県の警察本部は、それぞれの警察事務をつかさどっている。警視庁のトップである警視総監は、国家公安委員会が、都公安委員会の同意と内閣総理大臣の承認を得て任免し（警察法四九条一項）、道府県警察本部長は、国家公安委員会が、道府県公安委員会の同意を得て任免する（同五〇条一項）。都道府県警察職員のうち、警視正以上の階級にある警察官は、「地方警務官」と呼ばれて、一般職の国家公務員とされており（警察法五六条一項）、国家公安委員会が、都道府県公安委員会の同意を得て任免する（同五五条三項）。その他の都道府県警察職員は、警視総監または都道府県警察本部長が、都道府県公安委員会の意見を聞いて任免する（警察法五五条三項）。

(3)　都道府県警察に対する国の包括的な関与

日本の警察組織は自治体警察の性格をまだとどめているとはいえ、すでに述べたように、都道府県警察本部のトップである警視総監あるいは道府県警察本部長や、上級幹部である地方警務官は、国家公安委員会が任免している。さらに、警察法五条四項の各号は、国家公安委員会が警察庁を管理する事項を列挙するものであると同時に、警察庁がつかさどる事項を列挙するものともなっている（同一七条）。そして、警察庁の所掌事務については、警察庁長官が都道府県警察を指揮監督することになっているから（警察法一六条二項）、結局は、警察庁が、基本政策の導入・実施だけではなく、具体的な法執行のあり方についても「都道府県警察に強く関与する」（岩瀬二〇一四：一四二）体制になっている。その事項には、広域的・国際的な事案への対処だけではなく、警察職員の人事・定員、警察教養、警察通信、犯罪鑑識、犯罪統計、警察装備、警察職員の任用・勤務・活動基準、警察行政の調整、監察など、組織の編成と運用の基本的事項が網羅されている。

警察庁による都道府県警察の指揮監督のあり方が、地方分権改革の過程で再検討されたことがある。一九九九年に制定された「地方分権の推進を図るための関係法律の整備等に関する法律」(いわゆる「地方分権一括法」)によって、それまで団体委任事務に分類されていた警察事務が自治事務に分類されたためである。これに対して警察庁は、都道府県警察の事務が国家的性格を併有することを主張して、「個別の法律における必要性から特別に国が指示することができる場合」に当たるという取り扱いを獲得した。同じように、地方事務官(都道府県に置かれていた国家公務員)が廃止されたにもかかわらず、警察事務の特殊性を主張して地方警務官制度を維持することにも成功した(岩瀬二〇一四:一四〇)。

都道府県警察に対する警察庁の指揮監督は、人事と財政によって現実的に確保されている。人事については、地方警務官の総定員と、都道府県警察ごとの階級別定員を、警察法施行令で定めている(六条・七条)。地方警務官以外の都道府県警察職員(地方警察職員という)の定員は条例で定めるが、そのうち警察官の定員は政令で規定する基準に従わなければならない(警察法五七条二項)(貝沼二〇一四)。財政については、都道府県警察に要する経費でも、警視正以上の階級にある警察官の俸給、警察教養施設の維持管理と警察学校における教育訓練に要する経費、警察通信に要する経費、犯罪鑑識に要する経費、犯罪統計に要する経費、警察用車両・船舶ならびに警察装備品の整備に要する経費、警衛・警備に要する経費、公安犯罪その他の特殊犯罪捜査に要する経費、その他、警察法三七条一項に列挙された経費は国庫が支弁することになっており、それら以外にも補助金が支給されることがある(同三七条三項)(小田部二〇一四)。国庫からの支給であるため、都道府県の予算審議にかかることはなく、監査の対象にもならない(島根二〇一四:二五一)。これらの国庫支出がなければ、都道府県警察は維持しえないであろう(具体的経費について、特集二〇一六b:

Part 3)。**図2**は二〇一五年度の警察庁予算であり、**図3**は同年度の都道府県予算である。都道府県予算のほとんどが人件費であって、それ以外の経費はほとんど国庫支弁に依存していることが推測できる。二〇一五年度の国民一人当たりの警察予算は約二万八〇〇〇円であった。

以上の警察組織を図示したのが、**図4**と**図5**である。少し補足すると、図4にある「管区警察局」というのは、複数の府県にまたがった指導監督、調整、通信業務などを行うための、警察庁の地方機関である（警察法三〇条）。図5にある「市警察部」というのは、市の組織ではなく、政令市との連絡調整を主として担当している道府県警察の部局

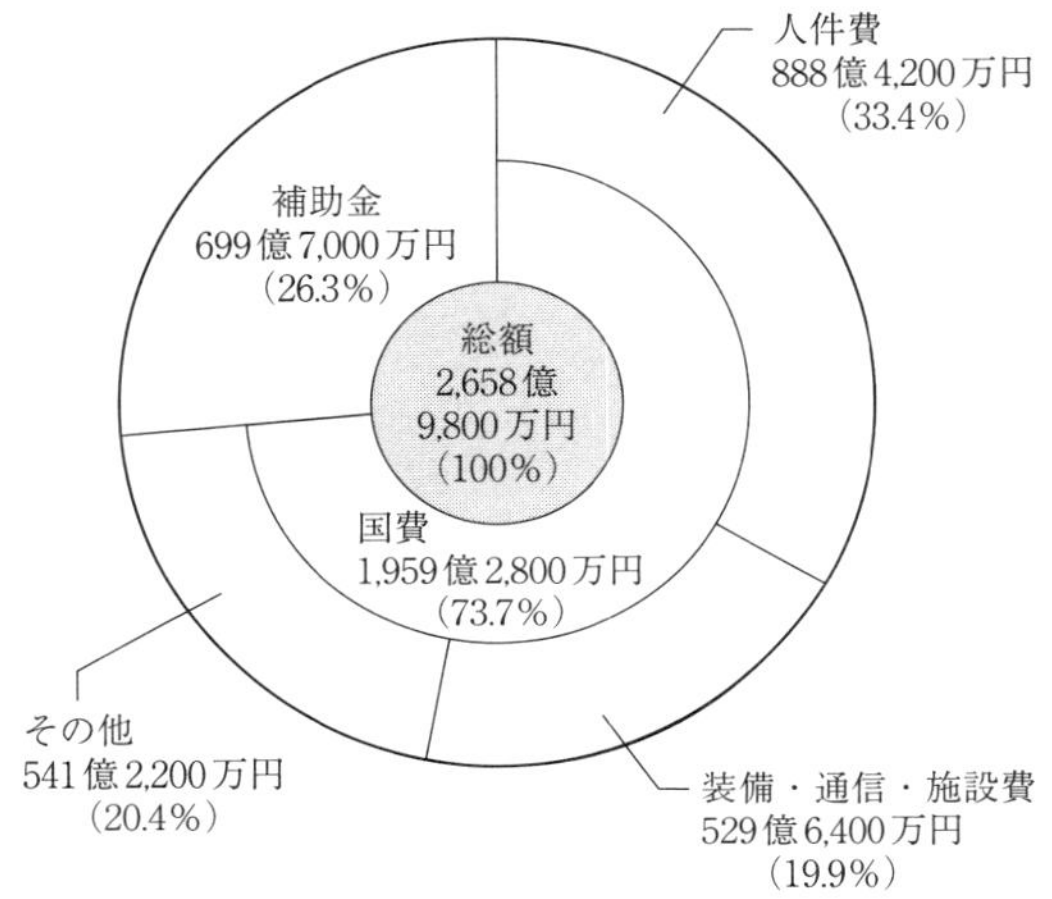

図2　警察庁予算（2015年度最終補正後）

注：交付税及び譲与税配付金特別会計繰入のための経費673億4,800万円を除いたもの

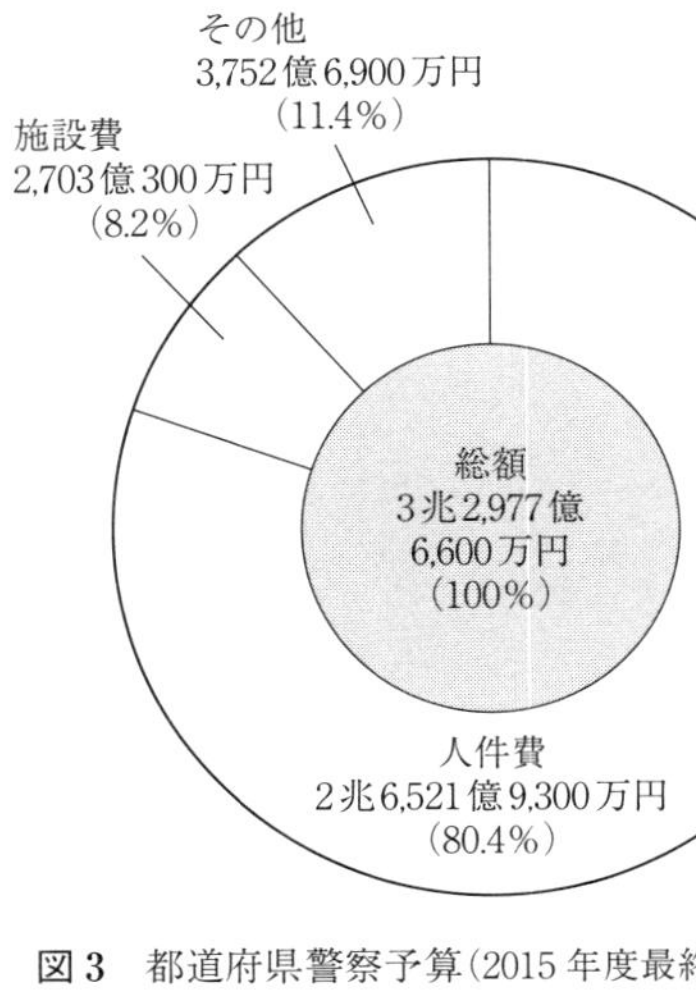

図3　都道府県警察予算（2015年度最終補正後）

図2・3出典：国家公安委員会・警察庁 2016：図表7-7，7-8.

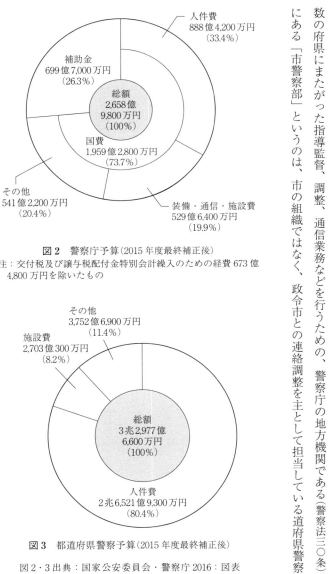

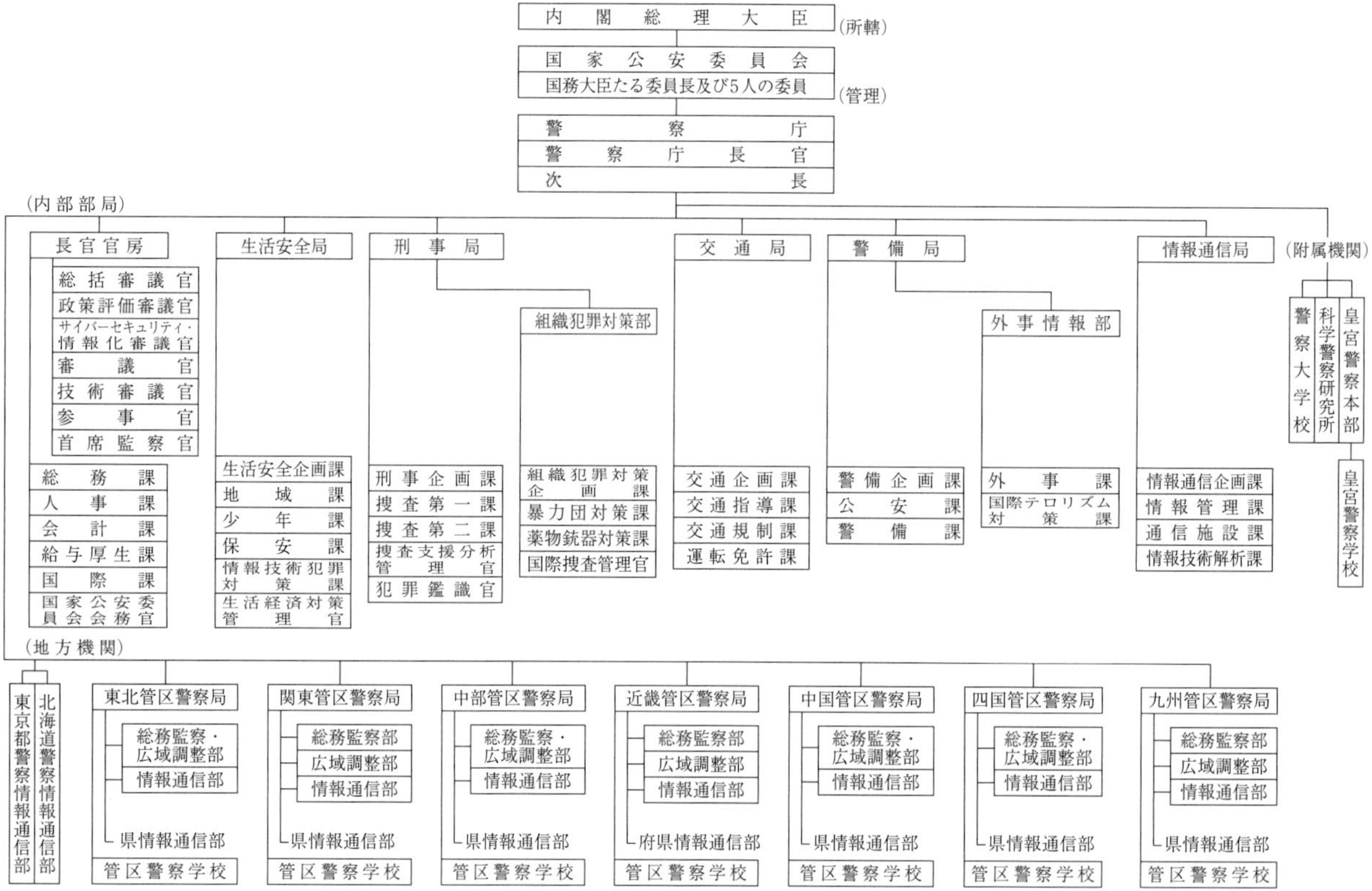

図4 国の警察組織(2016年度)

出典：国家公安委員会・警察庁 2016：図表 1-1.

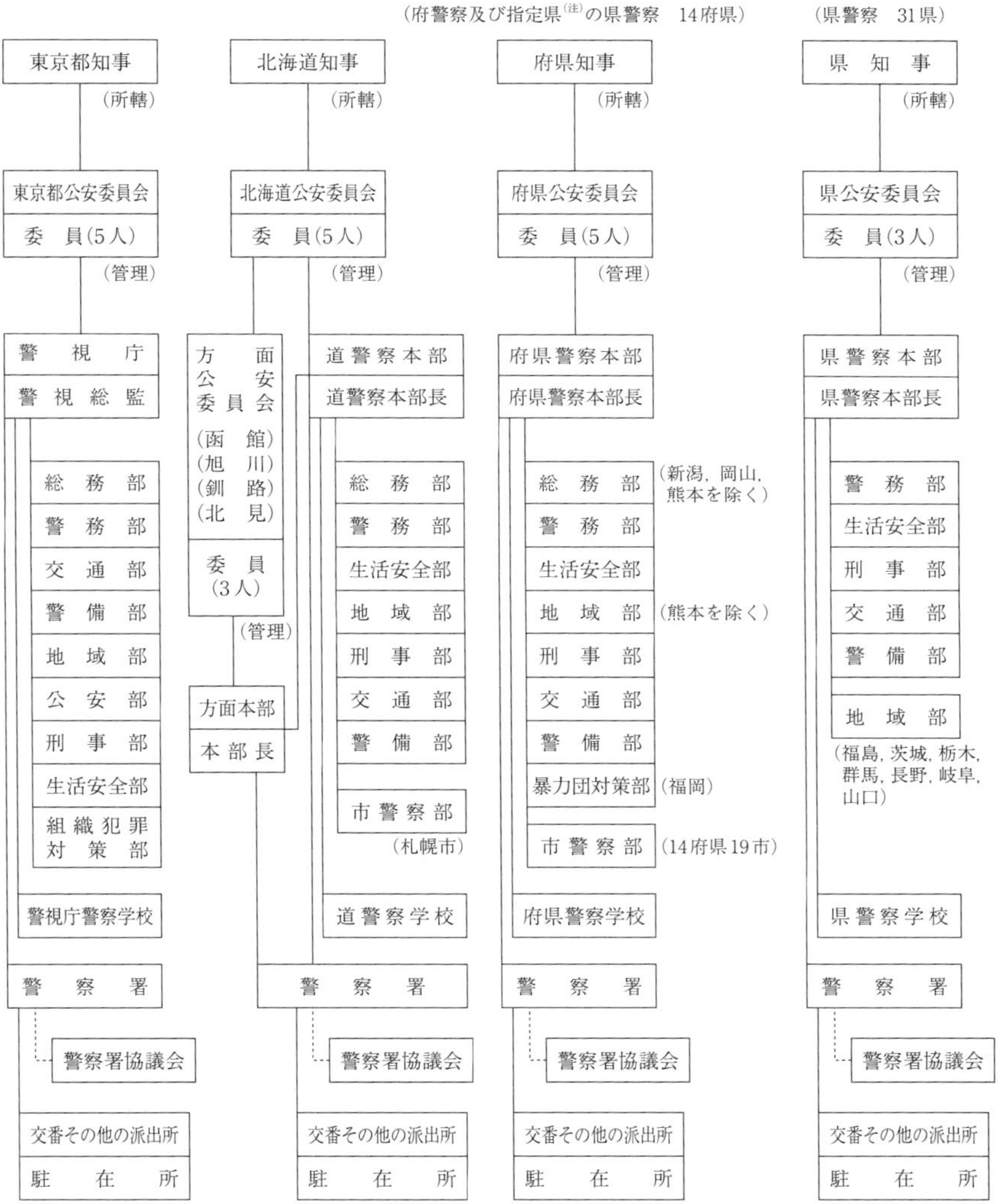

図 5　都道府県の警察組織

注：地方自治法第 252 条の 19 第 1 項の規定により指定する市を包括する県．2016 年 4 月 1 日現在の指定県は，宮城，埼玉，千葉，神奈川，新潟，静岡，愛知，兵庫，岡山，広島，福岡および熊本である．

出典：国家公安委員会・警察庁 2016：図表 1-2.

表1　警察職員の定員（2016年度）

区分	警察庁				都道府県警察					合計
	警察官	皇宮護衛官	一般職員	計	警察官			一般職員	計	
					地方警務官	地方警察官	小計			
定員（人）	2,149	881	4,767	7,797	628	258,875	259,503	28,364	287,867	295,664

注：都道府県警察職員のうち，地方警務官については政令で定める定員であり，その他の職員については条例で定める定員である．
出典：国家公安委員会・警察庁 2016：図表7-1.

である（警察法五二条）。警察署は、二〇一六年四月現在、一一六六設置されている。図5にある都道府県の警察学校は、主として初任警察官（巡査）の教育（警察では「教養」という）を担当しており、図4にある管区警察学校は、巡査部長や警部補の昇進試験に合格した者に対する教育を主として行っている。同じく図4にある警察大学校は、後述する「キャリア」採用者、警部昇任者、その他の幹部に対する教育を担当するほか、いくつかの研究センターを有している。図5にある「警察署協議会」は、あとで説明する。

二　警察官という職業

以上の警察組織に勤務する警察職員の定員は、二〇一六年度で二九万五六六四人で、内訳は**表1**のとおりである。全職員の九七・四％が都道府県警察に所属している。その都道府県警察職員のわずか〇・二％が地方警務官であるが、その中には、地方警察官から昇進してきた者と警察庁から出向してきた者の両方が含まれる。注目すべきことは、地方警察官の定員が、二〇〇一年から二〇一五年までの間に二万九八三一人増員されたということである（国家公安委員会・警察庁二〇一六：一九八）。それは、二〇一六年度の地方警察官定員の一一・五％にあたる。その背景はあとで説明する。

(1) 警察官の負担

警察官の数に関しては、日本の警察官の一人当たり負担人口が他の国における負担人口に比べて重いということが、よく主張される。たとえば、あとで取り上げる「警察刷新会議」が二〇〇〇年に大阪で開いた公聴会において、ある新聞記者は、「欧米と比べて日本では、警察官一人当たりの人口が多く、負担も大きい。警察官の数を少なくとも一割増やす必要がある」と主張したという(朝日新聞二〇〇〇年五月一四日朝刊)。二〇〇一年以後まさに一割増員されたわけであるが、そのような議論はミスリーディングである。なぜなら、全国民を「負担」と考えるということは、全国民を潜在的犯罪者としてとらえることにほかならないからである。順法性が高い国の国民は、むしろ警察に協力する潜在的資源とみなすべきである。

二〇一三年の日本における一般刑法犯(刑法犯から交通関係事件を除いたもの)の発生率は、ドイツの七分の一、アメリカの三分の一であって(法務総合研究所二〇一五：三五)、一貫して減少傾向にある(法務総合研究所二〇一六：三)。治安という点で最も重視すべき殺人事件の発生率も、アメリカの一三分の一、ドイツの二分の一以下である。そうでありながら、二〇一三年の一般刑法犯の検挙率は三〇・〇%で、はるかに犯罪発生率が高いドイツの五四・五%には及ばない(法務総合研究所二〇一五：三五)。二〇〇〇年頃には日本の犯罪発生率が上昇傾向にあったが、それでも他の先進国に比べればはるかに低く(2)(宮澤二〇一三：一〇)、二〇〇三年からは一貫して減少していて、『警察白書』もそれは認めている(国家公安委員会・警察庁二〇一六：六四)。

警察官の負担として、より意味のある統計は、警察官一人当たりの認知件数や検挙件数であろう。この点について、一九八七年の警察官一人当たり一般刑法犯認知件数は、アメリカや西ドイツの三分の一前後にすぎず、一九八六年の警察官一人当たり一般刑法犯検挙件数は、アメリカの三分の一程度、西ドイツの半分程度に過ぎなかったという推計がある(宮澤一九九〇a、宮澤一九九〇b)。日本の警察官は、先進国では最も恵まれた警察官だったのである。他の先進国における現在の警察官数を知ることができなかったので、現時点で同じ推計をすることはできなかったが、基本的状況に変化はないと思われる。

一般国民の観点から見た大きな問題は、犯罪状況が好転し続ける一方で警察官は増加し続けているにもかかわらず、検挙率が向上していないことである（法務総合研究所二〇一五：三五）。殺人・強盗などの重要犯罪の検挙率はわずかに上昇しているが、それらは一般刑法犯の一％少々にすぎず（国家公安委員会・警察庁二〇一六：六五）、一般国民にとって警察の最大の役割である犯罪捜査が、全体的に不振であることは否定できない。

この点に関連して、二〇一四年の一般刑法犯の検挙率と人口一万人当たり警察官数を都道府県別に示した記事が存在する（特集二〇一六b：六二）。警察官数が最高（三二・八人）の東京都の検挙率は下から六番目（二六・二％）にすぎないのに対して、検挙率が最高（六四・五％）の秋田県の警察官数は東京都よりもはるかに少ない（一八・四人）というのである。全都道府県を含めて相関係数を計算したところ、マイナス〇・二三となった。ごく低い値ながら、警察官数が多い都道府県では検挙率が低いという結果である。しかし、人口当たり警察官数が突出して多い東京都、京都府、大阪府では、犯罪捜査以外の活動に振り向けられる警察官も多いと推測されるから、それらを除いた四四の道県で同じ相関係数を計算し直してみた。そうすると、プラス〇・二七という相関係数になる。おそらくは警察官定員に関する共通の基準の効果として、人口一万人当たり警察官数は一六人前後から二一人前後の間に密集しているにもかかわらず、検挙率には二六％前後から五五％前後までの大差が存在するために、このような結果が得られたと思われる。素朴な検討ではあるが、警察官数増強が検挙率の改善につながるのは、犯罪捜査に投入される警察官の割合が高い場合であろうという仮説は、提起しうるであろう。

(2) 階級と採用区分

警察は一般的に、犯罪や災害に対して、集団として迅速かつ統一的に行動する必要があるため、上意下達の厳格な階級制を有している。日本の警察官の階級は、下から、巡査、巡査部長、警部補、警部、警視、警視正、警視長、警視監、警視総監の九種類で、最上位の警察庁長官は階級区分の枠外にある[3]（警察法六二条、皇宮護衛官について同六九条）。階級によって、就くことができる官職が異なっている（特集二〇一六b：六四—六五）。警察庁長官の地位は、他の官庁の事務次官と同格である。

また、初任時の階級と、その後の昇任制度・昇任速度と到達しうる最高位には、採用区分による明確な差異がある。①大卒・大学院卒が対象の国家公務員総合職試験（二〇一一年度までの国家公務員Ⅰ種試験）、②大卒が対象の国家公務員一般職試験（同じく国家公務員Ⅱ種試験）、それに③都道府県警察が行う大卒・高卒対象の警察官採用試験である。採用区分によって、①キャリア、②準キャリア、③ノンキャリアと呼ばれる。キャリアは警部補からスタートして、もっぱら選考によって迅速に昇任し、警視総監や警察庁長官に到達することも期待できる。準キャリアは、巡査部長からスタートして、やはり選考によって昇任し、警視監程度まで昇任することが期待できると言われているが、一九八六年に導入された新しい区分であるため、キャリアパスはまだ不明確である。ノンキャリアは、巡査からスタートして、警部までは筆記試験で昇任し、それ以上は選考によって昇任する。ごく少数ではあるが、警視長程度まで昇任することがありうる（特集二〇一六b：六六—六七）。

キャリアは、毎年二〇人足らずしか採用されておらず、その大半は東京大学出身者である（特集二〇一六b：六八—六九）。彼らは、警察庁と都道府県警察の間を往復するだけではなく、異なる都道府県警察、外国留学、在外公館、国際機関などにも派遣されて、指揮能力や識見を高めるよう養成される。警察は政治的中立性を維持することが要請されるにもかかわらず、首相秘書官や内閣情報官として政権中枢に日常的に参画する者も存在する。このようなキャリアの存在意義について、ある元キャリアは、「警察にキャリアは要るでしょうか?」という質問に対して「国で警察制度の企画立案に当たり、他組織や外国とわたり合う上では不可欠でしょう。……キャリアの位置づけというよりも、国と地方の関係、国民・住民の警察へのコントロールの及ぼし方、という視点での論議が必要なように思いますね」と答えている(インタビュー二〇一七:一五)。地方の独立性を高め、国民・住民の警察へのコントロールを強化するには、警察法の根本的改正が必要であるが、そのような政治的機会は近未来に期待できそうにない。

(3) 昇任パターンとモラール

一九七〇年代に日本人研究者や日本語を解するアメリカ人研究者による警察研究が行われて以後(エイムズ一九八五、宮澤一九八五、村山一九九〇)、外部の研究者が警察に立ち入って行った実証研究は、まったく見当たらない(部分的に警察を扱ったものとして、カッツェンスタイン二〇〇七)。しかし最近、観察を伴うものではないが、警察官の昇任パターンに関して実証研究が発表されている。キャリア組に関する一瀬(二〇一三)とノンキャリア組に関する一瀬(二〇一四)である。

キャリア組では、警察庁課長となる警視長まではほぼ全員が同じ速度で昇進するが、警視監となって警察庁の部長・総括になる段階で少し減少し、その上の官房長・局長への昇進でさらに激減して、警察庁長官・次長あるいは警視総監という頂点に到達するのは同期で一割に満たない。このような「将棋の駒」型の人事は、組織へのコミットメントと能力向上への意欲を長期間維持する仕組みである。しかし、じつは、一見したところ平等な昇任が続いている期間でも、警視庁課長となることが本庁課長に昇進する可能性を高めるなど、微妙な差を生み出す選別が同時に行われている。

これに対して、ノンキャリア組では、一九六〇年代には三分の二が巡査で、巡査部長は二割にも達しないピラミッド型であったものが、一九九〇年代の昇任制度改革によって、二〇〇〇年代には巡査・巡査部長・警部補がほぼ三割ずつ存在するという「将棋の駒」型構成に変わっていた。キャリア組と同じように、能力向上へのインセンティブを長期間与え続ける構造に変わったのである。(4) しかし、多くの場合、警部補から警部への昇任試験が受験可能な期間を経過しても当然には受験できず、より長期間査定が行われる。このような昇任制度では、とくに警部補以下の高齢者についてモラールの低下が危惧される。かつては巡査部長になれれば十分満足しえたものが、二〇〇〇年代以後では、最低でも警部補、できれば警部に昇任できなければ、満足感が得られない可能性があるからである。

この点について、県警本部長自身が調査プロジェクトを組織した報告がある。田村(二〇一〇)である。田村が福岡県警本部長であった二〇〇八年の前半に、住居侵入容疑、強姦未遂容疑、一八歳未満の少女の売春あっせん容疑などで、三人の現職警察官が逮捕された。この事態に対処するために田村は、「ポリスマインド向上対策委員会」を作り、全職員約一万七〇〇〇人の質問紙調査を行うとともに(回答率約九二%)、一グループ六人で七グループからなるグループインタビューを行った(朝日新聞西部本社二〇〇八年一二月一九日朝刊)。質問紙調査では、「誇りを持って仕事に取り組んでいる」と思う職員は七割以上だったが、「地道に努力している職員が報われる職場」と感じている者は、警部では五割近いのに、警部補・巡査部長では三割にも達しなかった。また、とくに中高年の巡査部長において、組織内における孤立感・疎外感が強かった。グループインタビューでは、「良い幹部」と「悪い幹部」について、率直な意見が聞かれた。結論として田村は、組織側が留意すべき点として、職員に過剰な負担、無駄な負担を負わせないこと、個々人に、その実力に応じたやりがいの持てる適切な勤務を付与すること、などを提唱している。

(4)　パワハラとセクハラ

警察官の職場環境については、とくに階級制度に関連する病理現象として、パワーハラスメント(パワハラ)がある(原田二〇一六：第七章)。パワハラあるいはパワハラが疑われた最近の事例としては、二〇一四年に福島県警の警部と警視が自殺した事件(朝日新聞二〇一五年五月八日福島中通り会津朝刊)、二〇一五年に滋賀県警の巡査長が自殺した事件(朝日新聞二〇一五年一〇月一四日大阪夕刊)と、兵庫県警の二〇代の機動隊員二人が自殺した事件(朝日新聞二〇一五年一二月二四日大阪夕刊)、二〇一五年と二〇一六年に警視庁の地域課警察官二人が拳銃自殺した事件(朝日新聞二〇一六年七月八日朝刊)(5)などがある。パワハラは、被害者の自殺という悲惨な結果を引き起こす危険性があるだけではなく、キャリア・準キャリアが加害者となりうるので、警察庁はとくに真摯に予防策を講じる必要がある。

他方、女性警察官を積極的に採用しようとする努力に伴って、二〇一六年には新規採用された地方警察官の一六・五%が女性になっており、二〇一六年には「警察庁におけるワークライフバランス等の推進のための取組計画」が策定されて、職場環境の改善も進められようとしている(国家公安委員会・警察庁二〇一六:一九九)。しかし、それだけに、無自覚な男性職員によるセクシャルハラスメント(セクハラ)のリスクも増大する可能性がある。ごく最近でも、福岡県警の男性警察官が同僚の女性警察官に対して集団でわいせつ行為をはたらき、関係警察官のうち警部補二人が在宅起訴されるという事件があった(朝日新聞二〇一六年三月三日朝刊)(6)。警察庁は、両性が平等な同僚として安全に勤務しうる環境を整える責任がある。

(5) 「実績」への要求と警察官の行動

職業としての警察官というテーマの最後に、警察官がさらされている「実績」への要求を取り上げたい。それは、要求が過大な場合には、一般市民に対する問題行動を引き起こしうるからである。

一九七〇年代に行われた日本人研究者による二つの観察研究は、どちらもその点に焦点を合わせていた。ひとつは、警視庁の警邏《けいら》警察官(現在は地域警察官と呼ぶ)を調査した村山(一九九〇:七九―八〇、二七五―二八一、第六章)である。警察官職務執行法二条一項は「何らかの犯罪を犯し、若しくは犯そうとしていると疑うに足りる相当な理由のある者又は既に行われた犯罪について、若しくは犯罪が行われようとしていることについて知っていると認められる者を停止させて質問することができる」と規定する。いわゆる職務質問である。派出所(交番)勤務の警察官の職務質問が端緒となって、刑事訴訟法一八九条が規定する犯罪捜査へと連続することがありうる。村山は、観察した警察署において、「検挙」の罪種・活動類型や「注意報告」(担当区域内の実態把握)の内容によって点数を与える制度が実施されていたことを報告し、現場警察官にとって点数獲得が自己目的化するとともに、警察の組織単位間においても組織単位内においても、実績競争を引き起こすことを指摘している。

もうひとつの研究は、札幌市の捜査専務者(いわゆる刑事)を観察した宮澤(一九八五：第四章)である。宮澤は、刑事たちの多くが組織的にも個人的にも実績向上を要求されていると認識していることを観察と質問紙調査によって確認したうえで、手続に慎重な現場幹部たちも組織実績の改善を要求されたときには刑事たちに実績向上を要求せざるをえず、その要求が個人評価の可能性と結び付けられて与えられた場合には、刑事たちが通常以上に積極的な捜査活動に取り組み、留置場が一挙に満員になるという状況を描いている。

このような実績評価制度の問題点は警察内部でも反省されており、二〇〇〇年頃には点数化できない「潜在実績」を評価対象にする動きが始まったとされている(日本弁護士連合会二〇〇三：二〇〇五―二〇〇六)。しかし、実態については、ジャーナリスティックな記述以外に探すことは難しい(たとえば、小川二〇一四：一〇二―一〇五、別冊宝島編集部二〇一五：一四八―一五三)。その中で、個別事例として著名なのは、北海道警の「銃おとり捜査事件」である。一九九七年に小樽市で、ロシア人が拳銃所持で逮捕され、有罪となって服役した事件であるが、担当警察官が、「拳銃押収のノルマ年間四〇丁ぐらい」という状況で当該ロシア人に拳銃を持ち込むように仕向けた違法なおとり捜査であったことを告白し(7)(稲葉二〇一六、原田二〇〇五：第二章・三章)、ごく最近再審無罪判決が出た(朝日新聞二〇一七年二月二三日夕刊・三月八日朝刊)。現在、これほど病理的な実績要求は稀であるかもしれない。しかし、昇任制度と結びついて何らかの実績評価制度が存在する以上、その弊害が一般市民に及ぶ可能性があることは、認識すべきである。

三 「警察不祥事」以後の展開

警察法の「根本的」改正を可能にする政治的機会は近未来に期待できないと述べたが、「かなりの」改革が可能であるかもしれないという期待を抱かせた機会は存在した。一九九九年前後の一連の「警察不祥事」を契機とする「警察改革」(URL④)である。本稿の最後に、この点に関する問題をいくつか検討したい。

(1) 警察不祥事

警察不祥事は、①個人的非違行為、②捜査怠慢、③組織的非違行為とその隠蔽、などに分類することができる。①の例は、すでに述べた、二〇〇八年の福岡県警で起きた警察官の犯罪である。この類型も、内密に処理しようとしたり、隠蔽しようとした場合には、③類型に発展しうるし、二〇〇一年の奈良佐川急便贈収賄事件や福岡県警カジノバー贈収賄事件(日本弁護士連合会二〇〇三:五五―六二)のように担当任務との関係で生じた場合には、警察組織のあり方も問題となりうる。②の例としては、一九九九年に埼玉県で発生した桶川ストーカー殺人事件と、栃木リンチ殺人石橋警察署事件、二〇〇二年に発生した神戸大学院生殺人事件(日本弁護士連合会二〇〇三:二四―六二)などがあり、③の例としては、一九九六年の神奈川県警犯人隠避・証拠隠滅事件、二〇〇一年の富山県警覚醒剤もみ消し事件、一九八六年に発覚した日本共産党国際部長宅盗聴事件、一九八〇年代から暴露され、あるいは発覚するようになった全国各地での裏金・不正経理問題(日本弁護士連合会二〇〇三:九二―一〇二)などがある。対策としては、たとえば、①については第一線幹部による指導監督や監察の強化、②については被害申告への対応能力を高める教育や、犯罪捜査への警察力の十分な配分、③については、警察外部からの監査・情報公開・監察などの強化が、検討課題に含められるべきであろうし、外部から警察を管理する本来的機関である公安委員会の組織強化もなされるべきであろう。

(2) 警察刷新会議

一九九九年の不祥事を契機として、まず警察庁自体が、二〇〇〇年二月に警察法改正案を提出した(年表を含む経緯の概観として、日本弁護士連合会二〇〇三：一―一二)。しかし、法案提出の直後に、監察実施中の関東管区警察局長と観察対象の新潟県警察本部長という二人のキャリアが山深い宿で雪見酒や麻雀に興ずるという事件(新潟事案)が発覚して、改革案の見直しに迫られた。そこで国家公安委員会は、二〇〇〇年三月に「警察刷新会議」を発足させて、より根本的な制度改革に取り組むかのような姿勢を見せた。委員長は日本テレビ社長、委員は元内閣法制局長官、元副総理兼法務大臣、元日弁連会長、それに評論家であった(朝日新聞二〇〇〇年三月九日夕刊)。指摘された問題点は、①警察の無謬性へのこだわりと隠蔽体質、②都道府県公安委員会の形骸化、③内部監察の機能不全、④キャリア制度批判、⑤国家公安委員会の機能不全、⑥都道府県警察に対する警察庁の監察に対する不信、⑦相談・苦情・告訴等に対する真摯な姿勢の欠如、⑧捜査怠慢、などであった。

「警察刷新会議」は、一一回の会合と二回の地方公聴会を開いて、二〇〇〇年七月には早くも「緊急提言」をまとめた。提言の要点は、①情報公開のガイドラインを設ける、②警察への苦情申出制度を作る、③管区警察局に監察部を設けるなど、監察を強化する、④公安委員会に監察についての個別具体的な指示権を与える、⑤公安委員会に事務局を設ける、⑥困りごと相談制度(仮称)を作る、⑦警察署評議会(仮称)を設置する、⑧名札や識別票を身につける、⑨キャリアの現場研修を延長する、⑩管理部門の人員を減らすなど徹底的合理化をしたうえで、警察官を一割程度増やす、などであった(朝日新聞二〇〇〇年七月一三日夕刊)。朝日新聞は「改善策はいずれも「すべきこと」には踏み込まず、「できること」の枠内にとどまっている」と評した(二〇〇〇年七月一五日朝刊社説)。「警察庁の意向とすりあわせた上で提言がまとめられるのではないか」という危惧(朝日新聞二〇〇〇年六月二九日社説)は当たったのである。警察庁は、これに基づいて、同年八月に「警察改革要綱」を決定し、五カ年計画で一万二、三千人増員するという方針を打ち出した(朝日新聞二〇〇〇年八月二五日)。この増員計画の背後には、「警察刷新会議」での、警察官一人当たり負担人口が、欧米では三〇〇人から四〇〇人なのに、日本では五五六人で重すぎるという議論があった。この種の議論がミスリーディングであることは、すでに指摘した。朝日新聞は「刑事警察を中心とした新しい警察に一刻も早く生まれ変わることが期待される」と述べたが、増員分が刑事警察の強化に振り向けられたかどうかは不明である。

(3) 監察指示・警察署協議会・苦情申出

「警察改革要綱」に基づいて、ただちに警察法の部分的改正が行われた。そこで新たに導入された制度の代表的なものは、①国家公安委員会から警察庁に対する、具体的・個別的監察の指示(警察法一二条の二)、②都道府県公安委員会から都道府県警察に対する、具体的・個別的監察の指示(同四三条の二)、③警察署協議会(同五三条の二)、④都道府県警察の職員の職務執行に関する苦情申出(同七九条)である。①②は、公安委員会に独自の事務局を設けるという提案も、公安委員会が独自の監査権限を持つという提案も退けられたことを意味する。公安委員会が警察庁・都道府県警察に依存する構造は守られたのである(島根二〇一四:二六二―二六五、高木二〇一四:三七〇)。

これらの改革の中で重大な非違行為の防止に関連するのは、もちろん①②である。新聞記事の検索によれば、①の例はない。②の例としては、たとえば下記の事例がある。

• 二〇〇一年四月に、神奈川県警巡査部長による連続わいせつ事件が発生し、同県公安委員会は県警に対して監察を指示した(朝日新聞二〇〇一年四月二八日朝刊)。これが全国最初の②事例である。その監察中に、現職警官が暴力団組員に捜査情報を流した事件が発生し(同八月三〇日夕刊)、朝日新聞は外部監察を導入すべきだと主張した

（同二〇〇一年九月二日朝刊社説）。

●二〇〇四年三月に、北海道公安委員会が、道警に対して、旭川中央署の不正経理に関する監察を指示した（朝日新聞二〇〇四年三月一二日北海道夕刊）。道警は、総額九億一六〇〇万円を道に返還するため、警部以上の現役・元警察官が負担することにした（朝日新聞二〇〇四年一一月二三日北海道朝刊）。

●二〇〇四年四月に、福岡県警の元警部が、一九九五年から一九九九年にかけて合計六六〇〇万円の裏金作りが行われたと証言し、県公安委員会が県警に対して監察を指示した（朝日新聞二〇〇四年四月二〇日西部朝刊）。県警は裏金約二億円を県に返還することになった（朝日新聞二〇〇四年一一月一二日西部夕刊）。

●二〇一二年一二月に、富山県警の警部補が殺人などの容疑で逮捕されたことを受けて、県公安委員会が県警に監察を指示した（朝日新聞二〇一二年一二月二五日富山朝刊）。朝日新聞は、「弁護士ら外部の識者を加えた監察制度の導入」を提唱した（二〇一二年一二月三〇日朝刊社説）。

これらのうち、裏金作りは全国の多数の警察署で行われていたと考えられるものであって、実行と隠蔽の両面において多数の警察官が組織的に関与していたと考えなければならない（原田二〇〇五、仙波二〇〇九）。このような事例において公安委員会が監察指示を出しても、監察を行うのは当の警察であるから、非違行為の全体が解明されるとは限らないし、対策が十分なものになる保証もない。したがって、一般市民や弁護士を含む外部監察制度を提唱するのは、自然な発想である（日本弁護士連合会二〇〇三：一四〇―一四二）。しかし、付審判請求事件における検察官役弁護士に対する警察の抵抗を見れば（三上二〇〇一）、最初から最後まで第三者機関が処理することは到底不可能であるという認識も、正しいと思わざるをえない（日本弁護士連合会二〇〇三：二二五）。この論者は、公安委員長と本部長の合議体による監察制度を提唱しているが、そのような制度改革を警察庁が受け入れるとも思われない。結局のところ、公安委員会が明確な監察指示を出さざるをえないような、そして警察もその指示に従わざるをえないような客観的条件を、一般市民、弁護士、マスメディアなどが作り出すことが、現実的対応ということになると思われる。他方、内部情報が提供されるように、警察の内部通報者保護制度を作ることも不可欠であろう(日本弁護士連合会二〇〇三：一八八—一九〇)。

③の警察署協議会は、原則的にすべての警察署に設置されるもので、一般市民である委員が、署長の諮問に応ずるとともに、署長に対して意見を述べる機関である。二〇一六年四月現在、一一六三の警察署に合計一万五六二人の委員が任命されているから(国家公安委員会・警察庁二〇一六：二一二)、一警察署平均九人の委員ということになる。おおむね年四回の開催で、一回二時間弱であり、委員の八五％は意見等が警察署の業務運営に反映されたと考えているという報告がある(瀧澤二〇一四：四〇五—四〇七)。それに対して、警察に親和的な委員だけが任命されていて、警察が触れてほしくない問題はほとんど取り上げられないと批判して、人選について公募制を採用するとか、庶務を地方自治体が行うなどの提案を行う者もある(日本弁護士連合会二〇〇三：一四三—一六二)。現に部分的公募制が採用されているところもあるから、改革の努力を放棄する必要はないが、いずれにしても監察のような大きなインパクトを期待できる制度ではないから、むしろ多様な一般市民が警察署幹部に接する場として定着させるのがよいと思われる。

④の苦情申出は、都道府県警察職員の職務執行によって特定の私人の権利・利益にかかわる不利益を受けたとして、職務執行の是正を求めたり、勤務態度への不平・不満を述べたりする制度である。公安委員会に宛てて文書で提出した申出(法定苦情申出)に対しては原則的に文書で回答することになっているが、文書によらない申出(法定外苦情申出)も可能である。二〇一五年には全国で九七七件の法定苦情申出があったと報告されているが(国家公安委員会・警察庁二〇一六：六〇)、制度導入直後の調査では法定外申出のほうが二五倍もあったという(日本弁護士連合会二〇〇三：一六八)。これは、制度の存在を広報することが先決問題であろう。

四　「通信傍受」と「司法取引」で「共謀」捜査へ?

警察は、「警察不祥事」という危機において、「警察刷新会議」から「警察改革要綱」を経て警察法改正に至るプロセスを、自らのイニシアティブで迅速に走り抜けることによって、自己の自律性に対する損失を最小限に食い止めることに成功したように思われる。同じような危機管理能力は、取調べの可視化については、逆に好機を待ち続けることによって発揮された。法制審議会「新時代の刑事司法制度特別部会」は、二〇一一年の民主党政権時代に発足した時には、警察が恐れた取調べの可視化を最大の課題としていたが、自民党政権下の二〇一四年に結論を出したときには、可視化は裁判員裁判の対象事件のみという小さな範囲に限定し、それと引き換えのように、通信傍受の拡大と、被疑者・被告人と検察官の協議・合意制度(いわゆる司法取引)という大きな捜査手段を提供したからである(周防二〇一五、特集二〇一六a)。二〇〇〇年代中期の監獄法改正過程において代用監獄を守り切った成果も含めて、警察の危機管理能力は、今後も発揮され続けると考えなければならない。そしていま(二〇一七年四月一日)、政府は「共謀罪」の成立を図っている。

「共謀」捜査に不可欠な「通信傍受」と「司法取引」はすでに用意されているから、警察は新たな高みへと活動を推し進めていくであろう。一時は恐れていたかに見えた可視化も、今市事件裁判を見れば、むしろ捜査側に有利に機能しうる(平山二〇一六)。このように考えると、警察組織と警察官という職業のあり方には、これまで以上に関心を注ぐべきときが来たように思われる。(8)

(1)　新書版の分量で、警察組織の諸問題と捜査活動の諸問題を網羅的に取り上げ、一般市民が警察と接したときの行動に関するガイドラインまで提示するものとして、原田(二〇一六)がある。

(2) 二〇〇〇年頃から二〇〇三年頃にかけての認知件数増加を、犯罪が真に増加したと考えるべきか、警察の犯罪認知方針の変化の結果と考えるべきかという点について、論争がある。浜井(二〇〇四)を参照。

(3) これらのほかに、階級は巡査のまま選考で任命される巡査長という地位がある。

(4) さらに、退職後の再就職先が確保されるという期待は、組織へのコミットメントを昇任停止後も維持するインセンティブであろう。特集(二〇一六b:七一—七三)を参照。

(5) 地方版の特記がない場合は東京本社版。

(6) 警察庁の発表では、二〇一六年の懲戒処分は前年より減少し、パワハラは六人、セクハラは一七人ということであるが(朝日新聞二〇一七年一月二六日夕刊)、背後に多くの暗数があることは否定できない。

(7) 稲葉がかつて所属した機動捜査隊で原田が隊長だったことがあり、その期間だけノルマが廃止されたという(稲葉二〇一六:四八—五〇)。

(8) 犯罪の事後的捜査から「安全・安心」の積極的創出へと転換しつつあるかに思われる動向についても検討したいと考えていたが、与えられた紙幅を超えてしまったので、他の機会を待ちたい。

参考文献

一瀬敏弘(二〇一三)「警察官僚の昇進構造」『日本労働研究雑誌』六三七号
一瀬敏弘(二〇一四)「地方採用警察官の昇進構造」『公共政策研究』一四号
稲葉圭昭(二〇一六)『恥さらし——北海道警悪徳刑事の告白』講談社文庫
岩瀬聡(二〇一四)「現行警察制度の歴史」関根ほか(二〇一四)所収
インタビュー(二〇一七)「田村正博さん　警察に対する国民の不信感を払拭するには都道府県公安委を正しく機能させることだ」『Journalism』三三〇号
エイムズ、ウォルター・L(後藤孝典訳)(一九八五)『日本警察の生態学』勁草書房
小川泰平(二〇一四)『元刑事が明かす警察の裏側』イースト・プレス
小田部耕治(二〇一四)「警察財政制度」関根ほか(二〇一四)所収

大日方純夫（一九九三）『警察の社会史』岩波新書
貝沼諭（二〇一四）「警察公務員制度」関根ほか（二〇一四）所収
カッツェンスタイン、ピーター・J（有賀誠訳）（二〇〇九）『文化と国防――戦後日本の警察と軍隊』日本経済評論社
国家公安委員会・警察庁編（二〇一六）『平成二八年版 警察白書』
四方光（二〇一四）「警察行政における公私協働」関根ほか（二〇一四）所収
島根悟（二〇一四）「現行警察制度の基本構造に関する一整理」関根ほか（二〇一四）所収
周防正行（二〇一五）『それでもボクは会議で闘う――ドキュメント刑事司法改革』岩波書店
関根謙一ほか編（二〇一四）『講座警察法 第一巻』立花書房
仙波敏郎（二〇〇九）『現職警官「裏金」内部告発』講談社
髙木勇人（二〇一四）「警察における政官関係と公安委員会制度」関根ほか（二〇一四）所収
田上穣治（一九八三）『警察法 新版』有斐閣
瀧澤幹滋（二〇一四）「住民意見等の反映」関根ほか（二〇一四）所収
田村正博（二〇一〇）「警察職員の意識調査結果と組織管理の課題」『警察政策』一二巻
特集（二〇一六ａ）「刑訴法改正は刑事司法に何をもたらすか」『法律時報』八八巻一号
特集（二〇一六ｂ）「日本の警察」『週刊ダイヤモンド』七月三〇日号
日本弁護士連合会編（二〇〇三）『だいじょうぶ？ 日本の警察――検証警察改革』日本評論社
浜井浩一（二〇〇四）「日本の治安悪化神話はいかに作られたか」『犯罪社会学研究』二九号
原田宏二（二〇〇五）『警察内部告発者』講談社
原田宏二（二〇一六）『警察捜査の正体』講談社現代新書
平山真理（二〇一六）「今市事件裁判員裁判は試金石となり得たか」『法学セミナー』七三九号
別冊宝島編集部編（二〇一五）『警察のすべて』宝島社
法務総合研究所編（二〇一五）『平成二七年版 犯罪白書』
法務総合研究所編（二〇一六）『平成二八年版 犯罪白書』
三上孝孜（二〇〇一）『被告人は警察――警察官職権濫用事件』講談社＋α新書

宮澤節生（一九八五）『犯罪捜査をめぐる第一線刑事の意識と行動――組織内統制への認識と反応』成文堂
宮澤節生（一九九〇ａ）「警察力」『法学セミナー』四二七号
宮澤節生（一九九〇ｂ）「検挙率」『法学セミナー』四二七号
宮澤節生（二〇一三）「先進国における犯罪発生率の状況と日本の状況への国際的関心」『犯罪社会学研究』三八号
村山眞維（一九九〇）『警邏警察の研究』成文堂
吉田英法（二〇一四）「戦前期における内政と警察」関根ほか（二〇一四）所収

参考ウェブサイト

① http://www.npsc.go.jp/profile/index.html（二〇一七年四月一日閲覧）
② http://www.cas.go.jp/jp/gaiyou/jimu/jinjikyoku/files/tokubetushoku_kyuyo.pdf（同）
③ http://www.reiki.metro.tokyo.jp/reiki_honbun/ag10121581.html（同）
④ https://www.npa.go.jp/syokai/soumu3/kaikaku.htm（同）

2 日本の「蜘蛛の巣」司法と検察の活動

デイヴィッド・ジョンソン(平山真理 訳)

日本型刑事司法制度は、「検察官司法」だと表現されてきた。なぜなら、刑事手続を担い、コントロールするのは、警察官でも裁判官でもまた弁護人でもなく、検察官に他ならないからである(Johnson 2002a)。ある意味、彼らの権限はアメリカの検察官が有する「驚くべき」権限さえも上回ると言えるし、彼らの決定権はほぼ「完全な裁量を与えられ、実質上何らの審査もされない」と表現できる(Davis 2007: 5)。しかし検察官の驚異的な権限が法律により裏打ちされているといっても、いくつかの重要な局面においては彼らの利益を追求できないような法的環境で検察官は職務を行っているとも言える。実際、日本の検察官は、他の国では同業者が当然のように享受している権限を欠いているとも言える。なぜなら、日本の検察官は司法取引や刑事免責を提示することはこれまでできなかったし、通信傍受にしても囮《おとり》捜査にしても法律によって限定された狭い範囲のケースにおいてしか実施できないからである。この意味において、日本の検察官は「二元構造的」で「統合失調的な」環境で働いていると言える。驚異的な権限を行使できるケースもある一方で、他の先進民主主義諸国では頻繁に使用されている捜査手法が使用できないことで足枷を課されているとも言えるケースもあるのである(Johnson 1999)。

日本においては法が二重人格的であることの重要な結果の一つは、検察官による起訴がほとんどの一般的な街路犯罪(窃盗、侵入盗、強盗など)に対しては効果的になされる一方で、権力を有する行為者や機関(企業、政治家、官僚やその他のホワイトカラー犯罪者）に責任を負わせることにはしばしば失敗している、という点である。この意味において、日本型検察官起訴はアイルランドの作家ジョナサン・スウィフトが三世紀も前に述べた「法は蜘蛛の巣のようである。小さなハエは捕まえるかもしれないがジカバチやスズメバチは逃してしまう」のようなものである。

もちろん、どの国の刑罰法令も、権力者よりも弱い者に向けられたときの方が攻撃的である。社会学者のドナルド・ブラック（Black 1976: 21）が要約したところによると、「下向きの法の方が上向きの法より強力である」ということになる。しかし比較法的に観察してみると、日本における検察官起訴について驚くべきかつ奇妙な点は、刑罰法令における格差の存在の事実そのものではなく、むしろその程度である、と言えよう。日本における下向きの起訴の強力さと上向きの起訴の弱さの間のこの大きな格差は、日本型刑事司法が権力の分配の現状を補強する傾向にあることを意味している。この意味において、日本における検察官起訴は大いに保守的な力である、と言えよう。

本稿は以下三つのパートに分けられる。第一節では日本の法がいかに、検察官をしてほとんどの種類の街路犯罪を起訴し、有罪判決を得ることに成功させてきたか、を論じる。第二節では日本の法がいかに、検察官をしてスイートルームで起こるような犯罪に対しては、起訴し、有罪判決を得ることを困難にさせてきたか、を論じる。第三節では、日本の検察官が勤務する二元構造的な司法環境の原因と結果のいくつかを模索したい。この二元構造という問題には簡単な解決策は存在しない。検察官に司法取引や刑事免責などを提供する権限を与える法改正によってこの蜘蛛の巣を繕うことで、検察官は権力を有する犯罪者に対して事件を立件しやすくなるかもしれないが、このような改正は被疑者・被告人の利益よりも国家の利益を優先させてきた刑事司法制度における力の不均衡を促進させてしまうことにもなるかもしれない。日本の「蜘蛛の巣」司法を繕うことは日本の法律をさらに不公正なものにしてしまうことになる。

一　検察による起訴を容易にしている日本の環境

多くの点において、日本の法は検察（と警察）に対し、事件を立件して有罪判決を得るのに十分な情報を獲得し、またコントロールするための強大な権力を与えている。日本における「捜査に有利な法制度」（ここでは、積極的捜査活動に許容的な法制度ということを意味する）について独創性に富んだやり方で説明したのは、宮澤節生教授による警察官研究（Miyazawa 1992）である。彼は一九八〇年代初頭に北海道で行った調査に基づいた研究を一九八五年に最初に出版した。宮澤教授は「犯罪捜査についての形式的法システム」の五つの特徴（Miyazawa 1992: 16）を挙げているが、それらが法執行官をして「刑事手続を独占し」法執行官の利益を「アメリカかカナダにおいても同じく当てはまる程度にまで大きく」推進させたのである。ここで挙げた点やその他の日本の捜査に有利な環境は、この国が「検察官にとってのパラダイス」（Johnson 2002a: 21）と呼ばれる理由の一つである。

検察の活動を容易にしている刑事訴訟法

まず一点目として、「任意捜査」についての諸原則は、検察や警察が、大部分の被疑者を逮捕することなしに、「在宅」で捜査対象とすることを可能にしており、それゆえに彼らの捜査活動を司法が審査することを回避できている。日本の裁判所は「任意」性の要件を緩やかに解釈しており、それゆえに検察や警察という法執行官をして市民に「職務質問」に応じさせ、また「任意同行」に同意する圧力をかけ、これを説得することを可能とするための緩やかな基準を与えてしまっている。さらに言うと、警察や検察は被疑者に圧力をかけたり説得する必要さえない場合が多い。なぜなら大抵の場合は、捜査機関は協力的な被疑者という恩恵に与ることができるからだ。これらの点はすべてアメリカにおける状況と全く違う。アメリカでは捜査は逮捕をもって始まり、男性のおよそ四〇％、女性の二〇％が二三歳になるまでに少なくとも一度は逮捕された経験があるのである。

二点目に、「任意」捜査で十分ではない時は、逮捕に関して定められた法律上の手続が検察や警察に対し、強制的な手段を通じて被疑者を身柄拘束するための広範な権限を与えている。いったん被疑者が逮捕勾留されると、アメリカやその他の先進民主主義諸国に比べ、「実務における手続上の保護は少ない」(Miyazawa 1992: ch. 8)。

三点目に、勾留についての規則は、逮捕後の被疑者を、警察の留置場において拘束することで厳しい取調べを可能とするための強力な権限を検察や警察に与える。自白しない限り被告人が保釈されることは稀である。

四点目として、捜索・差押えによって収集された証拠や、自白の証拠能力について定めた条文(そしてこれらの条文についての裁判所の解釈)は被疑者・被告人の利益よりも検察や警察の利益を優先させている。実際、日本の裁判官はしばしば、違法に収集された証拠であっても公判において検討するし、あるいは不当に長い取調べによって獲得された自白であっても往々にして公判で証拠として認められる(Miyazawa 1992: ch. 7)。

五点目に、検察や警察当局は一つの被疑事件につき被疑者を最大二三日間身体拘束できるし、取調べについて定めた条文によると、被疑者の供述を捜査機関の言葉で言い換えたり、要約したりできることになっている。日本の刑事訴訟法や規則は弁護人に取調べ立会権を認めておらず、すべての事件の取調べが録音・録画されているわけではない。逮捕・勾留中の被疑者には黙秘権が認められているが、一方で、逮捕・勾留中の被疑者には取調べの受忍義務があると解されている。ゆえに、検察や警察は被疑者が供述をしたくない意思表示を明白にしたとしても、取調べを続行できるのである(別件逮捕の場合は、本件については任意で取り調べるしかないが、供述を強要するような取調べがされることは珍しくない)。

宮澤教授により強調された刑事訴訟法上の権限に加えて、日本の刑事訴訟法では検察官に他の方法で犯罪を決定する権限を与えている。最も根本的には、法律は検察官に対し、起訴するか否か、何の罪名で起訴するかについての決定権をほぼ独占的に与えている。例外は準起訴手続である付審判手続と検察審査会制度であるが、これらはあまり使用されないので、日本の検察はその他の民主主義諸国に比べ、この重要な門番としての役割をコントロールする大きな権限を有している。これは検察官が大陪審（大陪審による正式起訴手続）や裁判官（予備審問手続）と権限を分かち合っているアメリカと比べてもそうであろう。

日本の検察官は、たとえ有罪判決のための充分な証拠がある場合でも、犯罪者を刑事手続からのディヴァージョン（犯罪について通常の司法手続を回避して他の非刑罰的方法をとること）に付す裁量権も有している。彼らは有罪判決が確実だと思われるケースの約三分の一でそのような決定をしている。このように「起訴を猶予」することで、検察官は犯罪者のいくばくかを更生させることを促進しているだけでなく（Foote 1992）、彼らは自分たちの仕事量を調整し、自分たちの仕事のどの程度の割合について弁護人に反証を準備させ、裁判官や裁判員の審理に付すのかについてもコントロールしていることになる（Johnson 2002a）。ドイツやイタリア、フィンランド、スウェーデン等の大陸法圏の国々では、このタイプのコントロールはあまり一般的ではない。なぜなら、これらの国々の検察官は、有罪判決を得るだけの充分な証拠があるケースでは被疑者を起訴することが法律上定められているからである。

日本の刑事訴訟法においては、検察官は被疑者を起訴するか否かを決めるために長い時間を与えられている。アメリカの多くの法域においては、検察官は逮捕後四八時間以内に起訴に関する最初の決定を行わなければならない。日本では、起訴するか否か、どのような訴因で起訴するかを決定するのに最大二三日間も費すことができるし、もしこれでも取調べや捜査に充分ではないということになれば、追加の犯罪——軽微な事件でも本件と関係ない事件でもよい——による逮捕を数珠つなぎに繰り返していけばいいのだ。被疑者を軽微な別件で逮捕して本件で取り調べる（別件逮捕）ことは現在も実務上よく行われているし、このことはとくに大きな事件の場合には検察官に本件の証拠固めのための充分な時間を与えることになる。このようなやり方をとりながら、証拠固めするまでの時間は日本の検察官が有する最も重要な道具の一つであると言えよう。

アメリカにおいては、重罪のケースでも取調べの時間は一時間か二時間であり、多くの被疑者が黙秘権を行使するために全く取調べを受けないのだ。これに対して日本においては、重大な事件ではすべての被疑者が取調べを受け、取調べの合計時間はしばしば、何十時間とか何百時間ということになる。この長時間の取調べの主要な目的は自白を得るためである。日本ではまだ自白は「証拠の王」である。

日本の検察官は供述調書を自分たちの言葉で自由に作成し、公判に証拠として提出する。このようなやり方で、日本の刑事訴訟法は検察官をして自白(あるいは否認、またこの両者の間のもの)の枠組や中身を形成することを可能にさせている。被疑者が話し、検察官(あるいは警察官)により文章化された供述調書は、法執行官が達成したい目的を支持するように手を入れられ、飾り付けられる。二〇一〇年に検察官に対して行われた調査では、被疑者が実際に話したこととは別の内容の供述調書を作成するように指示されたことがあると認めたのは、回答した検察官の実に四分の一に上る(McNeill 2016)。このような方法で実際に供述調書をでっちあげた検察官の割合はもっと高いかもしれないが、供述調書が不正に作成されてもそれはほとんど明るみに出ないし、検察官は自分たちの非違行為についてほとんど認めようとはしない。

日本の刑事訴訟法はその三二〇条で「伝聞証拠」を証拠として認めないことを規定しているが、これには広い範囲の例外があり、このことは検察官をして、被疑者、被害者、そして証人から得られた供述著書を証拠として公判に提出することを可能にさせている。

日本の刑事裁判は長きにわたり、「形式的儀式」や「中身が空っぽの貝」と批判されてきた(Johnson 2002a: 239)。二〇〇九年に裁判員制度が開始されたことで、通常第一審の刑事裁判の二―三%が専門家と市民の混合裁判体で審理されることになったが、刑事裁判の大部分は「調書裁判」のままであり、裁判員裁判においてさえ、多くのケースで公判においては(退屈な)調書が読み上げられている。警察官や検察官によって作成された供述調書に依拠して裁判が進められることは法執行官にとってありがたいと同時にやっかいなことである。それは、一方では、刑事裁判において証拠をコントロールできるし、裁判における自分たちの主張を支えることになるからである。また一方では、裁判官は供述調書に大いに依拠しているために、検察官がより多くの調書――有罪判決を得るのに必要な量を超えて――をとることになるからである。

日本の刑事訴訟法における証拠開示のあり方もまた、弁護人への開示が要求されるのは制限された証拠であるという意味において、検察側に友好的である。ほとんどの場合においては、検察官は公判に提出する証拠のみを開示することを要求されるだけで、おなじ対象者から得られた供述がお互いに矛盾していたり、特定の(非開示)供述調書が有罪判決を得るためには弱点となる場合であっても、心配する必要はない。このようなやり方で、日本の刑事手続は証拠開示の範囲を狭め、伝聞法則の例外を広く認めることで、検察官の仕事の核となる部分――被疑者を処分する――にとって不可欠な情報をコントロールすることを可能にしてきたのだ。

最後に挙げるべき点としては、もし上述した様々な特権が検察官のお気に召さなければ、気に入らない判決――無罪判決、死刑を求刑したのにそれが得られなかった判決を含め――に対して上訴する広範な自由を刑事訴訟法は検察官に与えているということである。もちろん、刑事訴訟法や実務手続は多くの点で彼らにとって有利なのだから、検察官はそれほど頻繁に上訴する必要があるわけではない。しかし時として「負け」(無罪判決、より軽い方の訴因で有罪となってしまう、十分に重い量刑を得られなかった、またいわゆる「再度の執行猶予」等)が生じることはある。このような場合、検察官はその事件について控訴すべきかを決める「控訴審議」を慎重に行う。なぜなら、彼らにとって無罪判決や受け入れられないほど寛容な判決より悪いものは、気に食わない一審の判決が控訴審でも支持されてしまうことだからである。検察官が一審の判決に対し控訴した場合、被告人側がそうするより圧倒的に成功率は高い。この意味において、上訴制度は国家の利益に有利な方向に判決を維持する、あるいは変更することによって、日本の「不均衡な当事者主義」を強化していると言えよう。

検察活動を容易にする刑事司法関与者たちの関係

右で述べた特権的な法についての説明は、日本においては刑事訴訟法がいかに検察官に対し事件を犯罪として立件するための力を与えているかを強調するものであった。しかし検察官の強力な力は、刑事司法関与者たちの面々——警察、弁護人、そしてとくに裁判官——との関係においても見受けられる。重要な局面では、検察官はこれらの面々をコントロールしているとも言える(Johnson 2002a: 50)。

検察と警察の関係は日本の刑事司法関与者において最も複雑なものであると言えよう。一方においては、警察が検察よりも強い権力や影響力を有する場面はいくつかある。実際には、警察の方が職員数も多いし、予算も大きい。政治的には、警察は検察よりも政策決定手続においてかなり強い力を発すると言える。そして両者の関係性においては、警察と検察の間に衝突が生じた場合、通常は警察の利益が優先される(Miyazawa 1989)。しかし重要な二つの局面においては、他の民主主義諸国に比べても、日本の検察官は警察よりも大きな統制力を発する。この一つ目として、日本の検察官はほとんどすべての事件においてその情報を警察捜査に依拠するのではなく、彼らの独自の捜査を行い、証拠を収集する。二つ目に、検察は日ごろから警察の捜査を指揮し、起訴を決定するまでに、この両者がお互いにやり取りを行うことを可能とする刑事訴訟法によってそこではリーダーシップが形成されるのだ。

一般的には、裁判官がそう言えばそれが法であり、法の領域内では裁判官が「最終的決定権(last words)」を有しているわけであるから、「裁判官が支配している——日本においてさえ」(Haley 1998: 90)と表現されてきたゆえんである。この見解においては、裁判官が検察官による逮捕、勾留、起訴、そして求刑についての決定をチェックするはずであり、検察官はこれらの司法審査を受けることを予期しなければならないはずである。しかし重要な局面では、実際の日本の刑事司法制度はこの公式の論理から逸脱してしまっている。日本の裁判所は刑事司法の政策を形成してはいるが、多くの場合それは「検察の希望に沿った立場に大いに影響された」(Foote 2010: 8)やり方で行われる。戦後に制定された憲法や刑事訴訟法改正の多くは被疑者・被告人の権利を保護するためによりよい安全弁を提供することを目的としていたが、新しい法律(条文)の多くには曖昧さがあり、検察や警察がそれをうまく利用しようとすると、「裁判官もまた大いにそれに同調してきた」のであった(Foote 2010: 17)。実際、日本の裁判官は「捜査機関に対し広範な権限を与える一方で、被疑者・被告人のための保護を大きく制限するような広範な法解釈を採用し、受け入れ、またそれを黙認してきた」のである(Foote 2010: 18)。後に述べるように、日本における近年の改革(裁判員制度、被害者参加制度、そしてペナル・ポピュリズム)は裁判所が検察寄りであるという、長年にわたり確立されてきたパターンを変えることにはほとんど影響しなかった。公式には裁判官に最終的な決定権があるのは確かであるが、裁判官の権威的な発言に検察官の希望や利益がいかに頻繁に反映されているかは、印象的である。

日本においても弁護人は、原則として、検察官に大いに対抗する立場にいるはずであるが、現実には、彼らは検察官が捜査し、起訴し、公判で立証するやり方にあまり影響を与えることができていない。逮捕から起訴、公判、そして刑の執行という刑事手続を通して、弁護人が検察官に対抗し、自らの依頼人の権利を守ろうとすることを制限する三つの要素が存在する。

まず一点目に挙げられるのは法律である。これは弁護人の活動をいくつかの局面で制限する。被疑者は起訴される前の段階では保釈を申請する権利がなく、起訴後においても、無実を主張している被告人はほとんど保釈を認めてもらえない。このことは、多くの被疑者・被告人が自らの防禦のために弁護人に協力することが不可能であることを意味する。弁護人は取調室——日本の刑事司法において最も閉ざされており、秘密性が高く、そして重要な場所——においいて取調べに立会うことが許可されない。法テラス(日本司法支援センター)に登録し、裁判所によって指名された弁護士が起訴前の段階から国選弁護を行う「被疑者国選弁護制度」も二〇〇六年から導入されている。しかし起訴前という重要な段階において弁護人の援助を全く受けられないか、ほとんど受けられない被疑者も多いし、新しく開始された被疑者国選弁護制度のもとでも国選弁護人を付けてもらえない被疑者の数の方が多い(例えばちかん事件の被疑者はこの制度の対象とならない)。検察は被疑者が弁護人と接見する際に、その日時、場所および時間を指定できる(接見指定)。そして検察や警察、また(実質的には)留置部門の警察官は勾留中の被疑者とその家族、友人、そして仲間との面会を大いにコントロールする権限を有している。これらの意味において、弁護人が刑事手続の重要な初期の段階において重要な役割を果たせないようにする権利を刑事訴訟法は検察官に与えているのである。

日本においては、弁護人の役割はそのほかにも二つの方法で制約を受ける。攻撃的な対抗的戦術を良しとしない弁護士界の伝統があるし、そしてほとんどが小規模な法律事務所に勤務する弁護士であるため、刑事弁護は弁護料が安く、あまり魅力的でないという経済的側面によって、である(Johnson 2002a: 79)。近年の改革や裁判所の見解によると、「より強壮な当事者対抗主義構造を構築しようという願望が示されている」(Foote 2010: 37)とも言えるし、二〇〇九年に開始された裁判員制度は従来の裁判制度では得られなかった勢いのある弁論が弁護人によって展開される機会を提供している(Johnson 2011)。しかし全体的に見れば、弁護士はこの国では刑事司法関与者たちの中で最も弱き存在であり、そのことは検察官を「主役」にし、また裁判官が検察官の利益に沿うような法実務を行うことを許してしまっている。

日本の刑事司法における検察活動を容易にする改革

この二〇年間、日本の刑事司法制度においては多くの改革がなされてきた——そして多くは変わることなくそのまだった。最も根本的な変革は二〇〇九年に始まった裁判員制度である。一定の重大な事件を対象に、三人のプロの裁判官と六人の市民が一緒になって審理し、事実認定と量刑の両方を決めるこの制度は、日本の刑事手続において多くの変化を生み出したが、検察官の権限や裁判の結果についてはほとんど変えることがなかった。裁判員制度による改革の主要な目的の一つは、刑事手続の中心を、検察や警察により独占されており、(ほとんどの部分が)密室で行われる捜査段階から、開かれた法廷で争われる公判段階へと移行しよう、というものであった。この目的を達成するために、公判前また公判の段階でより効果的な弁護を、経済的に余裕のない被疑者・被告人にも提供できるよう、被疑者国選弁護制度も新設された。公判前整理手続も新設され、公判における争点の整理や、弁護人がどの範囲で反証を準備すればよいかが明らかになった。被告人の証拠開示に対する権利はささやかに拡張した。保釈も(わずかではあるが)認められやすくなった。一部の取調べは録音・録画されるようになった。裁判員裁判では従来の裁判官裁判に比べ、連日かつ迅速に進められるようになった。そしておそらく最も根本的な変化は、プロの裁判官の「意識」が変わり、検察官の主張に疑義を示し、被告人の権利を保護しようとする傾向のある裁判官が出てきたことである(四宮二〇一三)。これらは重要な変化であり、自白や有罪判決を獲得しようとする過程における法執行官の利益に有利な評価を長年してきた日本の刑事司法における力の均衡が変わろうとしている(Feeley and Miyazawa 2002)。

しかし、裁判の結果に着目すると、裁判員制度導入の前と後を比べても、その変化のなさは驚くべきほどである。この変わらなさについては、三つの重要な点を指摘できる。まず一つ目に、日本の高い有罪率には変化がない。これは、裁判員裁判で審理される事件については検察官がより慎重な起訴判断を行っているということが主な理由である(竹田二〇一四)。二点目に、量刑パターンにはわずかな変化しか見られないが(平山二〇一三)、これは裁判官たちが裁判員裁判においても、制度改革前の法実務に基づいた量刑規範に基づいて決めるという量刑政策を確立しているからであると思われる。三点目として、裁判員裁判は大きな社会的注目を集めてはいるが、裁判員裁判で審理されるのはすべての刑事裁判のたった二─三％に過ぎない、ということを認識することが重要である。残りの裁判は一人または三人のプロの裁判官によって審理され、そこでは二〇〇九年の改革前と同じく、検察官や警察官が彼らが持ち得るすべての力を保持したままで臨む刑事手続の文脈の中で裁判を受けることになるのだ。これら三点の「変わらなさ」を見れば、裁判員制度の出現をもってしても、日本の刑事司法は大きくは変化しない、ということが分かる。

日本における検察官起訴が伝統的なあり方に傾きがちな傾向は、裁判員制度の三つの特徴によってさらに増幅させられている。たとえそれが死刑求刑事件であったとしても、法律上は、事実認定にしても量刑にしても単に「裁判員と裁判官の意見を含む多数決」で決せられる。そして実務面では裁判員として参加する市民に課される「負担」への懸念が（法律専門家や社会、そしてメディアなどから）あまりに強く示されるので、多くの裁判員裁判は簡単な筋書きを追うだけになってしまい、その結果、被告人や弁護人にとって、有罪判決を求めてくる検察官と真剣に戦うことはほとんど不可能になってしまっている。裁判員に課される「守秘義務」もまた、公判や評議において彼らが観察し、また経験したことについて明らかにすることを邪魔している。情報をこのように法的にコントロールすることはプライヴァシーを保護し、裁判員と裁判官の間の忌憚ないやり取りを促進することを目的としているが、そこにおける最も重要な機能はプロの裁判官を外部から向けられる批判から保護することであろう。このように、日本の刑事司法制度においては多くのことが変わったが、「変わらなかった」ものはそれ以上にあった。

日本の刑事司法制度におけるその他の主要な変革は、被害者参加制度の新設であり、そこでは日本の刑事手続において被害者をより中心的な場所に位置付けた（Saeki 2010）。被害者は公判で検察官の隣かすぐ後ろに座り、弁論手続において被害者の望む刑罰について意見を陳述することが刑事訴訟法上認められた。そして非公式にも、いまや日本の刑事手続の全体を通して被害者のニーズや利益に大きな関心が払われるようになった。これらの変化は被害者に声を与え、また彼らを尊重するものであるが、同時に、ときには公判の雰囲気をより感情的に、また裁判の結果をより応報的なものにしてしまうこともある。後者の意味においては、この制度は検察官寄りの改革であるとも言える。日本の刑事施策は、被害者団体やそれを支持する政治家たちの影響によって、全体的にペナル・ポピュリズムや厳罰化に向かう傾向がある。この傾向も、検察官にとって有利となる。皮肉なことだが、これらの動きや、政府に対する社会からの信頼が低下するということは、「国家による捜査、起訴、そして刑罰権を強化することにつながる」(Miyazawa 2008: 47)のである。

二　日本において訴追を困難にしている環境

通常の犯罪――侵入盗、強盗、窃盗等――のケースでは、日本の刑事司法制度の特権的な数々の特徴は検察官に犯人を効率的かつ効果的に有罪にするための権限を与えている。その効果として、この特権的な法環境は下向きの検察官起訴を強固たるものにしている。しかし日本の法律は検察官が、政治家の汚職、警察官による違法行為、官僚の逸脱行為、また企業やホワイトカラーによる犯罪を効果的に処理することを阻んでしまっているのである。日本においては、上向きの(富や権力、そして地位を持った犯罪者に向けられた)訴追は弱い。この節ではこの理由を説明する(Johnson 1999; Johnson 2000)。

一般的には、犯罪事件を解決し、犯人を有罪にする可能性は以下の四つの要素に依拠する。

1　犯罪や犯人が残した「痕跡」

2　人々(犯人本人を含む)がこの痕跡について検察官に進んで知らせるか

3　検察官が持つ資源とそれを利用できる知性

4　検察官が行うことを許可されている活動

権力者による犯罪の多くはあまり痕跡を残さない。彼らはよく練られた計画に基づいて犯罪を行うし、彼らには痕跡をうまく隠すだけの資源があるのである。そして権力者による犯罪の多くは双方の合意に基づくものであるから（賄賂やそれに関係する汚職等）、事件について進んで話す証人はいないであろう。権力者によるその他のタイプの犯罪で惹き起こされる害は被害者が認識しにくいものであるから（環境汚染、脱税、反トラスト法違反等）、事件について証言することが可能な証人、あるいは進んで証言する証人は少ない。検察の人的資源に関して言えば、権力を有する個人や組織に対して特別捜査を行う特捜部に配属されるのは、日本の検察官全体の五％以下である。もちろん、検察幹部はこの種の事件にもっと第一線の検察官の人員を割くことはできるであろうが、一九九〇年代中盤に起きたオウム真理教による地下鉄サリン事件など一部の例外を除いては、歴史的にみても検察はそこに多くの人員を割いてはこなかったのである。

より重要なこととして、権力を持った犯罪者による事件を立件するのに最も効果的な捜査活動の多くは、日本の検察官が従事することを許されていないものである。日本の検察官は司法取引を行うことを許されてこなかった。彼らは協力的な被疑者や証人に対し刑事免責を提供することも許されてこなかった。彼らは通信傍受や電子機器による監視を行う際にも限定的な権限しか与えられてこなかった。そして彼らは覆面捜査や「囮捜査」を行う際にも限定的な権限しか与えられてこなかった。これらの捜査手法はすべて、アメリカやその他の先進民主主義諸国においては当たり前のものとして実施されている。

この意味において日本の検察官は、ホワイトカラー犯罪を捜査するうえでの最大の障壁を克服するために、他の国々では不可欠と考えられている捜査手法を使うことができてこなかったのである。この点において検察官の権限が制限されているということは、先を見越した技術によって効果的に捜査できる犯罪について、彼らは事後対応的な捜査手法（これはとくに取調べであるが、知能が高く、また有能な弁護人の付いている被疑者に罪を認めさせる手法としては有効ではない）に依拠して捜査するしかないことを意味する。

日本の検察官の箙《えびら》の中の矢は何本か失われている。他の民主主義諸国の捜査官に比べると（Levy 2011; Marx 2016）、日本の検察官はこれまで狭い範囲の事件――主には銃の使用や薬物犯罪の疑いがある場合、あるいは暴力団による犯罪――に対してしか通信傍受を行えなかった。日本においては捜査機関が通信傍受を合法的に行うためには裁判官の令状を必要とする（違法な通信傍受の問題はまた別に論じるべきである。Miyazawa 1989を参照）が、裁判官が政治家やその他権力を有する者に対する通信傍受を許可することは稀である。もっと大きな観点で見ても、日本社会の大部分は広い範囲の事件について通信傍受を行うことに賛成ではないように思われる。社会の抵抗は、第二次世界大戦前、あるいは戦争中に特高警察や検察により使用された抑圧的な捜査手法が現代の捜査機関にも影を落としているのだ。捜査官が選挙や政治家、また社会における権力の分配に影響を与えるような権限を授与される状況――両大戦間においてはこの状況がよく見られた――に未来が逆戻りしてしまうことを社会は望まないのだ（Mitchell 1992）。通信傍受に対して裁判所が警戒し、また警戒する文化が存在するという事実は、腐敗した政治家やその他のホワイトカラー犯罪者を検察官が有罪にすることを困難にしている。これは犯罪事実自体について最も描写的に、あるいは説得的な証拠を生み出すような捜査手法なしには、その行為者が「罪を犯す意思（mens rea）」を持って犯罪を犯したことの証明がしばしば難しくなるからである。

日本の警察や検察は、法律によって限定的に明記された狭い範囲の犯罪類型を除いては、覆面捜査（「囮捜査」）を実施する権限を与えられていない。捜査機関のこの法的権限の制限は二〇一六年三月の札幌地裁の再審決定によっても明らかになった。そこでは、一九九八年に北海道警の捜査官が「違法な囮捜査（警察の捜査が犯罪を構成したというだけでなく、違法な手段によりその事実を秘匿したと認定された)」によって得られた銃器を所持したという事件で有罪になったロシア人男性に対する再審開始決定を行ったのである(朝日新聞二〇一六)。これに対して、アメリカやその他の民主主義諸国においては、囮捜査は「政治的腐敗事件の被疑者」やその他権力を有する犯罪者を「拘束し起訴するために必要不可欠」な道具となっている(Marx 1988; Ross 2008; Lichtblau and Arkin 2014)。日本の捜査機関の権限がこのように制限されている帰結として、権力を有する犯罪者が「犯行中に逮捕」されることは稀である。それゆえに、検察官は証明にあたり、情況証拠に頼るしかなく、このことは大量の調書や電子文書に依拠することを意味するが、それは骨の折れる捜査である。日本において政治家の汚職やその他のホワイトカラー犯罪を発見する最も一般的な方法は、複数の被疑者を別々に取り調べ、各々の供述調書の間の一致を偶然に大発見することである。第二次世界大戦が終結して七〇年以上が経とうとしているが、日本の検察が囮捜査によって政治家を逮捕したということはまだ一件もない。

最後に、日本の刑事訴訟法は司法取引や刑事免責を非常にせまい範囲の犯罪に対してしか許可していない。二〇一六年の改正刑訴法が施行される前の段階では、司法取引は法律上認められていないが、検察官たちはこれまでもちろんそれを行ってきた。これは被疑者・被告人に対し、彼らが法律上その権利を保障されている「公判で争うこと」よりむしろ「手続の省略(簡易公判手続や即決裁判手続)」を選択するようにプレッシャーをかけることで行われてきたのである(Johnson 2002b)。しかしながら、これまでは司法取引は違法であったから、日本の検察官は他の国々の同僚がそうしているようには公に取引を持ちかけることができなかった(Thaman 2010)。ホワイトカラー犯罪は通常、最初は大したことのないような話や週刊誌ネタのような情報提供や苦情などから捜査が始まるものであるから、検察官にとっては彼らの権限をこのように制限されることの影響は大きかったのである。検察官は時間をかけて、権力者たちが違法に関与している事実を紐解くしかなかった。司法取引や刑事免責を提供できなければ、日本の検察官は、一番上にいる、最も非難すべき犯罪者に手を伸ばすべく、底辺の犯罪者に取引を持ちかけることができなかったのである。

日本の検察官はしばしば、「巨悪を眠らせ」ない(伊藤一九八二)という彼らの決意を宣言する。しかし日本の法律や社会は、権力を有する者や組織により犯される犯罪をコントロールするよりも、一般の人々による犯罪をコントロールすることに遥かに長けており、多くの評論家たちが「巨悪は安眠している!」とか「検察官こそ目を覚ませ!」などと嘆く結果になっている(立花二〇〇四)。日本の検察官は「悪い奴らを捕まえたい」と考えているし、そして犯罪者が大物であればあるほど捕まえたいと真剣に望んでいると我々は信じている。しかし彼らを捕まえることができるかどうかは、検察官が何を望むかよりも、むしろ検察官に何が欠けているかに依存する。それは機会——すなわち、検察官に何ができるか——に依拠しているのだ。権力を有する犯罪者が関与する事件では、日本の法律における阻害的要因は、「立証の問題」という壁として検察官にのしかかってくる。検察官の政治的権力からの「限定的独立性」も、同様に困難をもたらす(Johnson 2000)。

三　日本における「蜘蛛の巣」司法の原因と結果

法社会学分野における最もよく知られた主張の一つとして、先に述べたように、ドナルド・ブラックによる「下向きの法の方が上向きの法より強力である」(Black 1976: 21)という主張がある。この見解によると、富や権力、そして名声を持たざる行為者に対する方が、これらの資源をより持っている行為者に対するより、法(ブラックはこれを「政府による社会統制」と定義する)が向けられやすいということになる。ブラックのこの主張は、すべての文脈またあらゆる時代の司法制度に当てはまる普遍的なものである(Black 1976: 21)。では、日本の「蜘蛛の巣」司法——泥棒や空き巣は効果的に捕まえるのに、政治家や企業の幹部などはしょっちゅうすり抜けてしまう——についての特別な点はなんだろうか。

日本において法が二元的であるという事実は、刑事司法を学ぶ学生に二つの質問を投げかける。一つ目の質問は、日本の刑事司法制度における起訴の二元主義を説明するものは何か、ということである。もちろんそこには多くの原因があろうが、主要かつ直接の原因は法律である――これは本稿の最初の二節で述べたとおりである。たとえ戦後の占領下において連合国軍最高司令官司令部（SCAP）が憲法やその他の法律を強力に作り上げてきたという事実はあっても、広い意味においては、日本の立法府は検察や警察の業務において二元主義的なフレームワークを形成させてきたのである。しかし法律を作るのは立法府であるとしても、法律が何を意味するのかについて最終的な発言権があるのは裁判官であり（Haley 1998: 91）、占領時期における彼らの法解釈によって、捜査官に対し広範な権限が与えられることもあれば、その権限が狭められたり、また全く与えられないこともあった（Foote 2010: 18）。一八世紀の英国の主教（Bishop）であったベンジャミン・ホードレーが一七一七年に述べたところによると、「成文法であれ、口語による法であれ、その法に意図や目的を与えることができるのは、その法を最初に起草し、口頭で述べた者ではなく、それらを解釈する権限を持ったことのある者なのである」、ということになる。この見解によると、日本の裁判官こそが日本における検察官起訴の二元主義を作り上げ、可能にするための主要な行為者であったと言えよう。しかしもし、法がまた社会における権力の分配を映し出してきたのだとしたら――多くの研究がこれを示してきたが（Friedman 2002）――日本においても立法や法解釈が同じ役割を果たさなければいけないのではないか。日本における検察官起訴の二元的な性質から、多くの強力な権力を持った者たちが犯罪を犯した際には起訴を回避することで、彼らの利益を保護することになっているという事実が生み出されることは決して単なる偶然ではないだろう。つまり、検察官起訴の二元性は立法者や法解釈者によって構築され、法を執行する者によって実施されており、これが存続している大きな理由は、権力者の利益を守ることになっているからである。

このことは我々の二つ目の質問につながる。現存の権力関係やしくみを維持すること以外に、日本の「蜘蛛の巣」司法はどんな効果を持つだろうか。

日本の「蜘蛛の巣」司法の帰結の一つ目は、スイートルームで行われる犯罪よりも街路犯罪に対して明らかにより攻撃的である制度の根本的な不公正さに対する懸念である。日本のエリート犯罪者たちは一般の犯罪者に比べ、罪を問われることが遥かに稀である。彼らはただただ、より捕まりにくく、また有罪判決を受けにくい。多くの犯罪学者は以下のように信じている。「金銭的損失、死や傷害という結果、あるいは我々の社会構造にダメージを与えている等、どの観点から考えても、ホワイトカラー犯罪は現代の最大の犯罪と言えるだろう」(Coleman 2002: xi)。他のどの国に比べても街路犯罪は少ない一方で、ホワイトカラー犯罪が免責されるという問題によって、長きにわたり毒されてきた日本についてももちろんこれは当てはまるであろう(Miller and Kanazawa 2000: 88)。ホワイトカラー犯罪者を罪に問うことに失敗することは公正な政策とは言えないし、健全な政策でもない。この状況を許してきたことは公正でないし、正しくない。ある意味、これは日本の「蜘蛛の巣」司法の結果でもあると言える。

日本の「蜘蛛の巣」司法の帰結の二つ目は、連続して二度の「失われた一〇年」を経験してきた国として、改革を達成しにくいということへの懸念である。社会科学者たちは、日本を、ヒエラルキー構造がすみずみまで行き渡りがっちりと保護されている「垂直型社会」である(Nakane 1970)と見ており、同一の集団プロセスが街路犯罪を抑制する一方、ホワイトカラー犯罪を促進する「組織的社会」である(Miller and Kanazawa 2000: 81–92)と特徴付けることができる。日本における検察官起訴の二元主義的性質は、下向きと上向きの起訴の間の分離は、垂直的かつ組織的な日本社会の特徴の強化に貢献している。その効果として、日本における法の二元構造は検察官をして巨悪を眠らせないようにすることを困難にしている現状を維持することを手助けしてしまっている。近年、検察官がエリート犯罪者たちを罪に問おうとすると、彼らの捜査が権力関係者への挑戦とみなされることがいかに頻繁であるか。一九八八年に始まり、その後何十年も尾を引いたリクルート・スキャンダルや(江副二〇〇九)、また他の「政策捜査」の諸例がこの現状を支えているとも言えるのである(産経新聞特集部二〇〇二)。

もちろん、日本の検察官起訴を改革する方法はいくつもある。最も根本的なこととして、検察組織の閉鎖性や秘密主義的性質を、もっと開かれた、透明性の高いものにするべきである(江川二〇一一：一四)。しかし、検察官起訴の二元構造的な環境は改革において難しいジレンマが存在することを示している。日本の「蜘蛛の巣」司法を改革するためには、権力者による犯罪に対し、検察官が事前に対策を講じやすいようにすることを必要とする。そのことは検察官に対し、司法取引や刑事免責、また通信傍受や囮捜査をする権限を与えることを意味する。その結果、被疑者・被告人や弁護人たちの利益に比べて国家の利益を尊重することにすでに大きく傾いている刑事手続におけるパワー・アンバランスをより強化することになってしまうであろう。司法取引や刑事免責を可能とする法改正が強力に押し進められている最近の動きを見ると、日本の「蜘蛛の巣」司法を繕うのは簡単ではないであろう(産経新聞二〇一六)。しかしもし、この国が法の執行においてより公正さを望み、高度経済成長期においては機能したであろうが現在はそうではない制度を変革すべきであると考えるのであれば、この「蜘蛛の巣」の事実について、もっと真剣に話し合い議論すべきことは確かである。権力を有する犯罪者たちの事件を立件するために最適なこれらの捜査手法を禁止することは、これらの犯罪者が犯す犯罪を甘受することに他ならない。

＊原題　"Prosecuting Crime in Japan's Legal Cobweb" by David T. Johnson

参考文献

Black, Donald (1976) *The Behavior of Law*. Orlando, FL: Academic Press.
Coleman, James William (2002) *The Criminal Elite: Understanding White-Collar Crime*. New York: Worth Publishers (fifth edi-

tion).

Davis, Angela J. (2007) *Arbitrary Justice: The Power of the American Prosecutor*. New York: Oxford University Press.

Feeley, Malcolm M., and Setsuo Miyazawa, editors. (2002) *The Japanese Adversary System in Context: Controversies and Comparisons*. New York: Palgrave Macmillan.

Foote, Daniel H. (1992) "The Benevolent Paternalism of Japanese Criminal Justice." *California Law Review*. Vol. 80, No. 2: 317–390.

Foote, Daniel H. (2010) "Policymaking by the Japanese Judiciary in the Criminal Justice Field." *Hoshaikaigaku*. Vol. 72, pp. 6–45.

Friedman, Lawrence M. (2002) *Law in America: A Short History*. New York: The Modern Library.

Haley, John Owen (1998) *The Spirit of Japanese Law*. Athens and London: The University of Georgia Press.

Heymann, Philip B. (1985) "Understanding Criminal Investigations." *Harvard Journal on Legislation*. Vol. 22, No. 2 (Summer), pp. 314–334.

Johnson, David T. (1999) "Kumo no Su ni Shocho Sareru Nihonho no Tokushoku." *Jurisuto*. No. 1148, pp. 185–189. (田中開訳「蜘蛛の巣に象徴される日本法の特色」『ジュリスト』一一四八号、一八五―一八九頁)

Johnson, David T. (2000) "Why the Wicked Sleep: The Prosecution of Political Corruption in Postwar Japan." *Asian Perspective*. Vol. 24, No. 4: 59–77.

Johnson, David T. (2002a) *The Japanese Way of Justice: Prosecuting Crime in Japan*. New York: Oxford University Press. Translated into Japanese by Okubo Mitsuya as *Amerikajin no Mita Nihon no Kensatsu Seido: Nichibei no Hikaku Kosatsu* (Tokyo: Springer-Verlag, 2004). (大久保光也訳『アメリカ人のみた日本の検察制度――日米の比較考察』シュプリンガーフェアラーク東京、二〇〇四)

Johnson, David T. (2002b) "Plea Bargaining in Japan." In Malcolm M. Feeley and Setsuo Miyazawa, editors, *The Japanese Adversary System in Context: Controversies and Comparisons* (New York: Palgrave Macmillan), pp. 140–172.

Johnson, David T. (2011) "War in a Season of Slow Revolution: Defense Lawyers and Lay Judges in Japanese Criminal Justice." *The Asia-Pacific Journal*. Vol. 9, Issue 26, No. 2 (July 29), at http://apjjf.org/2011/9/26/David-T.-Johnson/3554/article.html.

Lichtblau, Eric, and William M. Arkin (2014) "More Agencies Are Using Undercover Operations." *New York Times*. November

16, pp. A1, A24.
Marx, Gary T.(1988) *Undercover: Police Surveillance in America*. Berkeley, CA: University of California Press.
Marx, Gary T.(2016) *Windows Into the Soul: Surveillance and Society in an Age of High Technology*. Chicago: The University of Chicago Press.
McNeill, David(2016) "Travesty of Justice: Legal Reform Unlikely Despite Erroneous Convictions." *The Japan Times*. January 16.
Miller, Alan S., and Satoshi Kanazawa(2000) *Order by Accident: The Origins and Consequences of Conformity in Contemporary Japan*. Boulder, CO: Westview Press.
Mitchell, Richard H.(1992) *Janus-Faced Justice: Political Criminals in Imperial Japan*. Honolulu: University of Hawaii Press.
Miyazawa, Setsuo(1989) "Scandal and Hard Reform: Implications of a Wiretapping Case to the Control of Organizational Police Crimes in Japan." *Kobe University Law Review*. No. 23, pp. 13–27.
Miyazawa, Setsuo(1992) *Policing in Japan: A Study on Making Crime*. Albany, NY: State University of New York Press.
Miyazawa, Setsuo(2008) "The Politics of Increasing Punitiveness and the Rising Populism in Japanese Criminal Justice Policy." *Punishment & Society*. Vol. 10, No. 1, pp. 47–77.
Nakane, Chie(1970) *Japanese Society*. Berkeley: University of California Press.
Ross, Jacqueline E.(2008) "Undercover Policing and the Shifting Terms of Scholarly Debate: The United States and Europe in Counterpoint." *Annual Review of Law and Social Science*. Vol. 4, pp. 1–35.
Saeki, Masahiko(2010) "Victim Participation in Criminal Trials in Japan." *International Journal of Law, Crime and Justice*. Vol. 38, pp. 149–165.
Thaman, Stephen C., editor(2010) *World Plea Bargaining: Consensual Procedures and the Avoidance of the Full Criminal Trial*. Durham, NC: Carolina Academic Press.
朝日新聞(二〇一六)「「違法捜査」厳しく批判　ロシア人再審開始　札幌地裁／北海道」三月四日三三面
伊藤栄樹(一九八二)『だまされる検事』立花書房
江川紹子編(二〇一一)『特捜検察は必要か』岩波書店

江副浩正（二〇〇九）『リクルート事件・江副浩正の真実』中央公論新社
産経新聞（二〇一六）「取り調べ可視化・司法取引導入に暗雲漂う　刑事司法改革関連法案、廃案の可能性」一月二三日
産経新聞特集部（二〇〇二）『検察の疲労』角川書店
四宮啓（二〇一三）「裁判員法は刑事実務の現場に何をもたらしているか」『法学セミナー』六四四号、一—三頁
竹田昌弘（二〇一四）「裁判員制度開始から五年　検察は対象事件を慎重に起訴——裁判員候補者の辞退率、六〇％超える」『Journalism』二九二号、一三六—一四三頁
立花隆（二〇〇四）『「言論の自由」vs.「●●●」』文藝春秋
平山真理（二〇一三）「裁判員制度の影響、課題、展望——制度施行後三年間の性犯罪裁判員裁判の検討を通じて問う」『法社会学』七九号、八五—一〇五頁

3　被疑者・被告人の防御主体性——黙秘権を手掛かりに

石田倫識

一　本稿の目的

刑事手続において、被疑者・被告人は、国家によって一方的に犯罪の嫌疑をかけられ、捜査・訴追の対象（客体）とされる（なお、「被疑者」とは、いまだ起訴されていないが、犯罪の嫌疑をかけられ、捜査の対象とされている者を指し、「被告人」とは起訴された者を指す）。このように国家が、本人の意思とは無関係に刑事手続への関与を強制する以上、被疑者・被告人には防御主体としての法的地位にふさわしい防御権が保障されなければならない。そこで憲法および刑事訴訟法は、適正な手続を受ける権利——特に不利益処分に先立つ、告知・聴聞、防御の機会——を保障した上で（憲法三一条）、被疑者・被告人が実効的な防御活動を行えるよう、弁護人による法的援助を受ける権利（憲法三四条、三七条三項、刑訴法三〇条、三九条一項）や公判前にあらかじめ自己に有利な証拠の保全を請求する権利（刑訴法一七九条）、公判においては証人を審問する権利や証拠調べを請求する権利（憲法三七条二項、刑訴法二九八条一項）等、様々な権利を保障している。しかし、被疑者・被告人に保障された諸権利のなかでも、防御主体たる被疑者・被告人の法的地位を最も端的に表現しているのは黙秘権であろう。

黙秘権の権利としての内容については、憲法と刑訴法とで文言上の差異が見られることから、その保障内容に違いがあるとの見解もあるが、少なくとも、被疑者・被告人は、不利益供述の強要という形で、捜査・訴追への協力を強いられないという点に争いはない（憲法三八条一項）。また、供述するか否かは専ら被疑者・被告人の自由な意思決定に委ねられていることから（刑訴法一九八条二項、三一一条一項）、被疑者・被告人は自らの無実を積極的に主張・立証する必要がないという点にも異論は見られない。

もっとも、被疑者・被告人が供述を選択する場合、その供述は（任意性に疑いのない限り）証拠となる。その意味で、被疑者・被告人は証拠方法としての性格を有している。前述の通り、国家は被疑者・被告人に対し証拠方法となることを強制できないが、国家にとって、被疑者・被告人は重要な情報源となりうることから、供述するか否かについての被疑者・被告人の意思決定の過程に国家は積極的な「働きかけ」（説得）を行い、捜査・訴追の追行にとって有益な情報を得ようと試みる。その典型的な局面が被疑者取調べである（刑訴法一九八条一項）。わが国の被疑者取調べは、弁護人の関与を排斥した上で、長時間にわたって行われるのが通常であり、（逮捕・勾留中であるか否かを問わず）被疑者が黙秘権を行使したからといって、取調べが直ちに中断されるということもない（渕野二〇一五：一八五）。それゆえ、被疑者取調べは、被疑者の黙秘権——供述するか否かについての意思決定の自由——が最も侵害を受けやすい場面の一つといえる。

被疑者・被告人の黙秘権が危険にさらされるもう一つの場面は、黙秘からの不利益推認が許容されるときである。わが国では、黙秘からの不利益推認は禁止されるとの観方がなお支配的といえる（門野二〇一五：二四〇—二四五）。しかし、後述の通り、諸外国には、一定の条件の下、黙秘からの不利益推認を許容する法制度も存在しており、これに倣って、近時、わが国においても、同様の法制度の導入を主張する見解が散見されるようになった（笠間二〇一一：三）。

そこで本稿においては、被疑者・被告人の黙秘権保障を危うくする二つの場面、すなわち、①被疑者取調べの限界と②黙秘からの不利益推認の可否の問題について検討する。これらの検討に入る前に、まずは黙秘権の意義を確認することから始める。

二　黙秘権の意義

従来、黙秘権は「言いたくないことは言わなくてよい権利」として、沈黙を保障する消極的権利と理解されることが多かった。確かに、刑訴法は、「自己の意思に反して供述をする必要がない」権利（刑訴法一九八条二項）、「終始沈黙し、又は個々の質問に対し、供述を拒む」権利（刑訴法三一一条一項）として黙秘権を規定し、供述拒否権の側面に重点を置いている。しかし、これが被疑者・被告人の弁解する権利を否定する趣旨でないことはいうまでもない。刑訴法は、被疑者・被告人がいつでも自由に弁解できることを前提とした上で、その意思に反して弁解する義務がないことを確認する趣旨にとどまる。そうであれば、黙秘権は、単に沈黙を保障する権利というよりは、「供述するか否かについての意思決定（自己決定）の自由」を保障する権利として理解するべきであろう（後藤二〇一三：四二）。

主体的な意思決定のための前提条件

このように被疑者・被告人の黙秘権を「供述するか否かについての意思決定（自己決定）の自由」として理解する場合、そのような意思決定の自由が保障されている旨の権利告知を行うというだけでは、権利保障の在り方として不充分であろう。なぜなら、権利の存在を認識させたというだけでは、いまだ主体的な意思決定をするための前提条件が整備されているとはいえないからである。黙秘権――供述するか否かについての意思決定の自由――を保障するためには、少なくとも、以下に述べるような前提条件の整備が必要となる。

取調べ前に証拠開示を受ける権利

第一に、供述するにせよ、供述しないにせよ、その前提として、それぞれの場合における利害得失について充分に認識した上でなければ、主体的な意思決定を行うことはできない。したがって、被疑者・被告人（およびその弁護人）には、供述するか否かの意思決定を行う前に――主体的な意思決定を行うために充分な程度の――証拠（情報）が開示されなければならないであろう（Blackstock et al. 2014: 290）。

仮に不充分な証拠（情報）開示しかなされない場合、被疑者・被告人は、供述する場合としない場合とで、それぞれにどのような利害得失を伴うのかを充分に認識・判断できず、それゆえ、供述するか否かについての主体的な意思決定を行うことはできない。この点、わが国には、被疑者取調べ（ないし弁解録取）に先立つ証拠開示制度は存在せず、また、実務の運用上、取調べ（ないし弁解録取）に先立って一定の証拠（情報）が開示されるということもないようであるが、そのような状況で、被疑者に対し、供述するか否かの意思決定を要求することは、黙秘権を実質的に侵害するものとなろう。

もっとも、「主体的な意思決定を行うために充分な程度」の証拠（情報）開示として、どの程度の証拠（情報）の開示が必要となるのかは難しい問題である。この点に関しては、ＥＵ指令二〇一二年一三号（ＵＲＬ①）を受けて、近年、証拠開示法制に若干の改正を加えているイングランドおよびウェールズ（以下、イギリスとする）の動向が一応の参考となる。

従来、イギリスにも捜査段階における証拠開示制度はなく、証拠を開示するか、開示する場合にどの程度の証拠を開示するか、取調べ前に開示するのか、あるいは、取調べ中に開示するのか等、その判断は専ら警察の裁量に委ねられていた。そのため、かなりの程度の証拠が取調べ前に開示されることもあれば、全く開示されないこともあり、その運用は個々の警察官（および個々の警察官と弁護人との信頼関係の有無・程度）に大きく依存していたとされる（Blackstock

2014: Ch. 7; Kemp 2013: 5)。もっとも、警察が取調べ前の証拠開示を（不充分にしか）行わない場合、取調べに応じるべきか否か（応じる場合にどのように対応するか）の意思決定が困難となることから、弁護人は被疑者に対し黙秘権を行使するよう助言するのが通常である。その結果、警察による取調べ前の証拠開示が進み、近年においては、まずは警察が事件に関する証拠の概要を弁護人（ないし被疑者）に説明し（ただし、証拠の現物を閲覧させることはほとんどない）、これを踏まえて弁護人が被疑者と接見し、どのように取調べに対応すべきかについて相談した後に、初めて被疑者取調べが開始されるというのが確立した実務運用となっている（Sukumar et al. 2016: 907-908. また、ドイツでも同様の実務が行われているようである。高田二〇〇三：七〇—七四）。

もっとも、このような取調べ前の証拠開示はあくまで運用上のことであり、そこで開示される証拠の内容・程度についても、前述の通り、警察の裁量に委ねられていた。しかし、EU指令二〇一二年一三号の前文二八段が——「進行中の捜査を害することなく」との留保を付しつつも——被疑事実に関する情報は遅くとも警察による最初の取調べ前までに迅速に開示されるべきであるとしたことを受けて、運用規定Cが改訂され、今日では、次のような規定（para. 11.1A）が設けられている（URL②）。

> 実効的な防御権行使が可能となるよう、取調べが行われる前に、被疑者、および被疑者に弁護人がある場合はその弁護人にも、被疑事実の性質、被疑者がその罪を犯したと疑われる理由……を把握するのに充分な情報が与えられなければならない。但し、この情報は常に被疑事実の性質を把握するのに充分なものでなければならないが（Note 11 ZA 参照）、このことは犯罪捜査を阻害するおそれのある時点での詳細な開示を要求するものではない。

さらに、運用規定Cの案内注記11 ZAは、本条（11.1A）が①取調べを受ける前に適用されること、および②被疑者に弁護人が選任されているか否かを問わないことを再度確認した上で、③何が「充分な情報」となるのかは個別の事案によること、しかし、④少なくとも、通常、犯行の時間や場所等、警察が認知している被疑事実に関する事実は「充分な情報」に含まれることを規定している。

以上の関連規定を見る限り、イギリスにおいてもなお取調べ前の証拠開示は警察の裁量に委ねられている部分が大きいといえるが(Cape 2015: 58)、①取調べ前の証拠開示の必要性が取調べに応じるか否かの意思決定との関係で論じられている点、②実効的な防御権行使を可能にするという観点から証拠開示が捉えられている点、③それとの関係で開示が不充分な場合には、黙秘の助言が与えられている点などは参考となろう。

法的援助を受ける権利

第二に、とりわけ高度に専門化・複雑化した現代の刑事手続において、供述する場合とで、それぞれにどのような利害得失が考えられるのか、その的確な判断は法律専門家からの法的援助なくしては不可能である。それゆえ、供述するか否かの意思決定の自由(黙秘権)を保障するためには、そのような意思決定に先立って弁護人から法的助言を受ける機会が保障されていなければならない(葛野二〇一二：第五・六章)。

通常、被疑者・被告人が最初に「供述するか否か」の意思決定を迫られるのは、在宅被疑者としての取調べを受ける場面か、逮捕引致後の弁解録取の場面ということになろう。いずれの場面においても、そこでの被疑者の意思決定の結果が、その後の(捜査を含む)刑事手続の方向性に重大な影響を与えうることに鑑みれば、被疑者には、供述する場合としない場合とにおけるそれぞれの利害得失を充分に認識した上で主体的な意思決定を行う自由が保障されていなければならない。そうであれば、それらの局面に先立って、弁護人から法的助言を受ける機会が与えられなければならないであろう。このような保障を欠いた状態で、供述するか否かの意思決定を要求することは、黙秘権を実質的に侵害するものとなる(Jackson 2009: 853-854)。
なお、逮捕引致後の弁解録取に関しては、現行法が「直ちに犯罪事実の要旨及び弁護人を選任することができる旨を告げた上、弁解の機会を与え〔る〕」ことを要求しており(刑訴法二〇三条一項、二〇四条一項)、直ちに弁解録取の手続に入らなければならないことから、(現行法を前提とする限り)弁解録取に先立って弁護人と接見する権利を保障することはできないのではないか、との疑問もありえよう。しかし、「犯罪事実の要旨及び弁護人を選任することができる旨」の告知がまず先にあり、その上で、「弁解の機会を与え〔る〕」という順序で規定されていることに鑑みれば、むしろ現行法は——被疑者が(弁解するか否かについての)主体的な意思決定を行えるように——弁護人選任権の告知を先行させることで、(弁解するか否かの意思決定をする前に)まずは弁護人からの法的助言を受けることを推奨する趣旨であると解することも可能であろう(石田二〇一七:一一〇)。

第三に、供述するか否かについての被疑者・被告人の意思決定は——刑事手続の進行に伴って、その意思決定の前提となった諸事情にも変化が生じうることから——刑事手続の全過程を通じて絶えず再考を迫られることになる。それゆえ、その時々における主体的な意思決定を行うためには、刑事手続の全過程を通じて切れ目なく法的援助を受ける権利が保障されていなければならない。例えば、被疑者取調べの過程においても、取調官から提示・示唆された証拠(情報)の内容・存在等を踏まえつつ、供述と黙秘がそれぞれにもたらす利害得失を改めて検討し、当初の意思決定を見直すということはありえよう。しかし、そのような専門的判断は弁護人からの法的援助なくしては不可能であるから、被疑者には——取調べに先立って法的助言を受ける権利に加えて——取調べに弁護人を立ち会わせる権利が保障されていなければならない。もっとも、第三節で後述する通り、取調べに弁護人の立会いが求められるより本質的な理由は、被疑者の主体的な意思決定が、取調官による「働きかけ」(説得)によって、不当な制約を受けることがないように監視することにある。その上で、取調べ過程における被疑者の主体的な意思決定をサポートする——取調官のみならず、弁護人も被疑者の意思決定の過程に働きかける――ことが、弁護人立会いの本質的意義といえよう。

欧州人権裁判所の判例法とEU指令二〇一三年四八号

なお、弁護人からの法的援助を受ける権利の内容として、①取調べに先立ち法的助言を受ける権利と②取調べに弁護人を立ち会わせる権利が含まれるという点については、近年、欧州人権裁判所の判例法においても確認されている(葛野二〇一二：第六章、北村二〇一四：一六一―一九三)。すなわち、第一に、欧州人権裁判所の大法廷は、「やむにやまれぬ理由」がある場合を除き、弁護人へのアクセスは「警察による最初の被疑者取調べの時点から保障されなければならない」として、取調べに先立ち弁護人から法的助言を受ける権利があることを確認している(27 November 2008, *Salduz v. Turkey*, No. 36391/02; 20 October 2015, *Dvorski v. Croatia*, No. 25703/11)。第二に、その後の一連の判例において、弁護人へのアクセス権の中には、(取調べに先立ち法的助言を受ける権利だけでなく)取調べに弁護人を立ち会わせる権利が含まれることも確認されている(21 June 2011, *Mader v. Croatia*, No. 56185/07; 28 June 2011, *Sebalj v. Croatia*, No. 4429/09)。さらに、これらの欧州人権裁判所の判例法を踏まえて策定されたEU指令二〇一三年四八号(URL③)においても、取調べの前に弁護人と接見する権利(三条二項(a)・三項(a))に加え、「取調べに弁護人を立ち会わせ、かつ、実効的に関与させる権利」(三条三項(b)、前文二五段)が保障されていることが参考となろう(石田二〇一六：一一九―一二〇)。

総体としての防御権保障の必要性

「供述するか否かについての意思決定の自由」(黙秘権)を保障するためには、その意思決定に先立って、一定の証拠開示を受ける権利と弁護人からの法的援助を受ける権利とが保障されていなければならない。このような保障がない場合、被疑者・被告人は、その利害得失を充分に認識した上で、供述するか否かについての主体的な意思決定を行うことができないからである。また、主体的な意思決定を行うための前提となる権利——とりわけ弁護人から法的助言を受ける権利——の放棄は、それ自体が重大な意思決定となることから、原則として、認められないと解するべきであろう。

以上のように、黙秘権は、ある意味では、単体の権利としては機能しえない脆弱な権利であり、それゆえに「総体としての防御権保障」を要求する権利ということができよう。このような観点から、わが国の刑事司法制度を見直してみると、①取調べに先立つ証拠(情報)開示の制度が存在しない点(在宅被疑者の場合には犯罪事実の要旨等の告知さえ法律上要求されていない点等)、②取調べ前の弁護人接見を可能にする現実的基盤(例えば、逮捕段階からの公的弁護制度や弁護士が警察署に常駐する制度等)が存在しない点、③法律上、取調べに弁護人を立ち会わせる権利が明記されていない点等、新たな法整備が必要となる点が少なくないように思われる。

三　被疑者取調べの限界

前述の通り、被疑者の黙秘権——供述するか否かについての意思決定の自由——が最も侵害されやすい局面の一つが被疑者取調べである。被疑者取調べには、すでに逮捕・勾留されている被疑者の取調べと未だ逮捕・勾留されていない在宅被疑者の取調べとがある。いずれの場合においても、被疑者に黙秘権があることに異論は見られない。もっとも、刑訴法一九八条一項但書きが、「被疑者は、逮捕又は勾留されている場合を除いては、出頭を拒み、又は出頭後、何時でも退去することができる」と規定していることから、これを反対解釈し、逮捕・勾留中の被疑者については、(逮捕・勾留の理由となった被疑事実に関する)取調べのために、取調室に出頭し、そこに滞留する義務(出頭滞留義務)があるとする見解がある(松尾一九九九:六七)。さらに、逮捕・勾留中の被疑者は、取調室に出頭・滞留し、その間、取調べに応じる義務（取調受忍義務）があるとする見解もあり、今日の捜査実務もこのような考え方によって運用されている。最高裁も、出頭滞留義務を課すことが直ちに黙秘権侵害になるとは考えていない（最大判平成一一・三・二四民集五三巻三号五一四頁）。

刑訴法一九八条一項但書きの立法経緯

出頭滞留義務肯定説ないし取調受忍義務肯定説は、刑訴法一九八条一項但書きの反対解釈を根拠とするが、以下に見るように、本条の立法過程における議論の経緯に鑑みると、同項但書きを反対解釈することが果たして正当な解釈態度といえるのかは疑問である。

そもそも同項但書きは、日本政府最終案の時点では規定されておらず、いわゆる刑事訴訟法改正協議会の場で、連合国軍総司令部（GHQ）からの提案を受けて、追加されたものである。すなわち、日本政府最終案が「検察官、検察事務官又は司法警察官吏は、犯罪の捜査をするについて必要があるときは、被疑者を呼び出し、且つこれを取り調べることができる」というものであったのに対し、総司令部から、“The individual questioned has the right to refuse to answer, and, if not under arrest, may withdraw at any time”（「被疑者には応答を拒否する権利があり、かつ、逮捕下になければ、いつでも退席することができる」）との一文を追加すべき旨の修正提案が出されたのである（松尾一九九九：六四）。

この修正提案の理由は必ずしも明らかにされていない（井上ほか二〇一五：二八九）。しかし、この修正提案が――日本政府最終案では、被疑者に取調べを拒否する権利があるのか否か、また、取調室（警察署）から退去する自由があるのか否かが明らかでないために――黙秘権の保障が形骸化するのではないか、という懸念からなされたものであることは想像に難くない。そうだとすれば、修正提案の趣旨は、取調べが任意処分であること、つまり、被疑者は供述を拒否し、いつでも取調室（警察署）から退去することができるということを明確にする点に（のみ）あり、“if not under arrest"との挿入句が、逮捕・勾留中の被疑者について、ことさらに出頭滞留義務・取調受忍義務を課す趣旨で置かれたとは到底思われない。むしろ、この挿入句は、取調室からの退去が逮捕・勾留の効力自体を否定するものではないことを注意的に確認する趣旨(平野一九五八:一〇六)として理解する方が立法経緯に沿った解釈といえよう。日本側の立案関係者たちは、一九八条一項但書きが出頭滞留義務・取調受忍義務を肯定する趣旨である旨を明言しているが(團藤一九五〇:三六五)、少なくともそれは総司令部の修正提案が意図するところではなかったであろう。

供述に関する意思決定への「働きかけ」が許されるか?

また、逮捕・勾留の要件(逃亡・罪証隠滅の危険の存在)からも窺えるように、逮捕・勾留の目的に被疑者の取調べは含まれていないのであるから、被疑者取調べに関する限り、逮捕・勾留中の被疑者と在宅被疑者との間で、本来、その取扱いに法律上の差異は生じえないはずである。この点、出頭滞留義務を肯定する見解の中には――逮捕・勾留の目的に被疑者取調べが含まれないことを前提としつつ――在宅被疑者の場合とは異なった扱いをすることの正当化根拠として、被疑者が逮捕・勾留されている場合には、事実上、起訴・不起訴の決定までに最大二三日間という時間的制約があるという点を指摘するものがある(大澤二〇一五:九五参照)。しかし、限られた期間内で起訴・不起訴を決定しなければならないという国家側の事情が、直ちに逮捕・勾留中の被疑者に(在宅被疑者とは異なる)さらなる負担(出頭滞留義務)を課すことの充分な正当化根拠となりうるのかは疑問であろう。逮捕・勾留が取調べのための処分で(も)あることを前提としない限り、逮捕・勾留中の被疑者にのみ出頭滞留義務を課すことを理論的に説明することは困難であるように思われる(石田二〇一六:一一七)。

もっとも、出頭滞留義務論をめぐる問題の核心は、供述するか否かについての(被疑者の)意思決定の過程に捜査機関がある程度の「働きかけ」を行うことさえ許されないのか、という点であろう。出頭滞留義務肯定論は、被疑者が取調室への出頭（および取調べ）を拒否した場合であってもなお翻意に向けた説得の機会を（無限定ではないにせよ）捜査機関に与える考え方である（川出二〇一六：四三）。この点、確かに、「翻意に向けた説得」が、被疑者の主体的な意思決定を侵害するものとはいえないのであれば、それが黙秘権侵害を構成するということにはならないであろう。しかし、そのようにいえるのは、被疑者が「翻意に向けた説得」を受けることそれ自体については承諾・容認している場合に限られよう。なぜなら、取調べに先立つ証拠・情報の開示や弁護人からの法的助言を踏まえた上ですでに被疑者が取調べに応じないとの意思決定を行っている場合には、まさにそれが被疑者の主体的な意思決定なのであって、その意思決定に翻意を迫る「働きかけ」は、被疑者の主体性を無視するものとなるからである（渕野二〇一五：一九一）。それでもなお捜査機関が被疑者の意思決定の過程に働きかけたいと考えるのであれば、弁護人に対して、さらに証拠（情報）等を開示することで――（弁護人を通じて）被疑者による防御上の利害得失の判断に再考を迫ることにより――被疑者本人が改めて取調べに応じるという意思決定を行うよう働きかけるしかないであろう。

被疑者取調べに関する法的規律

以上の議論を前提にしても、逮捕・勾留中の被疑者取調べが一切許されなくなるわけではない。被疑者が取調べを受けることを承諾している限り（その承諾の継続が認められる限度で）、在宅被疑者の取調べと同様の法的規律の下、逮捕・勾留中の被疑者取調べを行うことは許される。

在宅被疑者の取調べの限界については、最決昭和五九・二・二九（刑集三八巻三号四七九頁）が、「事案の性質、被疑者に対する容疑の程度、被疑者の態度等諸般の事情を勘案して、社会通念上相当と認められる方法ないし様態及び限度において、許容される」としている。これは、任意処分の適法性に関し、「処分の必要性の程度」と「被制約利益の性質・程度」とを比較衡量し、個別具体的な事案において「相当」といえる範囲内で当該処分を適法とする判断枠組み(比例原則)を採用したものとして(一般に)理解されている(これに疑問を呈するものとして、酒巻二〇一五：九二―九三)。さしあたり、このような一般的理解を前提としたときに、とりわけ逮捕・勾留中の被疑者取調べに関しては、令状裁判官によって逮捕・勾留を正当化しうる高度の「容疑の程度」が確認されていることから、一般的・類型的に「取調べの必要性」が高いということができ、その結果、個別具体的な事案において「相当」と判断される取調べ(説得)の範囲が広がるのではないか、との観方がある(斎藤二〇一六：一一五―一一六)。さらに、逮捕・勾留されている被疑者については、その身体拘束期間が厳格に制限されており、かつ、事実上、その期間内に起訴・不起訴の決定を可能とする程度の捜査を尽くさなければならないとの前提に立つならば、(そのような時間的制約のない)在宅被疑者の場合と比して、一般的に「取調べの必要性」が高くなるという理解もありえなくはない。

しかし、以上のような理解が許されるならば、出頭滞留義務肯定説に立つ場合と、その結論において、さほどの径庭《けいてい》は生じないことになろう。このことが出頭滞留義務を否定することと整合性を保ちうるのかは疑問である。また、そもそも、「容疑の程度」が高いことが一般的・類型的に「取調べの必要性」を高める事情として評価できるのかについても、疑問の余地がある。例えば、現行犯逮捕の事例のように、高度の嫌疑の存在が認められるような場合、嫌疑の解明のために取調べを行う必要性は乏しいとさえいえる。それ以外の場合についても、すでに逮捕・勾留を正当化しうる嫌疑が確認されているのであるから、少なくとも嫌疑の確認という点においては、起訴・不起訴の決定のために(さらなる)取調べを行う必要性はさほど高くないとも評価しえよう。このように考えると、必ずしも、容疑の程度が高いほど、「取調べの必要性」が高まるという関係にあるとはいえないように思われる。

おそらくここで問題とすべきは、「容疑の程度」それ自体ではなく、「取調べの必要性」の内実であろう。仮に取調べの目的が、裸の真相解明(真実の発見)にあるのだとすれば、容疑の程度が高い場合ほど、当該被疑者に対する取調べが真相解明にもたらす利益は大きいといえるから、「取調べの必要性」も高まるといえるのかもしれない。しかし、

（犯罪捜査を含む）刑事手続の目的が――裸の真相解明にあるのではなく――「刑罰法令を適正且つ迅速に適用実現する」ために必要な限りで、「事案の真相」を明らかにすることにあるとすれば（刑訴法一条）、前述のような理解は採りえないであろう。取調べの目的も、（裸の真相解明のためではなく）起訴・不起訴の決定に必要な限りでの嫌疑の解明にあると理解するべきではないだろうか。そうであれば、「取調べの必要性」は必ずしも「容疑の程度」と正比例の関係にあるわけではなく、逮捕・勾留中の被疑者取調べが、比例原則の下、（在宅被疑者の場合に比して）より緩やかに許容されうる類型ということにはならないであろう。

なお、以上の議論は、被疑者が取調べを受けることについて承諾していることを前提とするものであるが、このような場合であっても、弁護人の立会いは不可欠といえる。なぜなら、弁護人の関与なくして、取調官からの一方的な「働きかけ」が行われる場合、通常、被疑者が意思決定の主体としての地位を保つことは困難だからである。意思決定の過程への「働きかけ」（説得）が一律に禁止されることはないとしても、あくまで意思決定の主体は被疑者本人であるから、その主体的地位を保持するための最低限のセーフガードとして、原則、取調べには弁護人を立ち会わせるべきであろう。

四　黙秘からの不利益推認

従来、取調べ時に被疑者が黙秘した事実を公判での事実認定において考慮すること（不利益推認）は許されないと考えられてきた。これを許容すれば、事実上、被疑者は黙秘を選択することが難しくなるからである。

しかし、シンガポール、北アイルランド、イギリス、アイルランド、オーストラリア（ニューサウスウェールズ州）等、諸外国の中には、近年、犯罪対策の一環として、不利益推認を許容する法制度（不利益推認法）を導入した国も存在する(Redmayne 2008: 1047, n. 1)。また、欧州人権裁判所の判例法においても――前述の通り、弁護人からの法的援助を受ける権利の保障等が前提とされているが――不利益推認の許容が直ちに「公正な裁判を受ける権利」(欧州人権条約六条一項)を侵害するものとまではいえないとされている(8 February 1996, *Murray v. UK*, No. 18731/91)。

わが国においても、二〇一六年刑訴法改正による取調べの録音録画記録制度の導入や被疑者国選弁護制度の拡充に加え、今後さらに「総体としての防御権保障」が充実していけば、同様の議論が生じることは予測されよう。しかし、以下に見るように、黙秘からの不利益推認を理論上正当化することは困難である。

不利益推認許容論の隘路①――黙秘の法的助言

不利益推認がない場合、取調べでの黙秘は――その後の捜査を含む刑事手続の行方に有利な方向での積極的影響を与えることができないという点を除き――特段のデメリットを生じさせない。これに対し、不利益推認を許容する法制度の下では、取調べでの黙秘が、有罪方向での情況証拠の一つとして、証拠上の価値を与えられることになる。それゆえ、不利益推認がある場合、取調べにおける供述対応が――後の公判手続の結果に影響を与えうるという点で――より決定的な意味を持つことになる。この点を考慮して、欧州人権裁判所は、不利益推認がありうる場合には、取調べ前に弁護人と接見する権利が「至高の重要性」を有するとした(8 February 1996, *Murray v. UK*, No. 18731/91: 6 June 2000, *Averill v. UK*, No. 36408/97)。また、不利益推認を許容する諸法域においても、取調べ前に弁護人から法的助言を受けることを(不利益推認の)要件とするのが通常である。不利益推認を許容したイギリスの刑事司法・公共秩序法(Criminal Justice and Public Order Act 1994)も――先の欧州人権裁判所の判例を受けて――これを絶対的条件としている(イギリスにおける不利益推認法の詳細については、石田二〇〇三：一〇七、山田二〇一六：二四七)。

その上で最も複雑・困難な問題を生じさせるのが、被疑者が法的助言に従って取調べで黙秘をした場合である。すなわち、被疑者が法的助言に従って取調べでは黙秘し、後の公判において(取調べでは何ら言及していなかった)事実を初めて主張した場合、取調べでの黙秘から不利益な推認——被疑者には取調べのときに主張できるような事実(弁解)がなかったのであり、公判における新主張は後に作出した虚偽の弁解であるとの推認——を導くことが許されるのか、という問題である。そもそも黙秘からの推認が許されるのは、その推認自体に合理性が認められる場合に限られる。それゆえ、取調べで黙秘した理由が弁護人の助言にあるとすれば、前述のような不利益推認は許されるべきではないようにも思われる。しかし他方で、仮に黙秘の助言を理由に不利益推認を一律に回避できるとすれば、不利益推認法は完全に無意味な法律となってしまうであろう。なぜなら、被告人が「取調べで黙秘したのは弁護人から黙秘の助言を受けたからである」とさえ証言すれば、不利益推認を阻止することが可能になるからである。

このようなジレンマに直面した結果、黙秘の助言と不利益推認の可否に関するイギリスの判例法は錯綜し続けてきた(Redmayne 2008: 1066–1071)。判例は、不利益推認法を無効化するような解釈(黙秘の助言を理由に一律に不利益推認を否定する解釈)を採用しないという点では一貫していたが、当初は、被疑者が真に(genuinely)黙秘の法的助言に従ったのであれば、不利益推認は許されないとしていた(*R v. Betts and Hall* [2001] 2 Cr. App. R. 16)。しかし、その後の判例は、被疑者が真に黙秘の法的助言に依拠したというだけでは足りず、その法的助言に依拠することが合理的(reasonable)といえなければ、不利益推認を回避することはできないとしている(*R v. Howell* [2003] EWCA Crim 1; *R v. Hoare and Pierce* [2004] EWCA Crim 784)。なお、ここでいう合理的ということの意味であるが、例えば、取調べで主張できるような事実(弁解)を有していない被疑者にとって、黙秘の法的助言は好都合なものであるから、それゆえに被疑者が法的助言に依拠しているような場合、法的助言に合理的に依拠しているとはいえないとされている(*R v. Beckles* [2004] EWCA Crim 2766)。そのような被疑者が不利益推認を回避するためのシールドとして黙秘の法的助言を口実とすることは許されないからである。

以上のように、イギリスの判例法は、被疑者が、弁護人からの法的助言に、真に、かつ合理的に依拠している場合にのみ、不利益推認が否定されるとしている。確かに、不利益推認法の実質を保持しようとすれば、そのように解釈するほかないであろう。しかし、そうなると被疑者は容易に黙秘の法的助言に従うことができなくなる。法的助言を受ける機会はあっても、これに依拠することが容易でないとすれば――結局のところ、被疑者は自分自身で法的助言に従うべきか否かという法的判断を行わざるを得ないのであるから――法的援助を受けていないに等しいのではなかろうか(Choo 2015: 134)。不利益推認がある場合、法的助言を受ける権利の保障が不可欠の要件となるとしながら、他方で、被疑者はその法的助言に容易に依拠できないというのは背理といわざるをえない。このように不利益推認の許容は、法的助言を受ける権利との関係で理論的隘路に陥るのである。

不利益推認許容論の隘路②――弁護士秘匿特権(legal professional privilege)の放棄

さらなる深刻な問題は、不利益推認法が――弁護人と被疑者・被告人間のコミュニケーションに付与される――弁護士秘匿特権との衝突を(半ば不可避的に)生じさせることである。

前述の通り、不利益推認を回避するために、被告人は黙秘の法的助言を受けたことを公判で証言する必要がある。単に「黙秘の助言を受けた」と証言するだけであれば、秘匿特権の放棄とはならないが、そのような証言だけで、「真に、かつ、合理的に黙秘の助言に依拠したこと」を立証するのはおそらく困難であろう。それゆえ、不利益推認を回避するためには、時として、弁護人とのコミュニケーションの具体的内容や黙秘の助言がなされるに至った理由等にも立ち入らざるを得ない。しかし、被告人が、法的助言の内容や理由についても証言する場合、秘匿特権は放棄されたものとみなされ、その結果、訴追側からの反対尋問にさらされることになる(*R v. Seaton* [2010] EWCA Crim 1980)。つまり、取調べ前の接見で弁護人に話した内容や黙秘を選択した理由について、被告人は反対尋問で追及されることになり、また、黙秘の助言を与えた弁護人も、防御戦術上の理由から黙秘の助言を与えたのではないか等、黙秘の助言を与えた理由や、黙秘の助言を与える前提となった事実関係等について反対尋問にさらされる可能性があるのである（ただし、秘匿特権の放棄が認められる場合でも、訴追側にどこまでの反対尋問が許されるのかについては、なお公正さの観点から裁判官が独立して判断すべきとされている点には留意する必要がある。*R v. Hall-Chung* [2007] EWCA Crim 3429）。

このように不利益推認法は、不利益推認を回避するために秘匿特権を放棄するか、あるいは、秘匿特権を保持する代わりに不利益推認のリスクを甘受するかというジレンマに被告人を陥れるものとなる。しかし、同法がもたらす負の影響はこれにとどまるものではない。前述の通り、（黙秘の法的助言を与えた）弁護人が証言台に立たされる可能性があるということで、後の公判で自らが批判を受けることがないよう、被疑者に対して、黙秘の選択が被疑者本人の意思であることを明確にするための書面に署名を求める弁護人（法律事務所）が現れる等、同法は弁護人と被疑者・被告人の関係に緊張を生じさせているとの指摘もある（Quirk 2013: 481–482）。このことが健全な当事者主義訴訟の運営にもたらす事実上の悪影響は無視しえないであろう（Quirk 2017: ch. 4）。

不利益推認に関する国際人権法の到達点

かつて欧州人権裁判所は、黙秘権の保障を「条約六条が保障する公正な手続の概念の中核に位置する広く承認された国際基準である」としながらも、不利益推認の可否については国際基準も「沈黙している」と判示して、不利益推認を許容した（8 February 1996, *Murray v. UK*, No. 18731/91）。確かに、各種国際人権文書は「自己に不利益な供述又は有罪の自白を強要されない」と規定するのみで、黙秘からの不利益推認を禁止する明文規定を置いていなかった。しかし、自由権規約委員会の所見が、イギリスの不利益推認法を「規約一四条の諸条項に違反する」とし（27 July 1995, CCPR/C/79/Add. 55, para. 17）、また、その最終見解が「規約一四条との適合性を確保するために、同法の廃止も視野に入れて、再考すべきである」(6 December 2001, CCPR/CO/73/UKOT, para. 17)と提言していた点を考慮するならば、自由権規約一四条三項(g)が保障する黙秘権は、元来、不利益推認禁止の効果を内包する権利として理解されていたというべきであろう。その意味で――不利益推認の可否については国際基準も「沈黙している」とした――先の欧州人権裁判所の判示には疑問が残る。

また、一九九八年に採択された国際刑事裁判所に関するローマ規程は――若干の国家において不利益推認を許容する動向があることを懸念し――国際人権文書として初めて黙秘からの不利益推認を禁止する明文規定を置いている(五五条二項(b)および六七条一項(g))。国際人権法としてのローマ規程は、その歴史も浅く、いまだ自由権規約や欧州人権条約のような実効性・影響力を有しているとはいえないものの、同規程における被疑者・被告人の権利保障の規定は、それまでの国際人権法の到達点を踏まえて起草されたものであり、今後の国際社会が向かうべき方向性を指し示すものともいえよう。さらに、EU指令二〇一六年三四三号(URL④)の七条五項が、「被疑者および被告人による黙秘権または自己負罪拒否権の行使をその者に対して不利益に用いてはならず、その者が当該犯罪を実行した証拠として考慮してはならない」と規定していることも注目に値しよう。これらの近年の動向も踏まえるならば、国際社会は改めて黙秘権を確固たる権利として保障する方向に向かいつつあるといえよう。

参考文献

石田倫識(二〇〇三)「被疑者の黙秘権に関する一考察――イギリス黙秘権制限立法を手がかりに」『九大法学』八六号

石田倫識(二〇一六)「接見交通権と被疑者取調べ」『季刊刑事弁護』八五号

石田倫識(二〇一七)「弁護権保障と取調受忍義務」『刑法通信』一一五号

井上正仁ほか(二〇一五)『日本立法資料全集一三一　刑事訴訟法制定資料全集　昭和刑事訴訟法編(一一)』信山社

大澤裕(二〇一五)「被疑者・被告人の身柄拘束のあり方」『論究ジュリスト』一二号

笠間治雄（二〇一二）「検察改革の行方」『法の支配』一六三号
門野博（二〇一五）「黙秘権の行使と事実認定」木谷明編著『刑事事実認定の基本問題 第三版』成文堂
川出敏裕（二〇一六）『判例講座刑事訴訟法 捜査・証拠篇』立花書房
北村泰三（二〇一四）「警察取調べにおける弁護人立会権をめぐる人権条約の解釈・適用問題——ヨーロッパ諸国の動きを中心として」『法学新報』一二〇巻九—一〇号
葛野尋之（二〇一二）『未決拘禁法と人権』現代人文社
後藤昭（二〇一三）「被疑者・被告人の法的地位」井上正仁・酒巻匡編『新・法律学の争点シリーズ 刑事訴訟法の争点』有斐閣
斎藤司（二〇一六）「取調べのための出頭・滞留義務と取調べの適正化論」井田良ほか編『浅田和茂先生古稀祝賀論文集 下巻』成文堂
酒巻匡（二〇一五）『刑事訴訟法』有斐閣
高田昭正（二〇〇三）『被疑者の自己決定と弁護』現代人文社
團藤重光（一九五〇）『條解刑事訴訟法 上』弘文堂
平野龍一（一九五八）『刑事訴訟法』有斐閣
渕野貴生（二〇一五）「黙秘権保障と自白法則」川﨑英明・白取祐司編著『刑事訴訟法理論の探究』日本評論社
松尾浩也（一九九九）『刑事訴訟法 上（新版）』弘文堂
山田峻悠（二〇一六）「イギリスにおける黙秘からの不利益推認——イギリスの裁判所・ヨーロッパ人権裁判所の法理論・法実務の展開を中心に」『中央大学大学院研究年報』四五号
Blackstock, Jodie et al.(2014) *Inside Police Custody: An Empirical Account of Suspects' Rights in Four Jurisdictions*, Intersentia.
Cape, Ed (2015) Transposing the EU Directive on the Right to Information: A Firecracker or a Damp Squib ?, *Criminal Law Review* 48.
Choo, Andrew L. T.(2015) *Evidence*, 4th ed. Oxford University Press.
Jackson, John (2009) Re-Conceptualizing the Right of Silence as an Effective Fair Trial Standard, *International and Comparative Law Quarterly*, Vol. 58 No. 4.

Kemp, Vicky (2013) *Bridewell Legal Advice Study: Adopting a 'Whole-Systems' Approach to Police Station Legal Advice: Blast II Final Report*, Legal Services Research Centre.

Quirk, Hannah (2013) Twenty Years On, The Right of Silence and Legal Advice: The Spiralling Costs of an Unfair Exchange, *Northern Ireland Legal Quarterly*, Vol. 64 No. 4.

Quirk Hannah (2017) *The Rise and Fall of the Right of Silence*, Routledge.

Redmayne, Mike (2008) English Warnings, *Cardozo Law Review*, Vol. 30 No. 3.

Sukumar, Divya et al. (2016) Behind Closed Doors: Live Observations of Current Police Station Disclosure Practices and Lawyer-Client Consultations, *Criminal Law Review* 900.

参考ウェブサイト

① http://eur-lex.europa.eu/eli/dir/2012/13/oj(二〇一七年三月二〇日閲覧)

② https://www.gov.uk/government/publications/pace-code-c-2017(二〇一七年三月二〇日閲覧)

③ http://eur-lex.europa.eu/eli/dir/2013/48/oj(二〇一七年三月二〇日閲覧)

④ http://eur-lex.europa.eu/eli/dir/2016/343/oj(二〇一七年三月二〇日閲覧)

4　被疑者・被告人にとっての刑事司法

村木厚子

「郵便不正事件」に遭遇したことで、私は、それまで自分には何の関係もないと思っていた「刑事司法」のプロセスの中に突然巻き込まれた。見学でも行ったことのなかった法廷に初めて足を踏み入れたのは、「被告人」としてであった。そこで、ここでは、刑事司法に全く無縁だった一人の人間が、被疑者、被告人となるとどうなるのか、刑事司法の制度や実態がどのように見えたか、そこに登場する「プロ」たちがどう見えたかを紹介することとしたい。

一　事件の概要

まず、事件の概要を簡単に紹介しよう。二〇〇四年偽の障害者団体「凜の会」が、障害者団体用の郵便料金の割引制度を悪用してダイレクトメールを大量に郵送して不正に利益を得ようとした。割引制度を利用するためには障害者団体であることの証明が必要であるが、これに厚生労働省障害保健福祉部企画課長名の証明書が使用された。大阪地検特捜部は、当時企画課長であった村木が、「凜の会」が偽の障害者団体であることを知りながら、国会議員から頼まれた「議員案件」として、正規の手続きを踏まないまま、部下の係長に命じて偽の証明書を作成し「凜の会」に手渡した、として、二〇〇九年六月、村木を有印公文書偽造の嫌疑で逮捕・起訴した。

後に裁判で、国会議員からの依頼の事実や村木の関与はなく、当時の担当係長が、障害者団体を偽物と認識せず、証明書の発行が遅れて迷惑がかかると思い込み、正規の手続きを取らず証明書を発行し、手渡したことが明らかになった。二〇一〇年九月、大阪地裁は村木に無罪を言い渡し、検察は上訴権を放棄、無罪が確定した。

判決後、大阪地検特捜部の主任検事が、村木が関与したというストーリーに合うよう証明書を作成した日時を示すフロッピーディスクのプロパティーを改竄したことが報道機関の調査・取材により明らかになり、また、この改竄を知った上司の特捜部長および副部長もこれを隠蔽したとして、それぞれ逮捕され有罪判決が確定、三人は検事の職を失った。

二　被疑者から見た刑事司法プロセス

ここでは、記憶をたどりながら、ある日突然、被疑者、そして被告人になると何が起こるか、どのように刑事司法が見えたかを紹介する。

逮捕まで――洪水のような報道

郵便の障害者割引制度を悪用して不正に利益を得ている団体があり、捜査が行われていることは当時マスコミで大きく報道されていた。企画課長名の証明書が使われたこともマスコミを通じて知ったが、「凜の会」という名称に全く記憶はなかった。当時の私の日程管理用の手帳にも、パソコンでつけていた細かな業務日誌にも、「凜の会」の名称、関係したとされる国会議員、「凜の会」役員の名前は一切なかった。担当課に確認すると、証明書を発行した記録は全くないという。役所が証明書を発行すれば記録が残るはずなので、団体が偽造したのだろうと思っていた。

ところが、ある日突然当時の係長が逮捕された。係長の取調べの状況はマスコミを通じて日々流れ、本人は証明書の偽造を認めているという。やがて、係長は取調べに対し村木に指示されて証明書を発行したと供述している、と報道された。ここからマスコミに追われる日々が始まった。職場に、自宅に、国会にと、行く先々に大量の報道関係者が押し寄せてくる。こっそり執務室を移し、トイレに行く際にはあたりを見回してダッシュする、自宅にいられずホテルや娘の家を泊まり歩く日々が始まった。やがて、当時の上司である部長も事情聴取され、国会議員から便宜を図るよう頼まれて村木に指示して証明書を作らせたと供述しているという報道が流れた。多くの関係者が大阪地検に呼ばれる中で、私にだけは事情聴取の声がかからず、不安な日々が続いた。

自分に関係する部分については、マスコミの報道が事実と異なることはわかるが、それ以外の部分は報道を頼りに何が起きたのかを類推していくほかはなかった。そうであれば、事件とはかかわりのない市民がマスコミによる「捜査関係者によれば、……は……と供述している」という報道を「事実」として受け止めることは避けられないだろう。

そんな時、職場の同僚の勧めで、弁護士に相談をした。弘中惇一郎弁護士だ。事情聴取も受けない段階から弁護士に相談するということは一般的ではないだろう。しかし、振り返ってみると、プロ、すなわち弁護士の助けをどの段階で受けるかはその後の運命を大きく変える要素だと感じる。弘中弁護士からは、家宅捜索になると記録をすべて持って行かれるので、手帳や業務日誌のコピーをとって弁護士に預けること、決して資料等に手を加えたり隠したりしないことという指示をもらった。記録が手元に残ったことで裁判の準備に早く取り掛かることができた。

係長の逮捕から二〇日近くが経って大阪地検特捜部から事情聴取をしたいと声がかかった。この時はこれでやっと言い分が聞いてもらえると思った。

逮捕、身体拘束のスタート

二〇〇九年六月一四日、大阪地検特捜部の呼び出しに応じて地検まで出向き、遠藤裕介検事の執務室で取調べを受ける。最初に「被疑者」であること、任意の取調べであることを告げられた。「被疑者」であることの意味を尋ねると、自分に都合の悪いことは言わなくてもいいという趣旨だと教えられた。この時、これが黙秘権の告知であるという認識を持てたかどうかは記憶にない。

取調べで聞かれたことは、

- 「凛の会」の会長に会い、何か頼まれたことはないか
- 証明書の発行に関し、上司から何か指示を受けたり、部下に指示をしなかったか
- 係長に証明書を作成させたか
- 会長に証明書を渡していないか

といったようなことだ。

会長に会った記憶はないが会った人すべてを覚えている自信はない、偽の団体に証明書を発行したりそれを部下に命じるようなことはありえない、したがって証明書を手渡すこともありえない、と繰り返し答えた。数時間の取調べの後、「上」の決裁のためということでしばらく待たされ、夕方、遠藤検事から逮捕を告げられた。

遠藤検事にマスコミに情報が大量に流れていることを投げかけてみた。「「下」の人間はああいうことは反対です。取調べがやりにくくなるだけでしょう。守秘義務の問題もある」という答えが返ってきた。「上」が意図を持ってマスコミを使っているということのようだ。

逮捕の後、車で拘置所に移送された。裸になり身体検査、指紋の採取などがあり、灰色のスウェットの上下に着替え、写真撮影。現実離れしていて実感がなかった。

翌日は手錠・腰縄でバスに乗せられ裁判所に行き勾留手続き。この手錠・腰縄が最も屈辱的に感じられた。バスでたくさんの人間が同時に裁判所に連れて行かれるので「流れ作業」のようだ。私が逮捕事実を否認していることを裁判官が確認し、短い文章にする。勾留の必要性を判断するための機械的で短時間の作業ではあるものの、「検事」ではなく「裁判官」に自分の思いを話すことのできる数少ない機会で、本人の言った通りのことが「調書」に書いてもらえる可能性のある数少ないチャンスだと後で知った。しかし、その意味を当時は全くわかっていなかった。

被疑者・被告人の多くは、実務的な知識が何もないまま刑事司法のプロセスに巻き込まれる。自分に保障された権利や刑事司法プロセスに関する知識などをできる限り早いタイミングで正確にわかりやすく伝える仕組みが特に重要だと感じる。

これで「身体拘束」がスタートした。この後、一六四日間拘置所で暮らした。

密室での取調べと調書

翌日から改めて遠藤検事の取調べが始まった。取調べは、午後の早い時間から始まり、遅い日は一〇時頃まで続いた。

遠藤検事から、冒頭に「勾留は一〇日間、一回に限り延長することができ、最大で二〇日となる。その時までに起訴されるかどうかが決まるが、あなたの場合は起訴されるだろう。裁判のことは考えているか」と聞かれた。取調べが始まる前から結果が決まっていると言われ、その二〇日間は何のためにあるのだろうと不思議に思った。検事は、「私の仕事はあなたの供述を変えさせることです」と言った。組織としてそういう方針があり、彼が上司からそういうミッションを与えられているということだろう。

供述調書のイメージは大きく変わった。それまでは取調べで言ったことが要約され供述調書になると思っていた。

取調べを経験したことのない人は皆調書とはそういうものだと思っているのではないだろうか。しかし、実際は、検事が調書に残したいことを作文し、そこからネゴシエーションが始まる。

取調べ一〇日目、検事がすでに出来上がった一〇ページほどの長文の調書を持って取調室に入って来た。長さに圧倒されてよく見ずにサインすることがあると事前に弁護人から注意を受けていたので丁寧に読むと、色々な人の悪口が書いてある。〇〇が嘘をついている、責任は〇〇にあるなどと、私が一言も口にしなかったことが書いてあって、私とは全く別人格の人間が言っている言葉としか思えなかった。そう抗議すると、「どこが気に入らないのか、立派な否認調書だと思うが。修正したいところがあれば言いなさい」と言う。「これは私とは全く別人格の人の調書。個別に修正して済む問題ではない」と言うと、「調書は検事の作文。筆が走っているかもしれない」と検事が自分で修正した。何度もやり取りをして、やっとサインをしてもいいという状況になった。もちろん私が必死で主張したこと、例えば、証明書は郵送するので、私が手渡したという話はそもそもありえないなどということは一字も書かれていない。検事が書きたいことがベースだ。私が、「サインします」と言うと、検事は「当初のものとだいぶニュアンスが変わったので上に確認します」と言って、その調書を持って部屋の外へ出て行った。呆然として検事の背中を見送った。私の供述を記録したはずの調書について、取調室にいなかった上司に伺いを立てるという。調書の実態が、検察が作ったストーリーに沿った作文であることを見事に示してくれた出来事だった。

取調べが二人目の国井弘樹検事に代わって、私の検事に対する不信は極限まで高まった。初めて会った日、国井検事は私の話を一切聞かず、この事件のあらましを一方的に話した。取調べ終了後、自室に戻って記憶を頼りに検事から聞いた話を書き留めると大学ノート二ページ半になった。これは取調べではなくストーリーの押し付けだ。そして「あなたが嘘をついているか、ほかの全員が嘘をついているかどちらかだ」と言い、私が関与したという内容の調書に部下が署名したものを見せられた。鉛を飲み込んだように胸の中に何か大きな塊が下りてきた。逮捕から裁判が終わるまでの一年三カ月の中で最もつらい瞬間だった。

国井検事は、担当係長は悪い人間か、もし係長が勘違いをして、課長に命じられた議員案件だからやらざるをえないと思い込んでいたとしたら気の毒ではないかと聞く。私が、もし仮にそういう思い込みがあったとしたら気の毒だと答えると、「係長に申し訳ない。今度のことは私の指示が発端。係長がこういうことをやったことに責任を感じる」という趣旨の調書を作ってサインを迫った。あまりの内容に拒否をして、もうこの人の取調べでは調書に一枚もサインをしないと心に決めた。

心の支えとなった弁護士の接見

弁護人は勾留手続きのあった翌日から毎日足を運んでくれた。取調べについて記憶を頼りに報告し、次の取調べでどうすればいいのか相談をする。弁護人から家族や友人、同僚のメッセージを見せてもらうことが心の支えになった。

検事から村木の関与を認める調書に部下がサインをしているのを見せられた私は、弘中弁護士に「どうしてみんな嘘をつくんでしょう」と訴えた。やさしい弘中氏がその時だけは大きな声で「誰も嘘なんかついていない。検事が作文をして、そこからネゴシエーションが始まるんだ」と私を諭した。「取調べは検事の土俵。素人がレフリーもセコンドもいないリングに上げられて、プロの検事と戦うのだから勝てるわけがない。負けないことだけを考えればいい。裁判になって初めて、弁護士というセコンド、裁判官というレフリーも参加する。そこで戦うしかないんだ」――弘中氏にそう言われ、負けなければいい、事実と異なる調書にサインしないことだけを頑張ろうと目標設定ができた。こういう弁護人の役割は本当に大きいと思う。

予定通り起訴へ

七月四日、二〇日間の取調べ期間が終了し、検事の予言通り、私は起訴された。

二人の検事から何度も「長い裁判のことを考え、認める気はないか」と聞かれた。二人とも「執行猶予がつけば、大した罪ではないのだから」と言う。検事と一般市民の感覚はこんなにも違うのかと愕然とした。普通の市民にとっては、「犯罪者にされるか、されないか」「前科がつくか、つかないか」であり、さらに公務員であった私にとっては「三〇年間かけて築いてきた公務員としての信用を失うか、失わないか」という瀬戸際だ。「怒り」よりむしろ「情けなさ」がこみ上げてきた。この感覚のずれは一種の「職業病」だろう。しかし、家族の生活を抱え、あるいは会社の経営を抱え、あるいは体調を崩し、長い裁判を闘える環境にない人たちはこの説得に負けるのではないだろうか。

起訴事実は、国井検事が話したストーリーそのものだった。

裁判の運営者としての裁判官

裁判は公判前整理手続きに付された。事件が審理される法廷の裁判官の前で、検察、弁護側双方が争点を明示し、それを証明するための証拠を開示する。裁判の争点を明確にし、証拠を整理し、公判予定を定めるプロセスだ。被告人にとっても、事前に検察側の考え方がわかり、証拠を一定程度入手できるなど、裁判の流れが見えるので、心の準備ができたと思う。

自分が事件にかかわったかどうかという「真実」は自分が一番よく知っている。しかし、その真実が裁判で認められるかどうかは「神様」ではなく人間である「裁判官」の手にゆだねられている。逮捕されてからしばらくの間、確たる真実があるにもかかわらず、真実を知らない「人間」の手に自分の運命をゆだねるということに理不尽さを感じていた。公判前整理手続きは、そういう中で、無実を証明するためには裁判という「仕組み」の中で最善を尽くしていくしかないという気持ちを持てるようになる一つのきっかけとなった。

ちなみに、自分の事件が大阪地裁の第一二部（横田信之裁判官）の部にかけられることが決まった時、事情に通じた弁護団は「一二部でよかった。〇部だったらひどいことになるところだった」と言った。まるでロシアンルーレットのようだ。そんなことで、被告人の運命が左右されるのかと愕然とした。横田裁判官は、双方の言い分を聞き、客観的な事実や事件の背景、私の事件では、役所の組織や決裁の仕組み、各担当者の職務などを正確につかもうとしていて、公正な裁判への期待が高まった。「訴訟指揮」と言われる裁判官の役割を垣間見ることができた。

具体性、迫真性に富む調書

公判前整理手続きのプロセスで、証拠が順次開示をされ、検察の主張を裏付ける証拠を見ることができるようになった。証明書の作成にかかわる決裁ルートにいる厚労省職員の一〇人近くが取調べを受けており、係長を含め、その半分の五人が、村木が関与したという調書にサインをしている。会長の依頼を受けて私が、「ちょっと大変な案件だけど、よろしくお願いします」と指示したというセリフもみな同じだ。

しかし、取調べ当時、証明書発行からすでに五年が経過しており、私の指示の言葉まで何人もの部下がそのまま記憶していることがあるだろうか。調書の「具体性、迫真性」にむしろ不信が募った。

裁判に向けての準備——拘置所で

拘置所の中での裁判の準備は相当に制約を受けた。まず、何よりも、弁護団の打ち合わせに参加できない。疑問や気づいたことがあってもすぐに弁護人に連絡を取ることはできない。一日のうちの限られた時間、会うことができるだけだ。

調べ物をするにも、パソコンやインターネットが使えない。電話を使っての問い合わせができない。自宅であれば見ることができる資料や本にさえ目を通すことができない。付箋はない。マーカーはない。就寝時間は九時。まるで手や足を鎖につながれたような状況で裁判の準備をせざるをえない。なぜ、裁判が始まる前から「罰」を受けているのだろうと思った。

公判で覆った供述

逮捕からおよそ七カ月後の二〇一〇年一月、公判が始まった。裁判官席は証人席から見上げるような位置にあり、自分がすり鉢の底にいるような感じがした。人定質問、そして、被告人意見陳述で、無実であることを簡単に述べる。緊張して体がふわふわする。私が発言をする機会は、この後、終盤の被告人尋問だけで、あとのやり取りはすべて弁護人にお任せした。法廷の中で意見を述べることは慣れない被告人にとってはとても緊張を強いられる。検事や弁護人、裁判官への質問に記憶を頼りにその場で直ちに回答していくことが想像以上に難しいことを実感した。国会答弁などで人前で話すことに慣れている私がそう感じたのだから、そうした機会の少ない被疑者・被告人、証人などにとっては大変難しいことに違いないと思う。

二三回の公判の中で、供述調書の内容は、次々と覆っていった。係長は、公判廷で、証明書は独断で作成し、直接「凛の会」の関係者に手渡したと何度検事に訴えても聞き入れてもらえなかったと涙ながらに訴えた。私と係長の会話が生々しく再現されているが、それはでっちあげだと訴えた。彼の被疑者ノートが裁判で証拠として採用されたが、そこには、「だんだん外堀から埋められている感じ。逮捕された私から村木関与の供述が得られれば検察のパズルは完成か」「いつまでも違った方向を見ていると勾留期間が長期化しそうで怖い」「記憶はないけれど私が村木に証明書を渡したことを認めた」「調書の修正は完全にあきらめた」と記されている。健康状態は悪く、不眠が続いたようだ。

そのほかの証言に立った厚労省の職員も「一晩でも二晩でも泊まっていくか」「課長が犯人でないのならおまえだな」と検事に言われたと証言した。「凜の会」関係者も、かかわっているNPOの活動をできなくすると言われたなどと証言した。

証言に立った六人の検事――究極の水掛け論

証人が次々に調書の内容を否定し、これらの調書は誘導や無理な取調べの下で作られたものであると主張したことに対し、検察側は、取調べを担当した六人の検事を検察側証人として公判廷に呼んだ。彼ら全員が不正、不当な取調べは一切していないと主張した。しかし本来保存しておくべき取調べの際のメモは全員がすべて廃棄していた。両者の言い分は真っ向から対立しており、どちらかが嘘をついていることは明らかだが、密室での出来事の真偽は確かめようもなく、究極の水掛け論だった。

刑事訴訟法では、検事の作成するいわゆる検面調書と法廷での証言が食い違った場合、検面調書の供述に法廷での証言よりも「信用すべき特別の情況」(特信情況)のある場合に限って検面調書を採用することを認めている。実務では、特信情況があるとして検面調書が採用されることが多いという。これだけのコストをかけて、法廷で裁判官の面前で、検察側、弁護側が総力を挙げ尋問、反対尋問を繰り返して引き出した証言より、密室の中で検事が作成した調書が証拠として重視されることが多いと聞き、「裁判は何のためにあるのか」と虚しさを感じた。

無実を証明してくれた客観証拠

この状況で私を救ってくれたのは、いくつかの客観証拠だった。一つは、「凜の会」会長が議員に会って口利きを頼んだとする日、議員はゴルフをしていたという事実だ。議員が法廷で証言し、弁護側が入手した、それを裏付けるゴルフ場の記録とクレジットカードによる支払の記録も証拠として採用された。

もう一つの大きな証拠は証明書を作成した際のフロッピーディスクのプロパティーだ。検察が係長宅から押収した、証明書を作成した際のフロッピーディスクのプロパティーのコピーが、検察事務官により捜査資料として作成されていたのだ。それにより、私が係長に偽の証明書の作成を命じたとされる日より何日も前に証明書は作成されており、検察のストーリーとは全く矛盾することが明らかになった。

客観証拠を重視した裁判官

裁判官は、こうした客観証拠を重視し、検面調書のうちのかなりのものを証拠採用しなかった。判断のベースとなる考え方を裁判官は次のように示した。

「人間の供述というものが、認識、記憶、表現の三段階で誤りが混入する可能性があり、また、供述の具体性、迫真性というものは、後で作り出すことも可能である以上、客観的な証拠による裏付けのない供述については、供述自体の信用性の判断は慎重になされるべき」であり、「客観的証拠、あるいは証拠上明らかに認められる事実に照らして不合理な点がある場合には、如何に供述内容に具体性迫真性があるようにみえ、各々の供述が符合していても、その信用性は大きく低下すると言わざるを得ない」。

この考え方が裁判官、そして検察にも徹底すれば、冤罪は相当減るのではないだろうか。判決の読み上げに四時間近くかかった。それだけ丁寧に、あらゆる角度から私の無罪を確認してくれた。無罪判決を書くために要するエネルギーの大きさを実感した。

無罪判決

約八カ月の裁判を経て、九月、「被告人は無罪」という判決を聞いた時、心臓が大きく一つ鼓動を打った。裁判官は神様ではない。生身の人間が、プロとしてどこまで本当に丁寧に事実の検証をしてくれるかで被告人の運命が変わることを実感した。逮捕から一年三カ月ほどが経過していた。

三　裁判を通じて実感した問題点

調書はいかようにも作れる

事件を通じて実感した刑事司法制度の問題点を三つ指摘したい。一つ目は、「事実と異なる供述調書」が簡単に作れてしまうということだ。私は事件に全くかかわっていなかったにもかかわらず、三〇―四〇通の「私がかかわった」という調書が作られた。組織の方針に従って、何人もの検事がその作成にかかわった。一人の検事が証拠を改竄したことよりも、たくさんの検事がチームとして、一つのストーリーに沿った事実と異なる調書を大量に作ったことの方がより深刻な問題だと思う。

公判で明らかになったが、検察のストーリーと異なる話をしている間は調書は作成せず、検察の意向に沿う調書にサインが取れるとそれが直ちにチームの全員に配布されていた。だから、相互に整合性のとれた調書を作ることができたのだ。「事件当時は、障害者自立支援法の円滑な成立のため、民主党有力議員の要請を受け入れざるをえなかった」という調書も多数作られ、これが犯行の動機だと言われた。しかし、同法の成立を目指す動きがあったのは翌年のことで、これらの調書はすべて事実に反する。こんなことまで調書で嘘の「事実」を作り出せることに恐怖を感じる。

取調べの経験のない人は、事実と違う調書にサインしなければいいではないかと思うだろう。しかし、プロである警察官や検事と対峙すれば、素人は、巧みな誘導や勾留の長期化への恐怖などから高い確率で事実と異なる調書にサインしてしまうのだ。

「検察の在り方検討会議」による調査では、検事の二六％が「実際の供述と異なる方向での供述調書の作成を指示された」としている。こうした無理な取調べを防ぐこと、また、それに関する公判での不毛な水掛け論を防ぎ、裁判官が適正な取調べが行われたかどうか証拠に基づいて判断できる状況を作るために、全過程の録音・録画が必要だと確信した。

証拠は誰のものか

二つ目は証拠の開示の問題だ。家宅捜索をして証拠を押収できるのは警察・検察だけだ。そして、なにが証拠として存在しているかを知っているのも警察・検察だけだ。客観証拠の中には、検察の立てた仮説を裏付ける方向のものもあれば、その逆のものもある。検察のストーリーに反するいわゆる「消極証拠」は検察側は公判に提出しないので、弁護側がそれを入手しない限り法廷には出ていかない。そしてそれを弁護側が入手することは実に難しい。

検察は、この証拠開示については極めて消極的だ。それが不正にまでつながったのが、郵便不正事件だ。フロッピーディスクの改竄があまりに衝撃的であったためにほかの重要な事実が霞んでしまいがちだが、まず注目すべき点は、偽の証明書を作成したということが犯罪事実の事件で、最も基本の物的証拠であるフロッピーディスクを検察が押収しながら裁判に証拠として提出しなかったことだ。取調べの際、国井検事は、私に、フロッピーディスクは押収されなかったと嘘をついた。そうまでして、隠そうとしたのだ。

次に、その証拠を仮に弁護側が請求しても提供せずに済むように係長に「返却した」ことだ。この場合、弁護側が証拠開示の請求をしても「存在せず」という回答が返ってくることになる。

そして最後が、仮に証拠開示がされたとしても、私の有罪を証明する証拠となるよう改竄したということだ。弁護側にとって、重要な証拠がこのように何重にも隠されてしまう可能性があることこそが重要だ。

たとえ「悪意」がなくても、いったんストーリーができるとすべてのものごとはそのように見えるというのが生身の人間の性だ。弁護側、検察側が双方から違う目で証拠を検証することが真相解明には重要であり、その意味で弁護側に必要な証拠が開示されることは極めて重要だ。証拠開示の在り方について見直しが必要と実感した。

勾留という検察側の「武器」

三つ目は勾留の問題だ。事件では共犯者は四人とされた。私と係長、「凜の会」の会長と会のメンバーの一人だ。検察の取調べに対し、私以外の三人は、検察のストーリーに沿う調書にサインをし、犯行を認め、取調べ終了後直ちに保釈された。否認を続けた私だけが勾留され、四度目の保釈申請でやっと保釈された。否認していると保釈されない、いわゆる「人質司法」というものが現にあることを実感した。

係長は、いつまでも勾留が解かれないのではないかという恐怖感から検察に迎合したと述べている。勾留が、検察側の「武器」になっている、そしてそれを裁判官が安易に許しているのだ。本来身体の拘束という「基本的人権」の侵害に当たる行為については、極めて慎重に行われるべきであり、適正な運用を確保することが重要と実感した。

四　法制審の議論で見えたこと

検察改革

事件の後、検察に対する信頼は失墜し、世論の激しい非難を浴びた。二〇一〇年一一月、検察自ら「検察の在り方検討会議」を立ち上げ、失われた信頼回復のための検討が行われた。そして「検察の職員が、いかなる状況においても、目指すべき方向を見失うことなく、使命感を持って職務に当たるとともに、検察の活動全般が適正に行われ、国民の信頼という基盤に支えられ続けることができるよう、検察の精神及び基本姿勢を示すもの」として「検察の理念」と題する一〇項目からなる規程が創られた。その前文には「あたかも常に有罪そのものを目的とし、より重い処分の実現自体を成果とみなすかのごとき姿勢となってはならない」と端的な言葉で戒めが書かれている。私は、これを一人一人の検察官が胸に刻んでくれることを切望している。

そのうえで、どんなに一人一人の検察官が優秀で正しい姿勢を持っていても、組織人である以上、組織が方向性を誤ればなすすべがないだろうとも考えた。私を取調べした遠藤検事は、検察の女性事務官が「遠藤検事ならきっとお話をよく聞いてくれます」と評したように誠実な人柄に見えたが、大阪地検特捜部というチームの中では、他の検事と同じ方向を向いて仕事をしたことになる。したがって、「あたかも常に有罪そのものを目的とし、より重い処分の実現自体を成果とみなすかのごとき姿勢」を防ぐ「仕組み」が必要なのだ。

その検討のため、二〇一一年六月、法制審議会に「新時代の刑事司法制度特別部会」が設置され、刑事司法制度の見直しがスタートした。

特別部会の設置と市民委員の参加

特別部会の設置に当たって、江田五月法務大臣(当時)は「国民の生活にも影響する刑事司法全体の在り方は、広く国民の声を反映した審議を行う必要がある」として、部会に刑事司法に関する非専門家を相当数参加させ、私もその一人として審議に加わった。その中で、多くのことを学ぶとともに、専門家と言われる人たちと、一市民である自分との間には考え方や感じ方に大きな差があることを実感した。ここではそれを簡単に述べることとしたい。

私の関心事項は、すでに述べた通り、無理な取調べと調書に依存しすぎた捜査・公判を改めるための可視化の実現、証拠開示の拡大、人質司法と言われる勾留の運用の適正化であった。

到達点と残された課題

特別部会は三年間、三〇回にわたる議論を経て、二〇一四年七月、最終的には全会一致で改革案をまとめた。中でも価値が大きかったのは中間的に取りまとめた「基本構想」において示された二つの共通認識、すなわち、「刑事司法における事案の解明が不可欠であるとしても、そのための供述証拠の収集が適正な手続の下で行われるべきことは言うまでもない」こと、および、「公判審理の充実化を図る観点からも、公判廷に顕出される被疑者の捜査段階での供述が、適正な取調べを通じて収集された任意性・信用性のあるものであることが明らかになるような制度とする必要がある」ことが確認されたことで、これがこの特別部会の一つの到達点だと考えている。

そして最終的に、私が特に関心を持っていた三点については、次のような結論を得た。

(1)取調べの録音・録画制度

裁判員制度対象事件及び検察官独自捜査事件を対象に、身柄拘束中の被疑者を取り調べる際には、原則として取調べの全過程の録音・録画を義務付ける。

(2)証拠開示

公判前整理の際に、被告人側から請求があった場合は、検察官に、保管証拠の一覧表の交付を義務付ける。また、公判前整理手続きの請求権を検察官、被告人及び弁護人に付与する。

(3)勾留の適正化

裁量保釈の判断に当たって、具体的に「保釈された場合に被告人が逃亡し又は罪証を隠滅するおそれの程度」や

「身体の拘束の継続により被告人が受ける健康上、経済上、社会生活上又は防御の準備上の不利益」などを考慮することを明示する。

録音・録画をめぐる激しい対立

審議の途上での意見対立は激しかった。録音・録画への反対は特に警察を中心に強く、その結果、対象事件がごく限られた範囲(公判に付される事件の二―三%)に限定され、在宅の取調べは対象外となり、また、参考人の取調べも対象外となった。

裁判員制度対象以外の犯罪については可視化が「必要ない」といった発言には、専門家ゆえの「感覚の麻痺」を感じた。市民の感覚からは、適正でない取調べが行われてよい犯罪、それが事後検証できなくてよい犯罪という発想は理解しがたい。必要だがすぐにはできないというならまだしも「必要ない」という発想はどうしても承服ができなかった。

また、録音・録画は取調べの機能を損なう、それはわが国の治安の維持を損なうことになるという趣旨の主張には特に違和感があった。冤罪は治安の維持のために不可避なコストであるかのような発言だが、冤罪は、真犯人を取り逃がすことであり、真犯人が悠々と外を闊歩している間、無実の人に刑罰を科し、さらに国民には真犯人が捕まったので安全だと嘘の宣言をすることであって、治安の維持の観点からもあってはならないことだ。治安の維持は私も大切であると思うが、それを脅し文句に録音・録画を阻止しようとする姿勢には失望した。

議論を続ける中で、非専門家として議論に参加している五人のメンバー(神津《こうづ》里季生《りきお》、周防《すお》正行、松木和道、安岡崇志各委員と私)は共通の思いを持ち、市民としての普通の感覚を大切にしながら意見を述べ、特に録音・録画については共同で発言、提案を行うようになった。五人は、到達点である「共通認識」を基本に置きながら、全事件の全過程録音・録画があるべき姿であると強く主張した。そして、もし段階的実施が避けられないならば、将来の方向性と道筋だけは明確にしたいと考えた。そこで将来録音・録画の範囲を拡大すべく、施行後一定期間経過後に見直しを行うことを主張し、答申に盛り込まれた。さらに、義務化の対象外の取調べであっても、運用において、可能な限り、幅広い範囲で全過程の録音・録画がなされ、その記録媒体によって任意性・信用性が立証されていくことを強く期待することも主張し、答申に反映された。

運用の検証と制度見直し

証拠開示や身体拘束に関する議論にも違和感を禁じえなかった。検察側にとっての消極証拠は開示されにくいという弁護側の主張と、適切に証拠は開示されているという検察側や一部の学者の主張の対立は激しかった。また、身体拘束についても、弁護側が「人質司法」と言われるような実態があると主張したが、検察や裁判官側からは適切に運用されているという反論があった。私は、自分の体験から、証拠開示も身体拘束も適切に行われていると全く思わないが、驚いたのは、双方とも主張の根拠を有効な形で示せなかったことだ。

私自身は長く行政に身を置いていたが、通常の行政分野では、制度に問題があるという指摘があれば、実態を調査、把握して、それに基づいて改善の要否、方向性を検討する。それに比較すると、刑事司法分野では、物事を考える上での基礎的、客観的データが乏しく、また、調査、情報公開をしていくことに極めて消極的な印象を受けた。

さらに、制度を時代に合った形に変革していくという意識の薄さも気になった。確かに刑法や刑事訴訟法が頻繁に変わることは避けなければいけない。しかし、改正のタイミングが遅れるとますます現実との乖離が大きくなる。参加した学者の一人が、裁判員制度の導入の際に作った制度の改正が議論になった際に、先の改革を否定するのかという趣旨の発言をしたことは印象的だった。時の流れが止まらない以上、常に改革の必要が生まれる。また、制度改革をすれば、意図したとおりの効果が出ているか、副作用は出ていないか、施行状況を検証し次の改革へとつなげていくことは当然のことだ。こうした意識が極めて弱い分野だという印象はぬぐえなかった。

今回の刑事訴訟法の改正に限っても、録音・録画の対象が極めて限られたものとなったことなど改革は第一歩に過ぎず、施行後の運用状況の検証と更なる改革に向けての議論が欠かせない。証拠開示の効果や、裁量保釈の考慮事項の明示化の効果の検証も大事だ。改正法には通信傍受の制度の拡大や、いわゆる司法取引の創設も盛り込まれている。こうした制度こそ、施行後の検証が重要だ。改正法には検証とそれに基づく見直しが盛り込まれており、関係者は大きな責務を背負ったことになる。

大きな課題に向けて

事件を契機に矯正や更生保護の分野とも縁ができた。もう少し早く救いの手が差し伸べられていれば罪を犯さずに済んだ人、追い詰められた故の犯罪がたくさんあることを知った。また、刑期が終われば地域の住民として社会に帰ってくる。そういう「塀の外」と「塀の内」全体を眺めた政策がもっと必要なのではと思う。

そもそも刑罰は何のためにあるのか、刑務所は更生に役立っているのか、犯罪の防止により力を入れる方が効果的ではないか、そういったダイナミックな議論をできる状況を作る必要があるのではないか。そうした土壌を作ることも関係者に課せられた重要な課題と言える。

五　被疑者・被告人を経験して望むこと

刑事司法をわかりやすく、身近に

普通の市民が刑事司法のプロセスに巻き込まれると、「初めての経験」の連続となる。刑事司法は国民からは遠い存在で、難しくわかりにくい。裁判員裁判が始まって、裁判に国民が参加するのでわかりやすくする必要があるという議論がよくされるが、実は、だれもが、ある日突然に、被疑者、被告人として、刑事司法の渦の中心に巻き込まれるかもしれないのだ。そして、そのプロセスに自分の運命、時には命までゆだねることになる。だからこそ、刑事司法は、まず普通の市民にとってわかりやすいものでなければならない。専門家やマスコミがわかりやすく伝える努力をしてほしい。

冤罪を防ぐ

警察・検察と弁護側は理念的には対等である。しかし、現実はそれとは大きく違う。検察、警察は大きな組織であり、公権力をバックに捜査に当たり、時に身体拘束をし、家宅捜査をすることができる。一方、弁護人が投入できる労力には限りがあり、被告人の経済力にも左右される。弁護人の能力の差も現実問題としてある。したがって、常にそこには力の不均衡が生ずる構造がある。

裁判官は、公判を通じて、検察、弁護側から公判に顕出された証拠だけを見て被告人の運命を決めていく。検察と異なる判断、すなわち無罪判決を出そうとするときの裁判官にかかる負担は膨大なものとなるだろう。刑事裁判が検察の主張の裏書きに転化してしまっていると言われるのも現実だ。こうした構図の中に、有罪率九九・九％という結果がある。

だからこそ、冤罪が起こりにくい「仕組み」を追求し続けること、そしてそのうえで刑事司法にかかわる人がこの構図の持つ意味を理解し、常に冤罪を生み出していないかを胸に問う努力が必要なのだ。紹介した「検察の理念」は理念として優れたものだ。裁判官、弁護士の理念にも通じるものがあるだろう。刑事司法に携わるプロ全員が、常に姿勢を正してもらいたいと切に願う。

刑事司法全体の「可視化」を

国民にわかりやすい司法という意味からも、また、冤罪を防ぐ意味からも、さらには、刑事司法全体の政策効果を上げるためにも、刑事司法を「見える化」し、国民の目で監視をしていくことが重要だ。運営の状況について、データを整備し情報を開示し、法曹三者、学者、マスコミ、市民、それぞれの立場から分析をし、最終的に国民の目で、自分の国の司法制度の在り方を考えていくということだ。

「刑事司法を担う人々」がこの巻のテーマだが、ここに一般国民という項目はない。しかし、最も大事な登場人物は「国民」だ。私は自分の身に降りかかってきてはじめてそれに気づいた。

ここに登場する刑事司法関係者の責務は、刑事司法の中でその「プロ」としての責務を果たすとともに、日ごろから国民に情報を開示し、「これでよいか」とこの問題について国民に問い続けることではないか。

マスコミの役割

これらのすべてのことにマスコミは大きな役割を負っている。

国民一般に刑事司法や裁判の在り方についてわかりやすく伝える。警察や検察の「リーク」に飛びつき冤罪をつくる手伝いをするのではなく、冷静な報道で真相解明を促す、実際の制度の運用を監視し、情報開示を促し、政策議論を促す。これらはマスコミの重要な使命だ。

私が無罪判決を得たころ、マスコミの人たちに、いつから検察のストーリーに疑問を感じ始めていたのかを逆取材した。検察、警察の取材経験が長い記者ほど早く疑いを抱いていたものの、報道の流れは、私の無罪の方向がかなり明確になってから、全社一斉にしか変わらなかった。途中、疑問を呈する報道をしたのは一社だけ、その時の司法キャップは職を解かれた(その後同じポストに返り咲いた)。それだけ検察・警察に歯向かうということは難しいことなのだろう。しかし、マスコミとはそもそも権力のチェック機構ではなかったのか。マスコミが、権力の監視人ではなく、共犯者となるならそれは罪が深い。マスコミに対する制度的な規制というものは危険な発想だ。そうだとすれば、マスコミが自分で自分を律していくことを心から期待する。

5　刑事弁護人はどんな人たちか

村岡啓一

はじめに

「英雄か悪党か」——映画やドラマを通じて一般の市民が抱く刑事弁護人のイメージは、おそらく、この表現に見られる二つの相反する顔に収斂されるだろう。前者は冤罪の被害者を救出する「正義の味方」に代表されるイメージであり、後者は極悪な犯罪者ないし犯罪者集団の手先となって法の網を潜り抜けようとする「悪の味方」につながるイメージである。このイメージを抱く一般の市民は、あたかも、自らは冤罪とも凶悪犯罪とも無関係の第三者、悪くいえば、傍観者の立場から刑事弁護人をみている。

しかし、わが国で発生する年間一一〇万件に及ぶ刑事事件の圧倒的多数の事件は、人間社会に不可避的に発生する「規範からの逸脱行為」という病理現象であり、決して、専門的な犯罪者による凶悪事件がゴロゴロしているわけでもなければ、国家犯罪ともいうべき冤罪が日常的に生み出されているわけでもない。日常的に生起している犯罪現象は、行為者本人が犯罪と意識しているか否かに関わりなく、一般市民が常に当事者となりうる類の規範に抵触する行為が問題となっている。認知された刑事事件のおよそ六割が検察官によって不起訴(主に起訴猶予)となっていることからも、圧倒的多数の刑事事件の性格が凶悪犯罪ではないことが窺われる(法務省二〇一六：三六)。つまり、犯罪は普通の市民にとって無縁の世界の出来事なのではなく、身近に起こり得る現象なのである。また、どんな善人であっても、事件に巻き込まれるという事態は起こり得る。わが国特有ともいうべき、満員電車内で痴漢に間違われる痴漢冤罪がその典型例である。

実体としての有罪か無罪かにかかわらず、こうした国家刑罰権と対峙する関係に入った市民は、その時点から、国家と対抗する当事者の地位に置かれるのであり、自らの利益と権利を守るために闘わなければならない。その防御のために手を差し伸べてくれる存在が刑事弁護人である。日常的に生起する圧倒的多数の刑事事件を担っている弁護人は、英雄でもなければ悪党でもない。

実際に、刑事弁護をしている人たちはどんな人たちで、どんな意識をもって弁護活動をしているのだろうか？　具体的には、どのようなことをしてくれるのだろうか？　市民が刑事弁護を依頼しようと考えたときに、どのような基準で誰を選んだらよいのだろうか？　その場合に、どのようにアクセスすればよいのだろうか？

本稿では、こうした疑問に答えるための一つのヒントを提示してみよう。

一　刑事弁護人の資格

弁護士であること

国家刑罰権の対象とされた市民は、捜査段階では「被疑者」と呼ばれ、起訴された後の公判段階では「被告人」と呼ばれる。この被疑者・被告人の代理人として当該市民のために弁護活動（国家を代理する検察官の有罪立証に向けた訴訟活動を「攻撃」に見たてて「防御」活動ともいう）を担う弁護士を「弁護人」と呼ぶ。弁護人は、原則として弁護士資格を有する者でなければならないから（刑事訴訟法三一条一項、同三八条一項。弁護士でない弁護人を特別弁護人というが、例外である)、弁護人は、司法試験に合格し、その後、最高裁判所司法研修所での修習を経て司法修習生考試に合格して法曹資格を取得し、弁護士名簿に登載された「弁護士」という身分を有している。

弁護士資格を取得するためには、原則として法科大学院において、刑法、刑事訴訟法など犯罪と刑罰に関する基本法を必ず履修し、司法試験においても刑法、刑事訴訟法の試験に合格しなければならないので、弁護士であれば、一応、刑法、刑事訴訟法などの基本は知っているはずだとの推定が働く。そのため、一般には、弁護士であれば「誰でも」刑事弁護はできるはずだとの思い込みがある。しかし、現実には、後述するように、新たな捜査手法の導入に伴う被疑者弁護の重要性、裁判員制度の導入に伴う「見て聞いてわかる」公判弁護活動の必要性などに対応して、刑事弁護は著しく専門性を高めている。

一般に「刑事弁護士」という表現が使用されることがあるが、わが国の弁護士はすべての法律業務の代理を行うことができるので、この表現は刑事事件を主として取り扱っている弁護士、あるいは刑事事件を得意としている弁護士といった程度の意味であり、刑事事件に特化した特別のライセンス(資格)を取得した弁護士を意味するのではない。アメリカ合衆国などでは、弁護士資格に加えて、特別なスキルと知識を必要とする一定の専門分野につき「専門弁護士」として認定する制度があり、刑事事件の専門家ともいうべき「刑事法専門弁護士」が認定されているが、わが国には、そのような認定制度は存在しない(これが、刑事弁護を依頼する側からみれば、適切な弁護人を見出すのに苦労する一因ともなっている)。

統計資料から

では、実際に、どれくらいの弁護士が刑事事件の弁護人を引き受けているのだろうか?『弁護士白書二〇一六年版』によれば、二〇一六年三月三一日現在の弁護士数は三万七六八〇人であり、弁護士一人あたりの人口は三三七三人となっている(日本弁護士連合会二〇一六：三九)。法曹養成制度の改革後、弁護士の数が増えたとはいっても、依然として、各国の法曹人口(アメリカ二六四、イギリス四〇六、ドイツ四九七、フランス一〇七二)と比較すれば、わが国の弁護士が少ないことに変わりはない。刑事弁護に焦点を合わせるために、一九九〇年に大分県と福岡県を皮切りに一九九二年に全国の各単位弁護士会で実施されることになった当番弁護士(身体を拘束された市民の要請を受けて当番の弁護士が留置場に赴き、無料で手続きの流れと被疑者の権利を教示する弁護士会のボランティア制度)の二〇一五年の登録数をみれば、一万六八四〇人となっており、同年度の登録率は四六%となっている。数字的には、弁護士のほぼ半数が当番弁護士の活動を担う体制になっているといえる。そして、当番弁護士からその事件の弁護人を受任した割合は二〇一五年にはほぼ半数の四九%に達しているから、被疑者段階の刑事弁護人の供給ルートとして当番弁護士が一定の機能を果たしていることがわかる(前同：七〇)。

同様に、二〇〇六年一〇月から段階的に導入されてきた被疑者勾留段階の国選弁護制度を担う国選弁護人の契約数をみると、二〇一五年一二月現在、二万五五三三人で、全弁護士の六八・二%となっている(前同：七八)。そして、起訴前段階の被疑者国選弁護人の選任状況をみると、二〇一五年の推計値で、対象事件の七八・三%となっている(日本司法支援センター二〇一六：八一)。こうした統計をみる限り、被疑者段階の国選弁護制度の導入にあたって事実上の障害となっていた弁護士数の絶対的不足という問題は克服されつつあるように思われる。残された課題は、現在は実現していない国選弁護制度の逮捕段階への拡大ということになる。

眼を公判段階に移すと、二〇一五年に被告人に国選弁護人がついた割合は、地方裁判所で八四・四%、簡易裁判所で九三・三%であり、私選弁護人がついた割合は、それぞれ約一割と一割であった。これをみると、公判においては、被告人の弁護は圧倒的に国選弁護人によって担われていることがわかる(前同：八一)。

実証的な研究から

次に、統計からはわからない刑事弁護の実態に迫ろうとした実証的研究をみてみよう。畑浩人は、面接と長期間の観察を通じて、何でもこなす弁護士の中に、刑事弁護に情熱を燃やす少数の一般的な弁護士と刑事弁護を中心的な業務とする「刑事専門」の弁護士が存在することを明らかにした(畑一九九八：四〇二)。すなわち、「ヤメ検」「ヤメ判」と呼ばれる検察官経験者や刑事裁判官経験者が暴力団関係者など一定の刑事事件顧客層を有する「刑事専門」弁護士が存在し、刑事弁護も扱う一般弁護士との間に、機動性、効率性、評判などの専門性を評価する因子において弁護の質に差があることを見出した。刑事弁護は弁護士であれば「誰でも」できるという認識の下、良くいえば、国選弁護人がわが国の刑事司法を下支えしたといえるが、実際には、一般の民事事件の代理業務の片手間に国選事件を引き受けるという実態があったために、検察官出身者など経験豊富な私選弁護士との間には格差があったのである。こうした国選弁護と私選弁護の活動内容の差は、村山眞維《まさゆき》も古くから指摘していた(村山一九九二：三〇七―三三八)。全体として質の悪い刑事弁護が存在していたにもかかわらず、わが国の刑事司法が破綻しなかったのは、事実上、検察官および裁判官が、弁護人の不十分な公判弁護活動を補う形で後見的な機能を果たしていたからに他ならない。

二〇〇八年と二〇一〇年の調査データに基づき、数量的な観点からわが国の「刑事専門弁護士」(刑事弁護に長時間を費やす弁護士と定義)の特徴を分析した武士俣敦は、次のように要約して、司法改革後の刑事弁護の変化にもかかわらず、わが国の刑事弁護の担い手のキャリア・パターンにはっきりとした変化はみえないと総括している(武士俣二〇一三：三六一―三六三)。「年齢は高いが必ずしも経験年数が長いとは限らず、検察官出身者と裁判官出身者の割合が比較的大きく、単独弁護士事務所で民事業務や企業顧客の比重は小さい。他方、地域分布や収入水準、それに刑事弁護業務の知的技術的難易度の評価に関しては一般の刑事弁護士と異ならない。また、類型的には私選専門型は極めてわずかである」。

しかし、数量的な観点からの分析を別にして、今日では、司法改革によって裁判員裁判が導入され、公判前整理手続における証拠開示や争点整理に弁護人個人の専門的な対処能力が要求されるようになったので、もはや弁護士バッジを着けているだけでは刑事事件に対応できない時代になったといって差し支えない。その結果、「刑事弁護の専門家」を目指す若き弁護士の一群が現れるに至っている。先に述べたように、わが国には「刑事法専門弁護士認定制度」は存在しないが、実態として刑事弁護を中心的な取扱い業務とする「ヤメ検」「ヤメ判」とは異なる、「刑事弁護への情熱を絶やさない少数の「刑事の専門家」を目指す弁護士」(以後、「新しい刑事弁護士」という)が登場しているのである。

二　刑事弁護人の役割

「なんで、あんな奴らの弁護ができるのか?」

わが国の有罪率は限りなく一〇〇%に近い。二〇一六年の有罪率は実に九九・九%である。検察官による不起訴の割合が六割を超えていることと合わせて考えると、検察官は確実に有罪と証明できると判断した事件だけを起訴しており、公判審理を経てもほぼ有罪の結論は変わらないといえる。事実として、刑事弁護とは無実の者の弁護ではなく有実の者、すなわち犯罪者の弁護なのである。弁護人は、裁判で無実の依頼者のために無罪獲得のための弁護活動を行うほか、誤った有罪判決に対し再審事件の代理人となって冤罪者の救出を目指す活動をすることがあり、これはイノセンス・プロジェクトとして市民の支持を受けているが、刑事弁護人の本来の仕事はギルティ・プロジェクトともいうべき犯罪者の弁護である(Smith 2009-2010)。

たしかに、被疑者段階で弁護人が行う依頼者の不起訴を目指す弁護活動が高い不起訴率の一因となっていることは疑いがないから、被疑者段階の弁護人に存在意義を認めることはできる。では、起訴後の被告人に弁護人がつく意味はあるのか？　特に、誰の眼にも明らかな凶悪事件の真犯人に弁護人がつく意味はあるのか？

一般の市民は、無実を争う被告人に法的な援助者としての弁護人がつくことは理解できても、本人が自白している犯罪者に対しても弁護人がつくこと、ましてや、国家の税金を使ってまで犯罪者に弁護人をつけることは理解できない。「裁判で有罪と証明されるまでは犯罪者か否かは分からないからだ」と説明されても釈然としない思いが残る。端的にいって、「有実の者の弁護」の必要性は自明とはいえない。そこから、刑事弁護人であれば必ず遭遇するくだんの質問が出てくる。「なんで、あんな奴らの弁護ができるのか？」。

いくつかの典型的な回答を紹介してみよう(Babcock 2013: 2-5)。

①当事者主義信奉者：汚れ仕事だが誰かがやらなければならない。両当事者に党派的な援助者がいなければ、当事者主義は機能しない。弁護人は、警察や検察が高い水準を保つように制度をきれいにする役回りなのだ。

②憲法至上主義者：高貴な仕事だ。資力に関係なく、罪に問われた者は誰でも弁護を受けられる憲法上の権利を持つ。だから、犯罪者を代理する弁護人は誇りを持って弁護するのだ。

③市民的自由権論者：犯罪者として告発されている人は、私たちすべての代表だ。彼らの権利が奪われるならば、それは皆の権利の崩壊につながる。犯罪者の権利を守ることは、私たち自身の権利を守ることなのだ。

④ソーシャル・ワーカー：犯罪者の大部分は不正義の犠牲者だ。弁護人の援助を得て社会の一員として適切に扱われることによって、自らの怒りや疎外感を軽減できるのだ。

⑤人道主義者：抽象的な「正義」のためではなく、犯罪に問われている者の人間としての現実的な必要を満たすために、援助者としての弁護人が必要なのだ。

これらの回答はいずれも有実の者＝犯罪者を弁護することの意義を説明しており、どれか一つが正解というわけではない。質問した市民が納得するか否かはともかく、いずれもが弁護人の役割の一端を明らかにしており、正解といえる。市民が納得するためには、おそらく、これらの回答が前提としている刑事司法の仕組みを理解してもらう必要があるだろう。つまり、当事者主義とは何なのか？　弁護人の援助を受けられる憲法上の権利とは何なのか？――の基本的な理解である。

当事者主義とは何か

裁判という場において事実を認識するやり方には二つある。一つは、事実を認定する責任を負っている審判者(裁判官)が、自ら調査をして証拠を集め、被告人を尋問して「真実」を究明しようとする形態であり、「職権主義」と称される。大岡越前守や遠山金四郎が奉行をつかさどる「お白洲裁判」を思い浮かべるとわかりやすい。もう一つは、審判者(裁判官)は後景に退き、事実の存否をめぐって争いのある当事者双方に主張と立証を委ねて、当事者相互の批判を通じて浮かび上がってきた事実をもって、審判者が中立的な立場から「真実」とみなそうとする形態である。これを「当事者主義」という。いわば武器対等の決闘を裁判という平和的戦いの場に持ち込んだものといってよい。この原型を刑事裁判にあてはめた場合、職権主義の下では、弁護人の役割は審判の対象(客体)とされた被告人の弁明を審判者に伝える補助的な役割にとどまり、審判者の真実究明に不可欠な存在とはいえないから、弁護人の存在意義は薄い。これに対して、当事者主義の下では、被告人自身が、審判の対象(客体)であるにとどまらず、主張立証の当事者(主体)となることから、被告人の援助者である弁護人の役割は極めて大きなものとなる。弁護人の腕の良し悪しが被告人の得る最終的結果に直結するのである。

当事者主義は、当事者の対等性および互換性を前提にして、異なった視点に立つ当事者同士の相互批判から浮かび上がってきた事実をもって「真実」とみなすものであるから、民事事件については理念型がそのまま妥当するが、刑事事件については修正が必要となる。刑事事件の場合の当事者とは、国家刑罰権を発動する側の国家と発動される側の被告人ということになるが、国家と被告人との間には力の差が歴然としており、対等性も互換性もないからである。そこで、法は両者の実質的な対等性を図るために、被告人に種々の防御権(この中に、「弁護人の援助を受ける権利」も含まれる)を憲法において保障し、被告人の側に有利に修正を施しているのである。「ピサの斜塔」が大地にまっすぐに立っているように、憲法上の権利保障は、最初から被告人の側に有利に傾いているのである(傾斜的衡平の原則)。また、証明責任についても修正を加えており、民事事件とは異なり、被告人の側に「無罪推定」を与えることによって、国家の側に一方的かつ全面的な立証責任を課し、しかも、証明の程度において、民事事件の場合の「証拠の優越」基準とは著しく異なる「合理的な疑いを超える」高度の証明基準を採用しているのである。たとえていうならば、民事訴訟では五一%の証拠の優越で勝訴できるが、刑事訴訟では、国家は九五%以上の証明ができなければ敗訴、すなわち有罪判決は得られないということである。

要するに、修正された当事者主義の刑事裁判において、法は国家の側に一種のハンディキャップ戦を強いているわけである。わが国の刑事裁判は、第二次世界大戦前は職権主義の裁判制度であったが、戦後、アメリカ合衆国憲法の強い影響を受けた現行憲法の下で、この修正された当事者主義の刑事裁判制度を採用しているのである。

弁護人の援助を受ける権利とは何か

当事者主義の裁判制度の下、国家には「公正な裁判」を実現しなければならない責務がある。わが国の憲法において「弁護人」という表記は二カ所に出てくる。憲法三四条と憲法三七条三項である。憲法三四条は、「何人も、理由を直ちに告げられ、且つ、直ちに弁護人に依頼する権利を与へられなければ、抑留又は拘禁されない。又、何人も、正当な理由がなければ、拘禁されず、要求があれば、その理由は、直ちに本人及びその弁護人の出席する公開の法廷で示されなければならない」と定める。これは、国家が市民の身体を何らかの理由（犯罪の嫌疑に限られず、衛生上の理由、教育上の理由など様々なものがある）で拘束する場合の要件を定めたもので、身体拘束と引換えに弁護人に依頼することができることを規定している。この場合の弁護人の役割は、身体を拘束されて外界との連絡をなしえない被拘束者のために外部交通を担うことである。そして、同規定の後段は、身体拘束の理由を本人のみならず弁護人にも公開の法廷で告知することを求めているから、弁護人に不当な身体拘束からの解放手続をすることを期待しているといえる。そうすると、市民が犯罪の嫌疑を理由に逮捕・勾留という刑事手続上の身体拘束を受けた場合、被疑者段階の弁護人には、被疑者に代わって、被疑者のいる留置施設と外界をつなぐパイプ役を担うことが求められることになる。家族や友人、会社との連絡はもちろんのこと、場合によっては、依頼者のペットの世話やクリーニングの受取り、手形の決済など、本人がなしえない事実行為を引き受けざるを得ない場合も含まれるのである。刑事弁護人による外部交通の保障は、被疑者の身体拘束に伴う事実上の不利益を可能な限り極小化しようとするものだから、こうした被拘束者の現実的な必要を満たすのも弁護人の役割なのである。

一方、憲法三七条三項は、「刑事被告人は、いかなる場合にも、資格を有する弁護人を依頼することができる。被告人が自らこれを依頼することができないときは、国でこれを附する」と定める。これは、国家が市民に対し国家刑罰権を発動する関係に入った後、その市民が弁護人を依頼することができることを規定したものである。「刑事被告人」と表記されているが、国家との対抗関係は市民が被疑者として特定されたときから始まるから、起訴後の被告人に限られず、逮捕・勾留された被疑者はもちろんのこと、在宅で捜査対象とされている被疑者にも弁護人を依頼する権利はある。ここで想定されている弁護人の役割は、国家刑罰権の発動をめぐる攻防において、被疑者・被告人のために防御活動を行うことである。防御活動には、有罪・無罪を争う場合の無罪証拠の収集や無罪主張にとどまらず、有罪を前提とした適切な量刑を求める被告人に有利な情状証拠の収集や寛大な刑罰を求める主張などが含まれる。依頼できる弁護人は、憲法上の表現では「資格を有する弁護人」となっているが、これは、単なる弁護士資格を有している者という意味ではない。原文はコンピテント・カウンセル competent counsel であり、同条項はアメリカ合衆国憲法修正第六条の「有効な弁護を受ける権利」を承継したものであるから、有効な弁護を提供できる「有能な弁護人」という意味である（村岡二〇一三：三六七—三六八）。実際の刑事事件において、有罪・無罪を争うというよりは、起訴猶予処分を含む有罪を前提とした処遇ないし科刑の適正を求める活動に重点があることを考えると、むしろ、有能な弁護人の活躍の場は起訴前の被疑者段階にあるといった方が正確かもしれない。判決で無罪を獲得した件数の多さは、弁護人の有能さの一つの尺度であることは間違いないにしても、無罪の事件数を誇る弁護人よりは、起訴させないで終結させることを刑事弁護の目標にしており、現実にその成果をあげている弁護人の方がはるかに有能な弁護人といえるのである。

三　刑事弁護人の意識

刑事弁護の危機

かつて一九八〇年代から一九九〇年代にかけて、わが国では、ベテラン、若手を問わず、弁護士が刑事弁護を敬遠するようになり、「刑事弁護離れ」による刑事弁護の危機が深刻に議論されたことがある。刑事弁護をしたくない理由として、①刑事事件はカネにならない、②犯罪に関わる人とは付き合いたくない、③警察とケンカしたくない、④世間から白い眼で見られる、⑤刑事裁判そのものに対する無力感、絶望感がある、などが挙げられた。重要なのは⑤であり、「裁判所は、有罪の決めつけと捜査機関に対する絶対的信頼のもとに決定を下し、判決を言い渡す。憲法や刑事訴訟法の理念は、絵に描いた餅にすぎない。裁判所は弁護人の意見に耳を傾けようともしないし、弁護人が提出した書面を真面目に読んでいるのかという疑問すら湧いてくる。そんなことを何度か体験すると、「ばかばかしくて、もう刑事弁護などやってられるか」という気持ちに陥ってしまう」(古賀一九九五：一五)、というわけである。この根底にあった原因は、刑事裁判の形骸化である。平野龍一が喝破した、わが国の疑似当事者主義の刑事司法であった。つまり、「欧米の裁判所は「有罪か無罪かを判断するところ」であるのに対して、日本の裁判所は「有罪であることを確認するところ」であるといってよい」、「わが国の刑事訴訟の実質は、捜査手続にある。しかもその捜査手続は、検察官・警察官による糺問手続である」という制度的・構造的な問題であった(平野一九八五：四〇七、四〇九)。

その後、日本弁護士連合会は、刑事弁護の危機を克服するべく自力での変革を目指し、刑事弁護センターの創設、当番弁護士制度の全国実施などを通じて、糺問的な捜査手続を当事者主義化するために起訴前の捜査弁護を強化する方策を採ってきた。そして、二〇〇九年五月から裁判員裁判が実施されるようになり、公判前整理手続の一環とはいえ一定の証拠開示が認められるようになって、起訴前弁護の展望が大きく開けた。それと同時に、公判においても、刑事訴訟法が定める本来の姿である直接主義、口頭主義の事実審理が実現した。すなわち、従来のように供述調書に依存するのではなく、公判廷での証言によって裁判員が心証を形成する事実認定が行われるようになった。こうした制度改革の結果、今日では、若手の弁護士を中心に先に述べた一群の「新しい刑事弁護士」が登場してきたのである。

現在の刑事弁護人の意識

「新しい刑事弁護士」は、刑事弁護人として、一体、どういう意識を持っているのだろうか？

彼らの意識を知るうえで参考になる座談会がある(森・葦名・谷口ほか二〇一三)。参加者は、いわゆる「刑事専門」弁護士ではない。市井のマチ弁や企業法務を専門とする事務所のイソ弁である。共通しているのは、「刑事弁護に情熱を持っている」という一点である。座談会のタイトル「だから刑事弁護はやめられない」がそのことを端的に示している。

座談会の発言から、彼らの意識の共通項をくくりだせば、およそ次のように要約できる。「刑事弁護は、情状弁護であっても依頼者の人生に影響を及ぼす仕事なので、実務の慣行や先例が不条理であると感じた場合には、反射的に生ずる「純粋な怒り」を大事にして、自分の頭で考えて思いつく限りのことを実践するべきだ。被疑者・被告人のために闘うのは自分という弁護人以外にいないことを自覚して、依頼者一人ひとりに寄り添って、その人の人生を反映した弁護活動をして、この世界から排除されそうな人とこの世界の「唯一の架け橋」となることが、刑事弁護をするやりがいであり、刑事弁護人としての生きがいだ。被疑者・被告人の弁護は、本人だけでなく、家族や周辺の人々にも利益をもたらすので、社会から悲しみの種を減らすことになる。また、工夫次第で警察や検察と互角に戦えるのだから「楽しい」」。

ここには、先に述べた「なんで、あんな奴らの弁護ができるのか?」の回答のいくつかが明確に反映されている。そして、決定的に重要な理由を付け加えるならば、彼らは「被疑者・被告人という人間が好きだ。刑事弁護が好きだ」ということである。

在野性

わが国の刑事弁護人の特色として「在野性」がある。この在野性という概念は、国家機関である裁判官および検察官の「在朝性」に対抗して主張される。要するに、国家権力の側(朝廷)の法律家ではなく、国家刑罰権の対象とされる市民の側(在野)の法律家であるという意味である。同じ法律家として「法の支配」に服する点では変わりはないが、常に被疑者・被告人の権利の擁護という観点から法の適用を考えるという点で、裁判官および検察官とは立ち位置が違うという宣言である。

弁護士という職業のルーツをたどると、二つの役割の違いが見られる。一つの役割は、「法の奉仕者」として当事者に法律や様式の知識を教授するものであり、もう一つの役割は、「依頼者の奉仕者」として当事者のために代理行為を行うものである。今日、この流れの下に、刑事弁護人にも「独立の司法機関」という性格と「依頼者の代理人」という性格の二つが認められる。このいずれの性格を重視するかによって、同じ在野の弁護人であるといっても弁護活動にはかなりの違いがある。それは、弁護人が依頼者である被疑者・被告人の自己決定にどの程度拘束されるかという問題と深く関わっている。法曹倫理でいう依頼者意思の尊重と弁護士の専門家裁量との衝突の問題である。私自身は、刑事司法という修正された当事者主義の下では、被疑者・被告人こそが防御の主体なのであり、弁護人はその武器として被疑者・被告人のために最善の弁護を尽くす援助者なのであるから、最終的には、依頼者の意思に従わなければならないと考えている。在野法曹である弁護人は、依頼者の代理人であることが本質なのであり、刑事弁護においては、常に「国家の宿敵」でなければならないと考えている(村岡二〇一六：六二―六九)。

先の若手弁護士による座談会の発言からわかることは、「新しい刑事弁護士」たちも依頼者中心の弁護人像を支持しており、一貫して「国家の宿敵」の役割を果たすことによって、今もなお在野性が弁護人のアイデンティティであることを示していることである。

四　刑事弁護人の依頼

弁護人をどういう基準で選ぶか

刑事事件の当事者となった市民は、自分を訴追するか否かを決定する検察官や事実審理を担当する裁判官を選ぶことはできないが、弁護士を雇うだけの資力があるならば、弁護人を自ら選ぶことができる。実際の刑事裁判では、統計資料で見たとおり、国選弁護人による裁判が圧倒的であるが、原理的には、防御の主体である被疑者・被告人本人が弁護士を雇用して、自らの武器である弁護人に選任するのが本来の姿なのである。

さて、どういう基準でどのような弁護士を自らの弁護人として選択すべきであろうか？

「なんで、あんな奴らを弁護できるのか？」といって、犯罪者を熱心に擁護し最善の弁護を尽くす弁護士を非難した市民ほど、自らが立場を変えて被疑者・被告人の地位につくと、自らを熱心に擁護し最善の弁護をしてくれる弁護士を望む。依頼者となった市民は、自らを検察官や裁判官のように裁く弁護士を望んでいないし、個人的な好悪の感情に基づいて弁護に差をつけるような弁護士を望んでいない。また、有罪だから形式だけの弁護で足りると考えるような弁護士も望んでいない。依頼者は、どんな事件であっても、常に、「国家の宿敵」として国家に立証責任を果たすように求める最善の弁護を尽くす弁護士を望んでいるのである。先の座談会の若手弁護士は、犯罪事実には争いがなく情状だけが争点の事件であっても、現場に行って事件の全体像や現場の空気感を確認することの大切さ、また、依頼者の生活環境や人生の歩みなどを理解して依頼者の人間像を描くことの重要性を指摘している。これらの弁護活動は、犯罪の成否という観点からみれば無関係で無駄な行動かもしれない。しかし、依頼者は、こうした依頼者と犯罪の全体像を理解しようとする弁護人の真摯な姿勢を高く評価し、彼らに絶対的な信頼を寄せているのである。これこそが弁護人選任の基準であろう。

弁護人を探すにはどうするか

では、このような絶対的な信頼を寄せることのできる弁護士にどうやったらめぐり合うことができるのだろうか？

わが国でも弁護士の広告が解禁されたので、インターネットで自称「刑事専門弁護士」を見つけ出すことは難しくない。しかし、わが国では公的な専門弁護士認定制度を持っていないので、インターネットで得た情報が「有効な弁護」を提供してくれる本物の「有能な弁護人」を表示している保証はない。すべてのサービスに共通することだが、最も信頼の置ける方法は、実際に刑事弁護の恩恵を受けた当事者からの口コミということになる。しかし、この口コミ情報にアクセスすること自体が困難なのである。以下は、私ならばどうするかといった観点からいくつかの代替策を提示してみよう。

①テレビや映画のドキュメンタリーで紹介された弁護士に連絡をしてみること。

今日、「冤罪弁護士」「死刑弁護人」「無罪請負人」などの呼称で、わが国を代表する刑事弁護人の活躍がドキュメンタリーとして紹介されることが珍しくない。もし、あなたが弁護人を依頼しようと考えている事件が、無実である事件、有罪・無罪が深刻に争われる事件、死刑や無期懲役刑など重い刑罰が予想される事件であるならば、直接、「これは」と思った弁護士のいる法律事務所に赴くことをお勧めする。病院と違って、紹介状がなければ受け付けないなどという法律事務所はないはずである。ただし、忘れてならないのは、刑事弁護とは、依頼者と弁護人とが一体となって国家と対峙する苛酷な闘争であるから、考慮すべきはその弁護士の華麗な戦績ではなく、「この弁護士となら一緒に闘える」という信頼である。

②刑事弁護フォーラムに参加している弁護士に連絡してみること。

司法改革に伴い、二〇〇九年から裁判員裁判が導入され、二〇一六年刑事訴訟法改正により、取調べの録音・録画、司法取引などの新しい制度が開始されるのに伴い、今日の刑事弁護は、弁護士であれば「誰でも」できた時代から専門的な知識とノウハウがなければ効果的な弁護をなしえない時代へと変わった。その変化をうけて、刑事弁護にやりがいと生きがいを感じている若手弁護士を中心に「刑事弁護フォーラム」が結成されており、刑事弁護の専門家を目指す弁護士が全国ネットワークでつながっている。先に紹介した座談会に出席した弁護士の多くもこのフォーラムに参加している。また、刑事弁護をテーマとする各種雑誌には、全国で活躍している刑事弁護人が紹介されているので、弁護人を探索する際の情報源としては有用だろう。
③各単位弁護士会の刑事弁護人推薦リストに掲載された弁護士に連絡してみること。

各単位弁護士会には、法律相談業務の一環として、各専門分野に応じて弁護士の推薦リストを準備している。実態は、刑事事件を専門にしているという弁護士をリストアップしているわけではなく、刑事事件を引き受けることのできる弁護士のリストにすぎないが、一応、各単位弁護士会において、刑事弁護の技量について最低限の品質保証がなされていると推定できるので、一つの情報源とはなるだろう。また、大都市においては、刑事事件（裁判員裁判）に対応することを目的にした公設事務所が開設されているので、公設事務所の所属弁護士に相談するのも一つの方法である。

以上、どうやって自らの弁護人となりうる弁護士にたどりつくかを述べてきたが、弁護人は飽くまでも依頼者の武器なのであるから、絶対的な信頼を寄せることができないのであれば、どんなに著名な弁護士であっても、また技量に熟達した弁護士であっても、弁護人を依頼すべきではない。防御の主体はあなた自身なのであり、自ら選んだ武器と一体にならなければ、国家と闘うことなど到底できないのである。

五　刑事弁護人の将来

刑事弁護の専門化

被疑者段階の国選弁護制度が勾留段階にまで拡大された現在でも、その保護の対象から外れる逮捕段階には当番弁護士の援助が必要であり、依然として、弁護士であれば「誰でも」できるはずの初期弁護（一般的な権利告知と情報提供、外部とのつながりを示して精神的安定を図るという救急車の役割）の必要性と需要は変わらないだろう。しかし、二〇一六年五月の刑事訴訟法改正によって、取調べの録音・録画制度が導入されて、被疑者の供述が持つ意味が実質的に有罪・無罪の心証形成に大きな影響を及ぼす可視化の時代において、被疑者の弁護人が提供すべき助言は、黙秘するか否かの判断を含めて、専門的な知見と経験が必要になることは疑いがない。同様に、依頼者が第三者の犯罪事実に関する有罪の証拠・証言を提供して自らの刑責の減免をはかろうと考えて検察官と司法取引をしようとする場合、ここには国家との対抗関係とは別の第三者との利害相反関係が関わってくるので、弁護人の判断は一層困難なものとなる。やはり、司法取引をめぐる問題点の理解と実務の経験がものをいうことになる。捜査弁護、すなわち捜査段階の刑事弁護の専門化は不可避といってよい。

すでに、裁判員制度の導入によって、裁判員裁判の公判は、弁護士であれば誰でもできるといった類のものではなく、裁判員を説得することのできる技術と経験を身につけた刑事弁護の専門家でなければ対応できない専門領域となっている。裁判員制度を提言した『司法制度改革審議会意見書』は、裁判員制度に対応できる「常勤の弁護士等が刑事事件を専門に取り扱うことができるような体制」を想定していた(司法制度改革審議会二〇〇一：四四)。これに応える公的な体制の整備は遅れているものの、民間レベルでは、裁判員裁判対応型のまさしく「刑事専門弁護士事務所」が登場して実績をあげている。確実に、刑事弁護は、捜査および公判を通じて専門化の道をたどっているのである。これに呼応するかのように、司法研修所の刑事弁護教育も、従来の捜査・公判記録を読んで「振り返る弁護」を教えるのではなく、依頼者との最初の接見時から、その後の捜査、公判前整理手続、公判の各段階のあるべき弁護戦略を「見通す弁護」を教える方向へと変わってきている(神田二〇一三：三三四―三三九)。好むと好まざるとにかかわらず、刑事弁護を志す弁護士は、刑事弁護の技術とスピリッツを身につけた専門家となることが要請されているのである。

刑事弁護の将来展望

刑事弁護の専門化は、高度の技術と判断の適確性、そして「国家の宿敵」としての役割認識を必要とする。それは別の課題を提起する。誰が「刑事弁護の専門家」を育成するのかという課題である。かつての刑事弁護の技術とスピリッツは、若手弁護士がベテラン弁護士の背中を見て経験的に体得するという徒弟的なオン・ザ・ジョブ・トレーニング(OJT)が中心であったが、現代の専門家の養成にはこれでは不十分である。特に、今日の刑事事件が複雑化している状況の下では、単独では対処できず弁護団を形成してチームで弁護活動にあたる形態が増えている。分担する様々な役割を的確にこなすためには、一定の質の高い研修が不可欠である。日弁連および各単位弁護士会がこうした刑事弁護の専門的な研修を公的に継続するほかに、すでに、「刑事弁護フォーラム」「東京法廷技術アカデミー」など民間レベルでの専門家教育が行われているが、今後さらに、このような実務研修は増加していくであろう。

刑事弁護の領域といえば、従来は被疑者・被告人の援助、換言すれば、逮捕から判決までの間と考えられてきた。たしかに、情状弁護の観点から、社会内処遇(執行猶予)を実現させるために弁護人が判決後の就職先を確保したり、家族関係を修復したり、依頼者の更生を念頭に置いた弁護がなされてきたとはいえるが、判決と切り離した形で、受刑者ないし社会内処遇者の更生に真正面から取り組んできたとはいえない。しかし、今後は、刑事弁護の領域の一つに、裁判が終わった後の依頼者の環境調整、あるいは受刑者に最も相応しい処遇環境の実現を目指す活動が加えられるべきであろう。検察官においても、刑事処罰以外の多様な更生のための方法が検討されるようになったのに対応して、刑事弁護の射程も拡大することが期待されるのである。

最後に、刑事弁護人の精神(スピリッツ)について触れておこう。刑事弁護の領域が拡大し、かつ、捜査および公判の手続きが複雑化するに伴い、弁護人は様々な利害関係人の利益を考慮せざるを得ない立場に置かれる。現象的には、弁護人は、様々な場面に応じて多様な顔を持つように見える。特に、第三者を巻き込む司法取引の場面では、あたかも「国家の協力者」のような役割を担うことになる。刑事弁護人が依頼者の代理人という性格を貫徹しようとすれば、現実的には、各場面に応じて多様な顔を持つのが当然であるとも考えられる。しかし、私は、刑事弁護人とは、たとえ依頼者と事件の個性に応じて阿修羅の如き多面体の顔を持っているとしても、その根底には、共通する「国家の宿敵」としての役割認識がなければならないと思う。多彩な顔を持っていても阿修羅は阿修羅であり、弁護人は、やはり「国家の宿敵」でなければならないのである。

参考文献

神田安積(二〇一三)「刑事弁護の教育」後藤昭・高野隆・岡慎一編著『実務体系現代の刑事弁護1　弁護人の役割』第一法規
古賀康紀(一九九五)「刑事弁護をしたくない四つの理由」『季刊刑事弁護』三号
司法制度改革審議会(二〇〇一)『二一世紀の日本を支える司法制度』
日本司法支援センター(二〇一六)『法テラス白書平成二八年版』
日本弁護士連合会(二〇一六)『弁護士白書二〇一六年版』
畑浩人(一九九八)「刑事弁護活動の日常と刑事弁護士論の展開」『神戸法学雑誌』四八巻二号
平野龍一(一九八五)「現行刑事訴訟法の診断」平場安治・平野龍一・高田卓爾・福田平・大塚仁・香川達夫・内藤謙・松尾浩也編『団藤重光博士古稀祝賀論文集』第四巻、有斐閣
武士俣敦(二〇一三)「刑事弁護の担い手」前掲『実務体系現代の刑事弁護1　弁護人の役割』第一法規
法務省(二〇一六)『平成二八年版犯罪白書』
村岡啓一(二〇一三)「弁護の質の保証」前掲『実務体系現代の刑事弁護1　弁護人の役割』第一法規
村岡啓一(二〇一六)「『平成刑事訴訟法』の下での刑事弁護――弁護人の役割は変質したのか」川﨑英明・古賀康紀・小坂井久・田淵浩二・船木誠一郎編『美奈川成章先生・上田國廣先生古稀祝賀記念論文集　刑事弁護の原理と実践』現代人文社
村山眞維(一九九二)「刑事国選弁護の実証的検討」財団法人法律扶助協会四〇周年記念誌編集委員会編『リーガル・エイドの基本問題』法律扶助協会

森直也・葦名ゆき・谷口太規ほか（二〇一三）「座談会 だから刑事弁護はやめられない」『季刊刑事弁護』七三号、現代人文社

Babcock, Barbara (2013) " 'Defending the Guilty' after 30 Years", *How Can You Represent Those People?*, Edited by Abbe Smith and Monroe H. Freedman, Palgrave Macmillan（村岡啓一・四宮啓・田鎖麻衣子・大橋君平・和田恵・今村文彦訳『なんで、あんな奴らの弁護ができるのか？』現代人文社、二〇一七年）

Smith, Abbe (2009 2010) "In Praise of the Guilty Project. A Criminal Defense Lawyer's Growing Anxiety about Innocence Projects", *University of Pennsylvania Journal of Law and Social Change*, 13

II

被疑者・被告人の運命を決める人たち

6　検察審査会ははりきりすぎか

川﨑英明

一　強制起訴制度に対する評価の対立——陸山会事件をめぐって

朝日新聞「オピニオン」欄から

検察審査会の起訴議決に基づいて強制起訴がなされた事例は、強制起訴制度施行の二〇〇九年五月から数えて、二〇一六年五月末までで九件ある。その中で、社会の耳目を集めたＪＲ福知山線事故や陸山会事件で強制起訴された被告人に無罪判決が言い渡されたことを契機として、検察審査会は安易に起訴議決をしているのではないか、という批判が登場した。「検察審査会ははりきりすぎか」という表題は、検察審査会は果たして安易に起訴議決をしているのだろうか、という問いかけを含んでいる。

陸山会事件では小沢一郎氏に係る政治資金規正法違反の嫌疑が問われたが、この事件で東京地裁は二〇一二年四月二六日に無罪判決を言い渡した(無罪確定)。その翌日、朝日新聞(二〇一二年四月二七日朝刊・大阪本社一〇版)は「オピニオン」欄に「争論 これでいいのか強制起訴」を掲載したが、「争論」に登場した弘中惇一郎と四宮啓は強制起訴制度に対して対極的評価を示した。弘中は、強制起訴された事件の中に「起訴のハードルを下げているのではないかと見られる事件があ〔る〕」と指摘し、起訴が被告人に与える大きな不利益を考えると、「九九％有罪を確信できる場合」

にのみ起訴すべきであるとして、「疑いがあるからとりあえず起訴して、裁判所に白か黒か決めてもらいましょう」というようなスタンスでの起訴議決の運用を批判した。そして、強制起訴制度を続けるなら、検察審査会の審査手続について弁護人の参加や証拠提出権等を保障する改革が必要だと主張した。

これに対して、四宮は強制起訴制度を司法の民主化の制度として積極的に評価し、「起訴＝裁判所での討論の始まり」にすぎず、検察審査会の起訴議決は「一定の有罪を示す証拠」があるので有罪か無罪かは裁判所の公開の法廷で討論して決めてほしいという「議決」にすぎないのであって、強制起訴の結果無罪となったら誰が責任をとるのだというような議論は「起訴＝有罪」という「固定観念」を前提とするものだと批判した。東京第五検察審査会は、陸山会事件の起訴議決書の中で、「検察審査会は、……嫌疑不十分として検察官が起訴を躊躇した場合は、いわば国民の責任において、公正な刑事裁判の法廷で黒白をつけようとする制度である」と説示していたが、これは四宮と同様の見解に立つもののようにも思われる。

朝日新聞は、陸山会事件で東京第五検察審査会が起訴議決をした後の二〇一〇年一〇月九日朝刊（大阪本社一〇版）にも、「オピニオン」欄に「耕論 強制起訴」を掲載していたが、そこでも対極的評価が示されていた。佐藤義博は弘中と同様の見解を、大出良知は四宮と同様の見解を示したのである。このような対極的評価は弁護士の間だけではなく、刑事訴訟法学者の間にもみられる。

精密司法と起訴基準――刑事訴訟法学の議論

対極的評価の背景を辿っていくと、起訴基準のあり方をどのように考えるのかという問題に行き着く。九九・九％を超える驚異的な有罪率を誇る日本の刑事裁判の現状は、時に「精密司法」という肯定的タームで表現されるが、この「精密司法」を支えているのは、「有罪判決が得られる高度の見込み」を基準として起訴すべきか否かを綿密に選別する検察官の精密な起訴決定(以下、精密起訴という)である(松尾一九九九：一五―一六、一六八―一六九)。先に挙げた四宮の見解は、「起訴＝有罪」という「固定観念」を生み出したのがこの「精密司法」であり、「精密司法」は打破しなければならないという認識に立っている。これに対し、先の弘中の見解は「精密司法」の肯定的評価につながる。「精密司法」の評価は刑事訴訟法学者の間でも分かれている。このように、強制起訴制度に対する対極的評価は「精密司法」という刑事裁判の現状評価と密接に関連しており、その意味で、対立の根は相当に深いのである。

この点をもう少し説明しておこう。三井誠は、二〇〇二年の段階で、検察官の精密起訴が捜査の糺問化・肥大化[1]につながるとともに、事件の決着がほぼ捜査段階でついてしまう結果、公判が形骸化する危険があると指摘して、そうした精密起訴の現状を「糺問的訴追構造」と捉え、この訴追構造から脱却し、「幾分か弾劾的訴追構造[2]への転換が図られるべきこと」を主張した(三井二〇〇二：二二)。三井は、強制起訴制度は「将来的には、……起訴基準に変化を生じさせることになる可能性もある」とし、「現在の有罪率を若干でも低めることになるかもしれない」とも指摘している(三井二〇〇五：八五)。先に挙げた四宮の見解は三井のいう「弾劾的訴追構造への転換」の主張につながっている。

後藤昭も、強制起訴制度に焦点をあわせて、同様の指摘をした。すなわち、強制起訴制度の下ではこれまで検察官が「慎重を期して起訴しなかった事件」が起訴される可能性が登場するだろうと予測し、そのことが起訴は「手続の始まり」であり「決着は公判でつく」という公判中心主義の発想への転換を求めることとなり、これからは、検察官にも起訴に際して「無罪ならそれでいいという割り切った発想が必要」となる、と(田口・後藤・椎橋二〇〇二：九)。後藤の主張は、起訴のあり方として、三井のいう「弾劾的訴追構造」への転換を求め、そのような視点から強制起訴制度の運用のあり方につき四宮と同様の見解を示したわけである。三井や後藤の主張の基礎には、捜査の徹底した弾劾化と公判中心主義の実現を目ざした平野龍一の「あっさり起訴」観がある(平野一九八一：一八六)。平野はこの「あっさり起訴」観を「何はともあれ、裁判所に連れていき、ある程度の無罪はがまんする方法」だと説明している。強制起訴制度が公判中心主義実現の試金石となり、精密司法変革の契機となる可能性があるとする見解(新屋二〇一〇：二)も三井や後藤の主張の延長線上にある。

これに対し、起訴に伴って被告人が被る「負担と不利益」を重視し、捜査の糾問化や公判中心主義の形骸化と精密起訴との間には論理必然的結びつきはないとして、検察審査会も従来の検察官の公訴権運用と同じく精密起訴の起訴基準を維持すべきことを主張する見解もあった(中島二〇一三：一四)。この見解は先に挙げた弘中や佐藤の主張と結びつくが、その背後には、起訴基準のあり方をめぐる論争の中で、起訴基準として一定の嫌疑を要求することは弾劾的捜査観や公判中心主義と理論的に整合するとした有力な主張がある(田宮一九九八：七五―八八)ことにも留意が必要である。

このような議論の中で、二〇一六年九月一五日の日本弁護士連合会の意見書「検察審査会制度の運用改善及び制度改革を求める意見書」(以下、日弁連意見書という)は、検察審査会の強制起訴が精密起訴であるべきか、「あっさり起訴」であるべきかについては、「現時点において、いずれかに決めることは困難であり、今しばらくその運用状況を見ていく必要がある」として結論を留保した。しかし同時に、日弁連意見書は、国選弁護を含む被疑者の弁護人選任権や意見陳述権、証拠調べ請求権の保障等の検察審査会の審査手続における防御権保障の改革案を提言したのである。

評価の対立軸は何か？

こうして、強制起訴制度に対する評価をめぐって三点の対立軸を抽出できる。

第一の対立軸は、刑事司法のあり方をどう考えるのかである。起訴段階で検察官に対して有罪か無罪かを精密に選り分けること(精密起訴)を求めることが「精密司法」につながり、それは有罪か無罪かの精密な選別のために、捜査段階における事件の「真相」解明を要請する結果、捜査の肥大化・糺問化と公判中心主義の形骸化を招いているのではないかという問題である。時に日本の刑事裁判は調書裁判だと指摘されるが、(3)それは黒白の決着が事実上、公判ではなく捜査段階でついてしまう刑事裁判の現状を批判的に表現したものであり、捜査の中心が密室での被疑者取調べと供述(調書)獲得にあるという現状批判の表現である。「精密司法」、そして精密起訴への志向は糺問的捜査と調書裁判(公判の形骸化)を促進するのではないか、そこをどう考えるのかが第一の対立軸である。

しかし、有罪か無罪かの決着は公判でつけなければならないからといって、ともかくも起訴して公判審理にすべて委ねてしまえということになると、十分な証拠がなくても起訴してよいということになり、無辜を起訴するような濫訴を招き、その結果、誤判を生じさせる危険がある。それだけでなく、起訴という処分は被告人に対し勾留による身体拘束等の刑事手続の負担を課すことにつながり、刑事手続の外でも起訴休職等の種々の社会的経済的不利益をもたらす現実がある。先に述べた「弾劾的訴追構造への転換」の主張がこの点をどう考えているのかは、必ずしも明らかではない。これは起訴の不利益処分性の問題であるが、この点をどう考えるのかが第二の対立軸である。

第三の対立軸は、検察審査会制度の制度趣旨をどのように考えるのかである。検察審査会は検察官の不起訴処分に限ってではあるが、検察官という国家機関による不起訴処分の当否を市民が審査する制度であり、公訴権の行使という国家の権力行使に対する民主主義的抑制の制度である。この制度趣旨は強制起訴制度の評価に際して欠落させることができない視点である。しかし他方で、検察審査会制度は不起訴処分の当否を審査して、いったん不起訴とされた被疑者を再び被告人として刑事裁判の場に引っ張り出して処罰の危険に晒す制度であり、国家の訴追・処罰機能を補強・強化する制度であることを忘れてはならない。検察審査会は、起訴方向での検察官の権限濫用(不当起訴)を抑制する制度ではないのである。そのために、国家の訴追・処罰機能の強化と国家の権力行使の民主的抑制という、検察審査会制度が有する機能の二面性をどう評価するのかが、強制起訴制度を考える上で重要な視点となる。

以上の対立軸に即して、以下、検察審査会制度の制度趣旨、起訴の不利益処分性、そして起訴基準と刑事司法の在り方の順に検討を加えていきたい。

二　強制起訴制度の意義——検察審査会はなぜ存在するのか？

戦後刑事司法改革と検察審査会制度

検察審査会制度は、戦前の人権抑圧的な刑事司法からの脱却を目ざして「検察の民主化」を理念に掲げた戦後刑事司法改革の過程で構想され、一九四八年公布(同年施行)の検察審査会法により創設された(小田中一九七七：五以下参照)。検察審査会法案の国会審議の過程で、標語的に「国民による国民の公訴」の制度だとも説明されたように(三井二〇〇二：二六参照)、検察審査会は、国家機関たる検察官が独占する公訴権の行使に対して、その濫用を防ぐべく市民による民主的抑制の制度として生まれた。戦後刑事司法改革の過程をみると、当初、GHQ(連合国軍総司令部)の側から、検察制度改革案として、英米の大陪審(起訴陪審)制度や検察官公選制(選挙制)の提案がなされたが、これらの制度は日本の風土とマッチしない等の理由から日本側が抵抗し、GHQ内部での(警察制度改革と関連した)意見対立もあって、最終的に、大陪審制度の提案に対応して不当不起訴の抑制に機能を限定して制度化されたのが検察審査会であり、検察官公選制の提案に対応して制度化されたのが検察官適格審査会であった。[4][5]

ここで、(制度発足当初の)検察審査会制度の概要を説明しておこう。検察審査会は衆議院議員の有権者の中からくじで選出された一一名の検察審査員(任期六カ月)が、告訴・告発人等からの申立や職権に基づいて検察官の不起訴処分についてその当否を審査し、不起訴相当、不起訴不当または起訴相当の議決を行う制度である。地方裁判所および同支部の管轄区域内に最低一つ置かれる。検察審査会の審査手続においては、検察官は要請があれば資料を提出し、会議に出席して意見を述べる義務がある。検察審査会は公私の団体への照会や証人等を呼び出して尋問する権限が認められているが、審査申立のあった事件の被疑者には審査手続への出席権や意見陳述権は認められていない。審査の結果、不起訴相当となれば検察官の事件処理に問題はなかったということになるが、不起訴不当となれば検察官は事件処理を考え直せということであるし、起訴相当ならば検察官の事件処理は誤っており起訴すべしということだから、検察官はそれぞれの議決の趣旨に応じて対応措置をとるべきこととなる。しかし、検察審査会の議決には法的拘束力が付与されていなかったために、不起訴不当議決や起訴相当議決が出されても、検察官はそれに従わず不起訴処分を維持することができた。実際にも、検察審査会の議決に反して検察官が不起訴処分を維持する事例は少なくなかった。検察審査会法施行の一九四八年から改正検察審査会法の施行前年の二〇〇八年までの統計をみると、既済人員一五万三一三六人中、起訴議決または不起訴不当議決があった人員は一万七三二〇人(率にして一一・三%)であり、その内、検察官が実際に起訴した人員は一四〇八人(率にして八・一%)にとどまっていた。機能と権限が限定されたとはいえ、国民自身が不起訴処分の当否を審査する検察審査会は、当時、日本の刑事司法における唯一の国民の司法参加の制度であったから大いに期待されていたのであるが、先の統計数値が示しているように、運用実態はこの期待を必ずしも満足させるものではなかった。そのために、検察審査会の起訴相当議決に法的拘束力を付与せよという主張は刑事訴訟法学者の間でも根強かった。

のみならず、検察審査会に不当起訴の当否の審査機能をも付与して、大陪審制度と同様に検察官の公訴権行使に対する民主的抑制の制度として十全な機能を付与すべしとする主張、また、検察事務(検察庁法四条に規定する捜査、公訴の提起・追行、上訴等の検察官が行う職務)に対する検察審査会の改善勧告機能について、改善意見や勧告が検察側に無視されないように実効化すべしとする主張も強かった。

二〇〇四年検察審査会法改正と強制起訴制度

このような状況の中で、一九九九年七月に発足した司法制度改革審議会は、二〇〇一年六月に最終意見書を公表したが、その中で（裁判員制度の創設などとともに）検察審査会制度改革にも論及し、「国民の期待に応える司法制度」の要請として「検察審査会の一定の議決に対し法的拘束力を付与する制度を導入すべきである」と提案した。この提案を受けて二〇〇四年に検察審査会法が改正され、二〇〇九年五月から実施されたのが強制起訴制度である。

強制起訴制度のシステムはこうである。検察審査会が一一名の検察審査員中八名以上の多数により起訴相当議決をした場合に、検察官が不起訴処分を維持し、または法定の期間（原則三カ月）内に何の処分もしないときは、検察審査会は第二段階の審査に入り、その結果、審査員八名以上の多数により起訴議決に至ったときは、起訴議決書の送付を受けた地方裁判所が検察官役の弁護士を指定し（この弁護士を指定弁護士と呼んでいる）、この指定弁護士が起訴議決に係る事件につき起訴し、その維持にあたる義務を負う。起訴が義務づけられることから強制起訴と呼ばれている。検察審査会の第一段階の議決が不起訴相当や不起訴不当であった場合は、第二段階の審査に入ることはなく、強制起訴には至らない。同時に、二〇〇四年改正では、検察審査員の「法律に関する専門的知見を補う」者として、弁護士の中から選任される審査補助員を委嘱できることになった（第一段階の審査では委嘱は任意的だが、第二段階の審査では委嘱は必要的である）。審査補助員は、審査員に対して、法令やその解釈についての説明、事件の法的問題点や証拠の整理を行う。こうして、二段階の審査過程を経る形で検察審査会の起訴議決に法的拘束力が付与されたわけであるが、二〇〇四年改正でも検察審査会の審査手続において被疑者に参加権や証拠提出権等の防御権保障の改革はなかった。

このような強制起訴制度が持つ強力で劇的な効果を如実に示してみせた著名な事例が、ＪＲ福知山線事故や陸山会事件であった。明石歩道橋事故や東電福島第一原発事故の強制起訴事例などもなお記憶に新しい。

二〇〇四年改正では、同時に、検察審査会の改善勧告に対して取った措置の（検察審査会への）報告義務を検事正に課すことにより、検察事務に対する検察審査会の改善勧告機能も強化された。これも、二〇〇一年の司法制度改革審議会最終意見書が「検察庁の運営について、国民の声を聴取し反映させることが可能となるよう」な措置を求めた結果であった。制度創設から(制度改正前の時点である)一九九七年までの運用をみると(最高裁判所事務総局刑事局一九九八：二六七以下)、検察審査会は五三五件の改善勧告意見を出しているが、検察側には無視されがちであった。

強制起訴制度の制度趣旨と改革の視点

このように、強制起訴制度は二段階の審査を経て起訴議決の形で示された検察審査員という市民の代表者(公衆)の訴追意思に公訴始動効を付与した制度であるから、その点で一種の公衆訴追制度を採用したものとみることができる(新屋二〇一〇：二参照)。もとより、それは告訴・告発人等が検察官の不起訴処分に対して検察審査会への審査申立という形で示した訴追意思に対して直接に公訴始動効を付与したものではない。公衆訴追制度的性格を有するとはいえ、強制起訴制度は検察官が行った不起訴処分につきその誤りを検察審査会(市民)が是正する制度であるから、本質的には、検察官の公訴権行使(国家の権力行使)に対する民主的抑制の制度である。戦後刑事司法改革において検察審査会制度が「検察の民主化」の制度として位置づけられたことには変化はないのである。

もっとも、先にも指摘したように、強制起訴制度はいったんなされた不起訴処分をひっくり返して起訴に変える制度であって、被疑者が弁護人の援助を得て防御活動を展開した結果やっと不起訴処分を獲得したのに、それを一転、起訴に変える不利益変更の制度であり、被疑者の防御の成果を否応なく剥奪する制度であるから、被疑者の側からみれば、極めて一方的で過酷な制度である。客観的に言えば、強制起訴制度とは不起訴処分を起訴に変えることにより訴追・処罰の欠落を埋める訴追・処罰機能強化の制度なのである。ここに、公訴権行使に対する民主的抑制と訴追・処罰機能強化という強制起訴制度が抱える相矛盾する二面的機能を、どのように整合的に評価し調整するのかという課題が登場することになる。

検察審査会は「対検察の監視機関から、被疑者の起訴を直接決定する権力機関に変質」したと捉える見方(今関二〇一一：二以下参照)は、強制起訴制度が内在する訴追・処罰機能強化の側面に着目したものである。そして、この見解は、立憲民主主義の視点から、権力機関としての「検審の民主的正統性を語るのは難しい」とし、「法的合理性、専門合理性」に支えられる「法固有の論理」が否定される危険性に警鐘を鳴らしている。なるほど強制起訴制度が持つ訴追・処罰機能強化の側面にのみ視点を当てれば、そのような評価にも至るであろうが、検察審査会は、訴追・処罰機能強化の側面を持ちつつも、検察官という国家機関が独占する公訴権行使(権力行使)に対する市民による民主的抑制の制度として、「検察の民主化」の理念の下に生成した制度である。起訴、不起訴の決定を「専門合理性」の名の下に検察官の判断に委ねてしまうわけにはいかないというのが、戦前の人権侵害的刑事司法制度の教訓であり、その脱却を目ざした「検察の民主化」の理念であった。そこには、法的拘束力なき検察審査会制度の半世紀を超える運用への反省もあった。「検察の民主化」が現在もなお未完の歴史的課題であることに照らせば、検察官の公訴権行使に対する検察審査会の民主的抑制機能の発展をこそ図るべきである。

このようにみてくると、強制起訴制度の民主的抑制機能は確保しつつ、その訴追・処罰機能強化の側面については、いったんは不起訴とされたのに一転、起訴され危険な立場に置かれた被疑者の権利・利益をどう保障するのかという視点から問題解決にアプローチすること(福井二〇一一：一四以下参照)、すなわち、強制起訴制度の訴追・処罰機能強化の側面を被疑者の防御権の保障により調整・抑制するという視点から問題解決にアプローチすることが必要である。この点を、被疑者の防御権の保障と起訴基準としての「起訴の合理性」の要求という二つの側面から検討していきたい。

三　起訴の不利益処分性と被疑者の防御権保障

起訴の不利益処分性

刑事訴訟法二四七条は公訴権の行使を専ら国家機関たる検察官の判断に委ねている。これが国家訴追主義・起訴独占主義と呼ばれる訴追原則である(刑訴法二四八条は検察官に訴追裁量権も与えている)。しかし、起訴された被告人は誤って有罪とされぬよう、あるいは不当に重く処罰されないよう防御活動をしなければならず、また犯人視されたり起訴休職とされたりして種々の社会的経済的不利益を負う。つまり、起訴は被告人に対する国家の側からの一方的な応訴強制であり、起訴された被告人に刑事手続の負担と処罰の危険、そして種々の社会的経済的不利益を強いる一方的な不利益処分なのである。二重の危険禁止の憲法的原則(憲法三九条)[6]の下で、有罪・無罪の刑事裁判が確定した後には、同じ事件について検察官の再度の起訴を絶対的に禁止する一事不再理効が認められているのも、起訴の不利益処分性を考慮した結果である。そうであるから、検察官(国家)が根拠なく安易に起訴することは許されない。そこから、検察官が公訴権を濫用して不当起訴をした場合にこれを是正する制度が必要ではないかということが問題となり、ここに検察審査会の機能を拡張して不当起訴の是正機能を付与しようという提案が出てくることになるが、ここでは強制起訴制度の問題に絞って検討することとしたい。

このような起訴の不利益処分性を考えると、先にも指摘したように、強制起訴制度は、防御活動が成功して不起訴処分を獲得し刑事手続の負担と処罰の危険からいったんは解放されたのに、その防御活動の成果を一方的に剥奪して不起訴から起訴に処分を変更して応訴を強制する制度だから、被疑者にとってはあまりに一方的な、二重の意味での不利益処分だということになる。このことは強制起訴制度のあり方を考える上で見過ごしてはならない視点である。

濫りに起訴されない権利

無罪推定原則の下では、被疑者・被告人は無罪を推定される市民であることに変わりはなく、裁判で有罪だと確定的に判定されるまでは、可能な限り無辜の市民と同じように扱わなければならない。そうであれば、無罪推定原則は検察官の挙証責任や有罪立証水準（合理的疑いを超える証明）を導く証明原則にとどまらず、広く被疑者・被告人の刑事手続上の負担を抑制する訴訟原則として機能しなければならない（三島二〇〇四：二四以下参照）。すなわち、無罪推定原則は証明原則たる「疑わしきは被告人の利益に」の原則よりも射程が広いのであり、[7] 無罪推定原則を理念的根拠として憲法三四条から「身体不拘束の原則」が導かれるのも（村岡一九九七：二九五以下参照）、その故である。

無罪推定原則の射程をこのように理解するなら、無罪を推定される被疑者を正当な理由もなく濫りに刑事手続の負担と処罰の危険にさらすような起訴は濫訴であり、許されないということになる。言い換えれば、それは無罪を推定される被疑者を検察官（国家）が起訴することで、身体拘束を含む刑事手続上の負担や処罰の危険をもたらす応訴を強制するには正当化根拠が必要であるという要請である。これは「濫訴の禁止」の要請であり、起訴基準としての「起訴の合理性」（合理的な証拠的基礎）の要請に他ならない。

被疑者の防御権保障と検察審査会の審査手続

無罪推定原則の下で起訴に際して「濫訴の禁止」や「起訴の合理性」の要請が妥当するということを、強制起訴制度に即して被疑者の権利論として説明するなら、以下のように言うことができるだろう。すなわち、市民たる被疑者には、無罪推定原則から導かれる権利として、国家の側から濫りに訴追されない権利を観念することができ、それはいわれなき起訴（不当起訴）を排除する権利としての妨訴抗弁権として機能すべきものであるから、防御活動の結果、いったんは不起訴処分を得た被疑者に対しては、その防御活動の成果を維持するための防御の権利を保障することが要請される。不起訴処分を起訴へと変更するのは不利益変更だから、不利益変更される当の被疑者に対して告知と聴聞の権利を保障すべきことは当然であり、それは憲法三一条の適正手続の要請でもある。以上のことは強制起訴制度に全面的に妥当するから、検察審査会の審査手続においては、被疑者に対して無罪推定原則と告知・聴聞を受ける権利から導出される防御権が保障されなければならない、と。

では、当の被疑者にはいかなる防御権が保障されなければならないのであろうか。第一は、検察審査会の審査手続への被疑者の参加権と弁明権である。参加権とは審査手続に出席する権利にとどまらず、証拠調べ請求権と証拠調べ立会権(証人尋問権を含む)であり、弁明権とは意見陳述権である。いずれも「起訴の合理性」を問いかける被疑者の積極的な防御活動の権利である。このような防御権保障の当然の前提として、検察審査会が審査を開始する際には被疑者に対し審査開始の通知をすることが必要である。のみならず、被疑者の防御権の実効的保障のために、(身体拘束の有無を問わず)国選弁護人を含む弁護人依頼権の保障が必要である。これらの防御の権利は、現行法上は明文規定の保障がない。先に紹介した二〇一六年の日弁連の意見書もこれらの防御権保障を求める改革案を提言している。第二に、このような防御権保障の前提条件として、検察審査会の審査手続において、検察官の事件処理過程を可視化・透明化することが不可欠であり、そのために検察官の不起訴裁定書・決裁書等の事件関係資料の開示と検察官手持ち全証拠の開示が必要である。検察官の事件処理過程の可視化・透明化は防御権保障の要請であるのみならず、検察審査会が「検察の民主化」の理念に基づく検察官の公訴権の行使に対する民主的抑制の制度であるということの当然の帰結でもある。検察審査会が民主的抑制の制度であるということの含意は、検察審査員という市民の目から、不起訴に至った検察官の事件処理過程を洗い直すことにあるからである。

二〇〇一年六月の司法制度改革審議会最終意見書が、検察審査会の議決への拘束力付与の提案をするに際して「被疑者に対する適正手続の保障にも留意しつつ」という一文を付していたのは、先に述べた被疑者の防御権保障を考えていたからであろう。しかし、二〇〇四年の改正検察審査会法では、この一文は具体化されなかった。

四 起訴基準と刑事司法のあり方

「精密司法」とは何か?

九九・九%の有罪率を誇る「精密司法」を支える精密起訴の起訴基準について、検察実務では「的確な証拠に基づき有罪判決が得られる高度の見込みがある場合に限って起訴するという原則に厳格に従っている」と説明されている(司法研修所検察教官室二〇一〇:六二)。

九九・九%の有罪率とは検察官の有罪主張としての起訴がほぼすべて是認されるという事態であるから、「精密司法」とは有罪主張をする検察官の側からみた精密さであり、客観的中立的な真実としての精密性を直ちには意味しない。むしろ検察官の起訴は捜査結果に基づく有罪主張であるから、その主張の九九・九%が裁判所によって是認されるという事態は捜査結果が公判で追認されるという事態であり、それは公判中心主義とは相容れず、捜査依存の刑事裁判であることを意味している。かつて、捜査段階で作成された供述「調書を読んで心証をとる」という意味で刑事裁判は「調書裁判」であり、日本の裁判所は「有罪であることを確認するところ」であるとする厳しい批判がなされた(平野一九八五:四〇七—四二三)が、この批判が多くの刑事訴訟法学者や刑事弁護士に共有されたのは、この批判が「精密司法」の右のような本質を鋭くえぐり出すものであったからに他ならない。

「精密司法」とは、有罪か無罪かは公開の法廷において検察官と被告人(弁護人)の主張・立証に基づいて決するという公判中心主義とは相容れない刑事司法のあり方であり、捜査が密室での被疑者の追及的取調べ(自白獲得)を中心とした糺問的捜査であることからすれば、「精密司法」とは糺問的捜査依存の調書裁判という、特殊でいびつな刑事裁判のありように他ならないのである。

もっとも、検察官の側からみれば、起訴すれば九九・九％が有罪という状況は検察官が有罪か無罪かを精密に選り分けている証拠であり、「有罪判決が得られる高度の見込みがある場合に限って起訴する」という検察実務の公訴権運用(精密起訴)は全く正しいということになるであろう。起訴した限りは徹底して有罪主張を貫き、第一審や第二審の無罪判決に対しては上訴を申し立てて争い、裁判確定後の再審の段階に至っても再審開始決定に対して確定有罪判決をあくまでも維持しようとしてきた検察官の姿勢は、ここに由来している。その意味では、「精密司法」とは糺問的捜査に依存して起訴し、徹底して処罰を追求する訴追者の検察官の目からみた「精密」な「司法」であり、その志向は必罰主義にあるという指摘(小田中一九九五：二九六―二九八)は正鵠を射ている。「精密司法」の下で誤判が存在するという厳然たる事実はこのことを実証している。そう考えると、精密起訴に無罪推定の思想を見出すのは短絡的であり、「精密司法」と一体の精密起訴の起訴基準を是認することはできないのである。

では、黒か白かは公判で決するもので、起訴は刑事裁判の始まりに過ぎないのだから、有罪判決の高度の見込みなどは必要ないし、有罪の見込みがあろうとなかろうと関係なく、検察官は捜査が終わればともかくも起訴すればよい、ということになるのだろうか。

「起訴の合理性」と弾劾的捜査観、公判中心主義

上述したように、無罪推定原則の要請から、起訴基準として「起訴の合理性」が妥当しなければならない。最高裁判所は一九七八年一〇月二〇日の(芦別事件・国家賠償請求事件の)判決(最高裁判所民事判例集三二巻七号一三六七頁)において、起訴するには「各種の証拠資料を総合勘案して合理的な判断過程により有罪と認められる嫌疑」が必要であると

判示したが、それは検察実務の「有罪判決が得られる高度の見込み」ではなく、「起訴の合理性」を起訴の適法要件とするものと捉えることができる。「起訴の合理性」とは、反証がなければ有罪判決を見込める程度の証拠的基礎を起訴時点で求めることであり、「有罪判決の合理的な見込み」と言ってもよい。その程度の合理性の要求ならば、(捜査は真実発見の場ではなく、捜査機関が被疑者の防御活動と並行して公訴提起の準備活動を行う場だとみる)弾劾的捜査観と矛盾することはなく、調書裁判にはつながるまい。合理性を欠く起訴に対しては、迅速に審理を進めて無罪判決を言い渡すことになる。(8)

強制起訴制度が被疑者にとって二重の意味で不利益処分であることを考えると、検察審査会としては、このような「起訴の合理性」を支える証拠的基礎の有無を被疑者の防御権を保障した審査手続において確認し、その基準をクリアしていれば、起訴議決をすべきであるということになる。現在の検察実務のように、「有罪判決が得られる高度の見込みの存在」まで確認する必要はないのである。

五　検察審査会と検察官の将来像

厚労省郵便不正利用事件(村木事件)の無罪判決(二〇一〇年九月一〇日大阪地裁判決)と、その過程で明らかとなった大阪地検特捜検事の証拠改竄事件は、検察事務の可視化・透明化と検察官の権限行使の民主的抑制を検察改革の課題として改めて提示した。考えてみれば、この課題は戦後刑事司法改革では達成できなかった「検察の民主化」という未完の歴史的課題に他ならない。しかし、この事件を契機に設置された「検察の在り方検討会議」の提言(二〇一一年三月)は、取調べの可視化の方向は打ち出しつつも検察の内部的チェック強化等の微温的改善提案をするにとどまり、検察制度の抜本的改革には踏み込まなかった。

しかし、そうであるからこそ、検察審査会の在り方を検討するに際しては、強制起訴制度にとどめず、検察官の権限行使に対する民主的抑制の制度として検察審査会の機能を拡大し充実化するという広い視点が必要である。それは訴追・処罰機能強化の制度として一面的性格を持つ検察審査会を無辜の不処罰と適正手続保障という人権の理念の下で、検察官の権限行使に対する民主的抑制制度として拡充・活性化させるという改革の視点である。この視点からみた場合、検察審査会が持つ検察事務の改善勧告機能を実効化することも重要である。取調べの可視化にせよ弁護士立会にせよ、あるいは不当起訴に対する抑制制度の創設にせよ、検察事務の改善の問題として、検察審査会は制度改革を提案できるのである。問題は、改善勧告に法的拘束力がないことであり、改善勧告に法的拘束力を付与することが検討されるべきである。また、不当起訴の抑制機能を検察審査会に持たせることを、全面証拠開示制度の整備と併せて、喫緊の課題として検討すべきである。

検察官は、日本法の母法であるドイツ法では、「国家(Staat)」の「代理人(Anwalt)」という意味のStaatsanwaltと表現されるが、本来、検察官は個々の市民の安全を守るために市民の訴追権を代理行使する「市民(Bürger)」の「代理人(Anwalt)」でなければならない。検察官は被疑者となった市民の刑事責任を国家利益のために追及する国家の機関ではなく、市民の共同利益のために公訴権を公正に行使する機関でなければならないのである。検察審査会制度はそのような検察官像を現実化する制度であるべきではなかろうか。

(1) 現在の捜査は捜査機関が被疑者を一方的に取り調べる過程となっているが、このような主体(捜査機関)が客体(被疑者)を追及するという関係を糺問的という。捜査機関と被疑者との関係をそのような一方的関係として捉える見方が糺問的捜査観と呼ばれる。

(2) 捜査は、捜査機関が公訴の提起・準備を目的として証拠収集と被疑者の身柄確保のために活動し、それと並行して被疑者も弁護人の援助を得て将来の公判に備えて防御の準備活動を行う過程であり、捜査機関と被疑者とは独立に準備活動を行う。

そのように捜査機関と被疑者の関係を準備活動を行う対等な主体間の関係として捉える見方を弾劾的捜査観と呼ぶ。弾劾的訴追構造とはそのような弾劾的捜査に基づいて検察官が起訴、不起訴を決定するという訴追の構造をいう。

（3）　捜査の過程で、捜査機関は被疑者や参考人を取り調べて、その供述内容を物語式の調書に記録するが、刑事裁判実務では、この供述調書が有罪認定の証拠として重視されている。そのために、公判は供述調書の引き渡しの場と化し、供述調書に基づいて有罪、無罪が決せられる現象が生じた。これを調書裁判と呼んでいる。

（4）　アメリカ合衆国では、重罪事件では大陪審が起訴するに足る証拠の有無を審査する正式起訴が必要的とされている。陪審員は市民から選任されるが、その選任方法は法域によって異なる。大陪審の審理は非公開で、被疑者・弁護人は関与できない。

（5）　国会議員、日本学士院会員、裁判官、弁護士等の中から選任された一一名の委員で構成され、検察官の適格性の審査を行う制度である。検察庁法二三条に規定されている。

（6）　憲法三九条は「既に無罪とされた行為」は刑事責任を問われず、「同一の犯罪」で二重に刑事責任は問われないと規定している。これは、有罪、無罪の判決がいったん確定すれば、再訴は禁止される（一事不再理効）ことを意味する。その背後にあるのは、国家が起訴により国民を刑事手続の負担と処罰の危険に晒した限りは、再びそのような危険な目に国民を晒してはいけないという思想であり、これを二重の危険禁止の原則と呼んでいる。

（7）　これに対し、無罪推定原則は刑事裁判の証明原則であって、訴追の原則ではないとする見解もある（福井二〇一一：四〇八以下参照）。もっとも、その趣旨が検察官の起訴に「合理的疑いを超える証明」は要求されないということにある限りでは異論はない。

（8）　「起訴の合理性」を要請するからといって、訴訟条件として嫌疑の存在を要求するわけではない。合理的な証拠的基礎もないのに検察官が起訴した場合は、無罪判決が言い渡されるだけである。これに対して、嫌疑の存在を訴訟条件（起訴が適法有効であるための条件）とすることは嫌疑なき起訴は公訴棄却等の形式裁判で打ち切るということになって、訴訟条件が無罪判決を阻止する結果となり、訴訟条件を不当起訴を抑制する被告人の妨訴抗弁のバリアと捉える当事者主義的訴訟条件観（田宮一九九八：一二三―一二五参照）とは整合しない。検察官が「起訴の合理性」を支える証拠的基礎なしに起訴した場合は、弁護側立証（反証）を待つまでもなく有罪立証に至りえないことが明らかであるから、検察官立証終了時点で無罪判決を言い渡せばよい。例えば、イギリス法では、検察官立証終了段階で有罪立証に至りえないことが明らかとなれば、その段階で弁護側は応訴不要の申立を行い、裁判官は陪審に対して無罪評決を指示することができる。

参考文献

今関源成(二〇一一)「検察審査会による強制起訴」『法律時報』八三巻四号
小田中聰樹(一九七七)『現代刑事訴訟法論』勁草書房
小田中聰樹(一九九五)『現代司法と刑事訴訟の改革課題』日本評論社
川﨑英明(一九九七)『現代検察官論』日本評論社
最高裁判所事務総局刑事局監修(一九九八)『検察審査会五〇年史』
司法研修所検察教官室編(二〇一〇)『検察講義案(平成二一年版)』法曹会
新屋達之(二〇一〇)「本格始動した改正検察審査会」『法律時報』八二巻一一号
田口守一・後藤昭・椎橋隆幸(二〇〇二)「(鼎談)刑事司法制度改革の現状と問題点」『現代刑事法』四三号
田宮裕(一九九八)『日本の刑事訴追』有斐閣
中島宏(二〇一三)「検察審査会と公訴のあり方」『法学セミナー』六九八号
平野龍一(一九八一)「刑事訴訟の促進の二つの方法」『訴因と証拠』有斐閣
平野龍一(一九八五)「現行刑事訴訟の診断」『団藤重光博士古稀祝賀論文集第四巻』有斐閣
福井厚(二〇一一)「国民の司法参加と民主主義」『村井敏邦先生古稀記念 人権の刑事法学』日本評論社
松尾浩也(一九九九)『刑事訴訟法(上)新版』弘文堂
三島聡(二〇〇四)『刑事法への招待』現代人文社
三井誠(二〇〇二)『刑事手続法Ⅱ』有斐閣
三井誠(二〇〇五)「検察審査会制度の今後」『現代刑事法』七巻一号
村岡啓一(一九九七)「第三四条」憲法的刑事手続研究会編『憲法的刑事手続』日本評論社
山下幸夫・神洋明(二〇一六)「検察審査会制度改革後の運用状況と弁護士が果たすべき役割」『自由と正義』六七巻一一号

7　刑事裁判官はどんな人たちか

安原　浩

はじめに

刑事裁判官はどんな人たちか、という設問に答えるのはなかなか難しい。

なぜなら質問者の持つ関心の方向により、様々な回答が可能となるからである。

以下では、人間としての刑事裁判官はどんな人たちか、職業としての刑事裁判官はどんな人たちか、裁判の一分野である刑事裁判実務を担当する裁判官の実像はどうか、という三方向から刑事裁判官の全体像を考えてみたい。

一　人間としての刑事裁判官はどんな人たちか

全国には、約三八〇〇名の裁判官がおり、そのうち三〇〇〇名程度が判事または判事補であり、八〇〇名程度が簡易裁判所判事である（最高裁ホームページ掲載・裁判所データブック二〇一六年版二二頁）。

このうち、何名くらいが刑事裁判を担当しているかを正確に知ることはできない。

なぜなら、人数の少ない裁判所では、民事・家事・刑事・少年事件を複数兼務している裁判官が少なくないからである。

事件数の比較からすれば(同データブック三四頁によれば、平成二六年の裁判所の総事件数約三五〇万件のうち、約一〇〇万件が刑事事件である)、おおよそ一〇〇〇名強の裁判官が刑事事件の処理に当たっていると推定できる。

刑事裁判官になれる人は、司法試験合格者と最高裁の簡易裁判所判事選考規則により定められた選考試験に合格した者(法曹有資格者に限られない)である。

刑事裁判官として、社会的に関心を集める事件を担当するのが、主として地裁・高裁の裁判官であることが多いため、以下では法曹有資格者の裁判官を中心に考えることとする。

司法試験に合格し、その後司法修習を終える毎年約二〇〇〇名前後の中から約一〇〇名程度(五%)が判事補に任官する。かなりの競争率である。

そのうち約三〇名前後が女性裁判官である。

もっとも、希望する司法修習生がすべて裁判官に任官できるとは限らない。

任官希望者の適格性を最高裁に設けられた下級裁判所裁判官指名諮問委員会が判断するからである。この委員会には、日本弁護士連合会推薦の委員や学識経験者らが選任されているから、思想傾向など不当な基準に基づいて適格性を判断することはないが、実務経験のない任官希望者の適格性判断資料は司法研修所から提出されるものに依存することにならざるを得ない。その場合に客観的資料としては成績が最も重視されることは容易に想像される。また司法研修所が、修習生について任官不適格者との意見を提出するよりも、安易な方法として事前にいわゆる肩たたきで任官希望を翻意させる可能性も否定できず、現に行われているとの噂も絶えない。

ただ、裁判官の個性の多様性を確保するためには、司法研修所教官の考える適格者の基準のみで足りるかは大いに疑問の余地がある。

無事任官した人たちの人間像といえば、国家公務員総合職試験合格者、大企業新入社員の人たちと基本的には異ならない。いずれも高学歴、若手で有能であり、エリート意識と高いプライドとを併せ持っているといえよう。ただ、裁判官を志望する者は、総じて理論的関心や裁判を通じて社会貢献をしたいとの気持ちが強く、真面目な人が多いといえる。

しかし、このような優れた人材に共通の弱点として、社会経験が乏しく、人権意識が体験的なものではなく、理念的なものにとどまることが多く、その結果、官僚的あるいは権力的なプレッシャーに対する抵抗力が弱いことが挙げられる。

しかし、私が、かつて同僚、先輩、後輩として日常的に接していた裁判官の一般的印象を述べれば、そのほとんどが、一般市民と異ならない普通の真面目な人たちである。

裁判所の職員と協力して忙しく仕事をこなし、休日には、裁判の仕事以外に様々な趣味、特技を楽しみ、それらを通じて裁判所外の知人、友人を持ち、社会と交流する人たちである。

趣味としては、かつては囲碁、麻雀、テニス、ゴルフなどが一般的であったが、近年の若い裁判官はもっと広範囲で多様な趣味を楽しんでいる。

家庭生活を大切にすることも裁判官の特色といえよう。

もっとも、その反面として、家族への負担が重い任地問題に強い関心を持たざるを得ないともいえる。

また、同期の間で給与やポストに差がつけられていないか、ということに異常に鋭敏にならざるを得ないのも、高いプライドの当然の結果である。

二　職業人としての刑事裁判官はどんな人たちか

職業としての刑事裁判官の任官から退官までの一生を見てみよう。

(1)　刑事裁判官の誕生

無事に判事補任官が決定した人たちは、最高裁人事局により、全国の裁判所への配置が決められる。いわゆる初任地である。東京、大阪等の大規模庁や全国の中小規模庁に配置されるのであるが、初任地の希望は聞かれるものの、希望が大規模庁に偏る傾向があるため、必ずしも希望がかなえられるとは限らない。

初任地以降は、おおむね三年ごとに(遠隔地の場合に二年とか、大型事件係属中の場合に四年ないし五年のサイクルもあり得る)、各地の裁判所に転勤することとなる。長期勤務による癒着や惰性といった弊害を防ぐ制度であるが、個別の裁判官の任地決定の手順が不透明であることが、裁判官の精神的負担となる反面で、新たな任地に赴任し、新たな人、事件との出会い、その地の歴史、自然、文化などに触れることができる喜びも大きい。

初任地に複数の新任判事補が配置される場合は、担当事務の希望を聞かれることが多いが、民事希望者が多いため刑事希望者は希望通りとなる可能性が高い。

給与は、初任給が調整手当を含め三二万円程度から始まる。判事補段階で一二段階、判事段階で八段階に分かれて順次昇級するシステムであり、判事一号の給与は一一七万五〇〇〇円となる(前記データブック二五頁)。ただ同期の間で同時期に昇給するのは判事四号までで、その後は最高裁人事局により選別されるといわれている。私も判事三号への昇給が同期よりかなり遅れていた体験がある。

(2)　未特例判事補時代

任官から五年間は、未特例判事補として、法廷での審理判断を一人ではできない、と法律で定められている。すなわち、合議事件の裁判長(正式名称は部総括、通常は部長と呼ばれている)や右陪席等の先輩裁判官から、裁判官の在り方や判決起案の技法、審理の進め方等の指導を受け、勉強する期間である。

この期間はいわば徒弟制度的な仕組みになっているので、指導裁判長や先輩の影響を強く受けることとなる。もっとも、一人で法廷の審理ができないとはいえ、三人の合議体のなかでは平等の一票を持ち、年齢・経験等の違いがむしろ充実した合議の基礎となるのであるから、その場面では、被教育者の意識を捨て、堂々と自分の見解を述べることが期待されているし、令状審査など法廷外の実務は一人で判断することになるので、独立した裁判官としての気概を持つことも要請されている。

先輩裁判官の教えを吸収しながら、なお独立の気概を持つことの実際上の困難性は、同期の裁判官との情報交換や判事補会などの勉強会等により軽減することができる。

この時期は必ずしも多忙とはいえないため、落ち着いて勉強ができるとともに、裁判官として今後どう生きるかを考える夢多き時代でもある。

(3)　特例判事補時代、局付き判事補

初任地におおむね三年間勤務した後、次の任地に転勤となり、二年経過すると特例判事補として、判事と同等の権限を付与される。すなわち一人で法廷での審理判断ができるようになる。

どこの裁判所も、事件数に比して裁判官数が慢性的に不足しているため、任官して五年経過した判事補には、ほぼ

間違いなく判事と同等の事件が配点され、いきなり多忙な生活に突入する。

この特例判事補時代は、経験が浅いにもかかわらず、重責を担い、未特例時代と異なり先輩裁判官に個別事件の具体的結論などを相談することもなかなかできないため、未特例時代にはなかった精神的重圧を味わうのであるが、その反面、裁判官として独立して判断できるのだという気概とやりがいを初めて実感できる充実した時期でもある。

この時期には、同期に任官した裁判官の一部が最高裁の事務総局の局付きとして勤務するようになるが、その人選経過は明らかではないため、同期の間にやや不協和音が発生する基盤ともなる。

また、未特例、特例の期間を通じて、弁護士等の他職経験や海外留学も大いに奨励されている。

(4) 判事任官、調査官、教官、事務総局

特例判事補の五年間を無事経過すれば、晴れて判事の辞令を交付される。

裁判官の任期は一〇年とされているため、多くの裁判官は、その後一〇年ごとに最高裁に設置された前記下級裁判所裁判官指名諮問委員会の審査を経て、六五歳の定年まで再任を繰り返すこととなる。

同委員会の審査の実態は明らかになっていないが、近年、毎年のように数名の不再任者が出ており、思想信条による差別はないものの、病気や裁判官としての適格性に疑問があるためかなどと噂され、なお不透明感がある。不再任基準の明示が求められている。

この時期は、単独の刑事裁判五〇ないし一〇〇件前後、そのほかに合議体の右陪席、各種委員会等の役職を任されるなど、判事補時代とは全く異なる超多忙な毎日となる。

裁判官として大きく成長する時期ともいえよう。

この時期には、同期の間でも様々な仕事の違いが生じてくる。ある者は高裁の陪席に、ある者は最高裁の調査官や

事務総局の課長、研修所教官等に就任することがある。

また、支部長となって司法行政を担当する者もいる。

各人の裁判官としての将来像が見えてくる時期といえよう。

(5) 総括就任

裁判官任官後二〇年前後で部総括に指名される場合が多い。

この指名時期についても、指名されるか否かについても同期の間でかなりのばらつきがあり、最高裁人事当局がどのような基準で差を設けているのか全く不透明である。

そのため、同期の間での横並びのバランスが崩れ、見切りをつけて退官する者も少数ではあるが出て来る時期である。しかし、たとえ支部や小規模庁勤務であっても、また総括指名がなされなくとも、判断を求めて来る当事者のために正しい裁判をする権限に変わりは無く、そのことに生きがいを見いだす者もあり、いずれにしても裁判官の生きがいについて考えざるを得ない時期でもある。

幸い総括裁判官に指名された場合には、一審の裁判長として事実認定、法令解釈、訴訟指揮について、これまで積み上げてきた経験や知識を生かして思う存分、力を発揮できる。

裁判官として最も華のある時期である。

(6) その後の定年までの裁判官生活

第一審の裁判長の時期を過ぎると、次に、高裁の陪席裁判官、高裁部総括裁判官に就任し、場合によっては地方裁判所所長、高等裁判所長官、最高裁判事になることがある。とりわけ所長、長官職は、司法行政を専門とするため、裁判官の執務環境の整備、給与や任地の意見具申等について、それまでの長い裁判官生活の経験や苦労を生かして、所属裁判官の仕事がしやすい体制作りができる反面、裁判と異なり、自主独立というより全国的な統一的運用が重んじられるため、独自性の発揮に悩むことが多い時期でもある。

定年を迎えると、弁護士登録をして、第二の人生を送る者が最も多いが、定年直前に退官して公証人に就職する裁判官もおり、最近では弁護士登録をせず簡易裁判所判事（七〇歳定年）に転身したり、悠々自適の生活に入る元裁判官も少なくない。

(7) 刑事裁判官の生きがい

刑事事件に限らないが、裁判官と行政職国家公務員、大企業社員との最も大きな違いは、判断の独立性が法的に保障されているか否かである。すなわち、裁判官は、個別事件の処理につき他者から指図を受けることがないのである。この点で、チームで活動することが多く、協力関係が緊密で、他面、最終的には上司の指示に従わざるを得ない公務員等とは全く異なることになる。

もっとも、裁判官には、独立性が保障されていることの結果として、独善に陥らないよう不断の自己研鑽と孤独に耐える力が必要となる。

単独事件を担当している場合に、当事者が鋭く争う論点について、参考となる判例や先例が無い場合には、とりわけ悩みが深く、同僚や先輩に意見を聞くことも多いが、そのような人たちは、当然のことながら当該事件の記録を丹念に読んでいるわけではなく、どうしても抽象的なあるいは無責任な意見しか述べることができないから、最終的な決断は結局一人でしなければならない。孤独感に悩まされることが多いのが裁判官である。

また、事件に向き合うには、静かな環境が望ましいことはもちろんであるが、世間の耳目を集める事件を担当した場合には、否応なしにマスコミの取材攻勢に悩まされることになる。中には、官舎に押しかけてきたりする記者もおり、対応が難しい。たいていは、事務局や書記官室に対応を任せ、裁判官が直接応答することはほとんどない。

もっとも、裁判官が世間と隔絶した社会に閉じこもることも弊害が大きいことから、マスコミ記者と一般的な話をする懇談会の機会を設けたり、マスコミ用の判決要旨を用意したり、親切な対応も求められている。

しかしながら、孤独感や世間の厳しい目に悩まされながらも、悩んだ末に自分としてはこういう判断しかないと決断し、判決として言い渡すことができたときの満足感、充実感や喜びは何ものにも代えがたい。

裁判官をしていて本当に良かったと感じるときである。

三　刑事裁判実務を担当する裁判官の実像

刑事裁判も民事裁判その他の裁判実務も、証拠と法理論に基づき、公平な目と独立の気概を持って判断することになんら違いはない。

従って、刑事裁判官も民事裁判官も異ならないか、というと、裁判官も人の子である以上、日常的に取り扱う仕事の内容の違いから生じる影響から逃れることはできない。

一〇年目の判事任官の際に刑事裁判を担当していた者は、その後もその経験を生かして刑事裁判を継続して担当する例が多い。すなわち刑事裁判のプロとなるのである。

しかし、日本の刑事裁判には、極めて日本的な特色がある。

長年、刑事裁判を担当する者はその日本的影響から逃れられないのである。

すなわち、民事訴訟は、その多くが当事者間に争いのある事件であるのに対し、刑事訴訟はその九割以上がいわゆる自白事件であり、事実認定に争いがなく、裁判官の裁量の幅が大きい量刑の判断が日常的な仕事である。そのため、刑事裁判官は、日常的に任意性や信用性について検察官も弁護人も争わない供述調書の読み込みに大半の時間を割くことになるのである。

供述調書は、一人称で供述する体裁をとってはいるが、所詮、供述録取者(取調官)が、その考え方に沿って、供述者の言葉をまとめた文書に過ぎない。

そのような文書に日常的に接することにより、刑事裁判官にある種の偏りが生ずることは避けがたい。なぜなら、供述調書には捜査官の見込みや考え方が色濃く反映されているため、そのような調書に日常的に接することは、捜査官の考え方に近づくことになるからである。

もちろん、司法研修所でも判事補に対する指導として、供述調書に対し警戒感を持つように教えられるのであるが、実務では信用できる供述調書に日常的に多数接することにより、次第に捜査官の考え方に影響されることは避けがたい。

供述調書は信用できるものが多い、自白調書も原則的に信用できる、というようなことを体験的に学んでしまうのである。

すなわち、刑事裁判官は日常的に量刑問題を多く担当することによって一種の職業病にかかる危険が指摘できる。刑事裁判官に対し、学会や弁護士会からよく批判される、検察官寄りの訴訟指揮、被告人に対する上から目線、権威主義、供述調書の内容に対する過度の信頼、無罪推定原則の軽視等は、このような日本的刑事実務が長年続いていたことが原因しており、いわば構造的な原因ともいえるのであるから、この改革のためには、単に刑事裁判官の姿勢や考え方に警鐘を鳴らし、批判するだけでは足りない、というべきである。

さらに、刑事裁判官は、無罪判決に臆病ではないか、との批判もあるが、他面、事実認定や法令適用についてさんざん悩んだ末に、無罪判決を言い渡した場合の充実感も大きく、臆病という批判は必ずしも的を射ていない。むしろ、供述調書に頼る審理が検察官の主張に大きな疑問を懐かせない原因ではないかと考えられる。

私は、この構造は、刑事裁判官の「有罪慣れ」ともいうべき問題と考えている。

私自身がこのような問題点を自覚したのは、実際の事件での失敗からである。

高裁裁判長のときに次のような事件を担当した。

一審で多くの集団窃盗を繰り返していたと自白していた窃盗常習者の被告人が、控訴審段階で、公訴事実の半分くらいは世話になった警察官に頼まれて、起訴しない約束の下に虚偽の自白をした、その警察官が転勤した後に起訴された上、一審の刑が予想より重かったので真実を話す、と主張した事例であった。

この主張を聞いた私は、直感的に罪を軽くするための虚偽の弁解と理解した。

そのため、弁護人が弁解を裏付けるという証拠の取調請求をしたのに対し、その採用に消極的であった。しかし、念のためと思って取り調べたところ、被告人の犯行を疑わせる証拠が次々とあらわれ、結局被告人が無罪を主張した事実については、すべて無罪の判決をした。

そして、当初、被告人の弁解を頭から疑ってしまった自分について、刑事裁判の原則に忠実であろうと努力してきたと自負していたにもかかわらず、無意識的に有罪慣れに陥っていると感じ、刑事裁判官としての自分を情けなく思い、自分の姿勢を深く恥じたことであった。

刑事裁判官の最も大切な役割は、いうまでもなく、冤罪の防止である。

起訴状一本主義、無罪の推定、伝聞証拠の証拠能力の制限、任意性に疑いのある自白の証拠採用の禁止、合理的な疑いのある事実認定の禁止等刑事訴訟法が既定または当然の前提としている数々のシステムは、すべて冤罪防止の目的に向けられたものである。

しかしながら、我が国においては、いわゆる四大死刑再審事件（免田事件、財田川事件、松山事件、島田事件）をはじめ、最近では足利事件、布川事件、東電ＯＬ殺害事件等の極めて重大な事件で次々と再審無罪の判決が確定している。すなわち、我が国の刑事裁判において、現実には、冤罪事件が少なくないことが明らかとなっている。

いずれも重大事件であり、担当裁判官は慎重の上にも慎重を期して審理判断したにもかかわらずである。

その原因として、裁判官の「有罪慣れ」意識を生じやすい前記のような訴訟構造を指摘することは、あながち見当外れとはいえないであろう。

すなわち、再審無罪判決を検討すれば、いずれの事件も捜査段階の虚偽自白や誤った鑑定の盲信が冤罪の原因となっていると考えられるが、審理中に弁護人がその危険を強く指摘していたにもかかわらず、誤りを最終的に見抜けなかった刑事裁判官の意識が冤罪を生む最大の原因といえよう。

もっとも、供述調書に頼る刑事裁判の危険性を強く自覚して審理、判決をする優れた刑事裁判官も存在するが、少数にとどまっているのが現状である。

そうであれば、刑事裁判を長く経験するほど陥りやすい有罪慣れの意識を生み出す供述調書中心の訴訟実態をどう変革するかが、今後の刑事裁判の根本的課題といえよう。

四　司法改革後の刑事裁判官

平成司法改革により刑事裁判に裁判員裁判制度が取り入れられた。

いうまでもなく、一定の重大犯罪につき、一般市民から抽選で選ばれた六名の素人裁判官が三名の職業裁判官とともに審理判断する制度である。

この制度の特色は、素人裁判官が適正な判断ができるように、できるだけ公判廷ですべての心証がとれるように、これまでの運用を一八〇度転換したことである。

すなわち、裁判員が多数の供述調書を裁判官室や家に持ち帰って読み込むことは不可能であるため、裁判員裁判では、供述調書ではなく、客観的証拠や証人調べ、被告人質問の結果を重視する審理にならざるを得ないのである。

このような変化は、刑事裁判官の意識にも多大な影響を与えると考えられる。これまでのように、供述調書に依存することが少なくなるため、職業裁判官としても捜査官の影響から解放され、むしろ真に公平な立場での判断が可能となると思われる。

現に、裁判員裁判を多く経験した中堅刑事裁判官は、これまで前例のないこの制度を切り開いてきたという自負を持ち、裁判員裁判対象事件以外の法廷でも、公判中心主義、直接主義の審理ができないか、という模索を始めている。評議の場でも、これまで職業裁判官にとっては当然の前提とされていた事柄について、裁判員には自分の言葉で丁寧に説明せざるを得ないから、無罪の推定、合理的な疑いの有無などについて、改めて裁判官自身が考えさせられることとなる。

判決の書き方についても、これまでのように、各証拠を総合すれば、ある事実が認定できる、というような摑み所の無い判決、すなわち裁判員のみならず、当事者や一般市民に理解しにくい判決が減り、検察官と弁護人の主張の食い違う論点について、裁判所が証拠に基づき個別に説明する応答型の判決が増加している。

実は、このような刑事訴訟の運用は、日本の刑事訴訟法が本来想定していたものである。いわば、刑事訴訟法が再生しつつあるといえよう。

その意味で、これからの刑事裁判官は、裁判員裁判の経験を通じて前記のような「日本的特色」の偏りから解放され、本来の刑事裁判道を開拓する先駆けとなり得る、といえよう。

おわりに

現在、日本の刑事裁判と刑事裁判官に大きな変革が起きていることは間違いない。刑事裁判の活性化がすすみ、刑事裁判官のやりがいを生むと考えられる。その結果、冤罪防止につながることも大いに期待できる。

しかし、その道は平坦ではない。

なぜなら、日本の刑事法廷において、供述調書中心の審理は、すでに六〇年以上続いていたのであり、いわば日本の法曹に染みついた運用であるから、その変革が容易ではないことは明らかである。

これまでの供述調書中心の法廷で、捜査官優位の状態を享受してきた検察官、警察官側の抵抗がもちろん予想されるのみならず、従前の運用に慣れ親しんできたベテラン裁判官、弁護士も、意識的、無意識的に裁判員裁判が生み出した積極面を打ち消して、従前の審理を復活させる、すなわち先祖返り現象を発生させる危険が無いとはいえない。すなわち、旧来の意識を引きずった裁判官は、裁判員制度を否定するわけではないが、供述調書に同意する弁護人がいることに便乗して、供述調書中心の審理を実質的に復活させ、裁判員裁判の意味を全く失わせてしまう危険がなお根強く残っている。

今後しばらくは、裁判員裁判を多数経験して、その運用に慣れた裁判官、検察官、弁護人と、従前の扱いに慣れてしまい、そのことを自覚しない法曹とのせめぎ合いが続くことが予想される。

その結果が、将来の日本の刑事裁判の姿を決定するし、冤罪を減らすことができるか否かにもかかってくるだけに、厳重に注視しなければならない。

8　裁判員は何のために参加するか

後藤　昭

一　裁判員制度とは

制度の概要

裁判員制度とは、法律家でない一般国民が重大な刑事事件の裁判に判断者として参加するしくみである。二一世紀初頭の司法制度改革の柱の一つとして、二〇〇四年にそのための法律ができた。二〇〇九年五月から、実際に動いている。

裁判員が参加するのは、基本的には、死刑や無期懲役があり得る罪の事件と故意の行為により人を死亡させた罪にかかる事件である。例えば殺人、強盗致傷、強姦致傷、傷害致死、危険運転致死、通貨偽造、現住建造物放火、営利目的の覚醒剤輸入などがそれに当たる。これらの罪名について起訴された被告人は、ほぼ自動的に裁判員が加わった合議体の裁判を受けることになる。陪審制度と異なり、本人に裁判員裁判を選ぶかどうかの選択権はない。裁判員が加わるのは、地方裁判所での第一審の裁判だけで、上訴審では加わらない。

有権者名簿からの抽選で二〇歳以上の者が、裁判員の候補者となる。利害関係など一定の理由によって除かれたり義務を免除されたりしなかった者が、実際の裁判員となる。裁判員を務めることは義務であり、理由なく拒否すれば過料の制裁を受けるかもしれない。ただし、裁判所は、裁判員候補者の私的な都合による義務の免除をかなり緩やかに認めているので、無理矢理裁判員をさせられる事例は、多くはない。

合議体の構成は、裁判官三人と裁判員六人の組み合わせである。法律上は、一人の裁判官と四人の裁判員による構成も可能であるものの、これまでのところ実際には行っていない。裁判員は法廷での審理に終始立ち会い、裁判官と一緒に評議すなわち話し合いをして判決内容を決める。有罪判決の場合には、どんな刑を言い渡すかも議論する。つまり、いわゆる量刑も裁判員が判断する事項である。評決は基本的には、単純多数決で、裁判官と裁判員は同等の評決権をもつ。ただし、被告人に不利な判決をするためには、少なくとも裁判官の一人が賛成しなければならないという特殊な規則がある。そのため例えば、裁判員六人全員が有罪と考えても裁判官三人が無罪と考えれば、無罪判決となる。また例えば、裁判員五人が死刑を科すべきだという意見でも、裁判官三人が無期懲役が妥当と考えれば、判決は無期懲役となる。

専門裁判官以外の人々が裁判での決定に参加するしくみは、ほかにもいろいろある。日本では、一九二八年から一九四三年までの間、陪審制度を行っていた。アメリカ合衆国では、現在も典型的な陪審制度が盛んである。陪審制度では、陪審員は事件ごとに抽選で選ばれて、陪審員だけで話し合って、被告人が有罪か無罪かだけを評決する。死刑を科す場合以外は、刑の決定には加わらないのがふつうである。それに対して、ドイツなどでは参審制度を行っている。参審員は名望家が一定の任期をもって務める。参審員は裁判官と合議して、刑の決定にも参加する。日本の裁判員制度は、事件ごとに抽選で選ばれるという点では陪審的であり、裁判官と合議する点や刑の決定にも加わる点では参審的である。外国の制度のなかでは、フランスの陪審制度が、いちばん裁判員に近いであろう。

運用の実績

二〇〇七年五月から二〇一六年一一月までの間に、裁判員が加わった裁判所で裁判を受けた被告人は、九六一八人である(最高裁判所のウェブサイトに、裁判員に関するいろいろな統計の報告がある)。そのうち、九三六〇人が有罪判決を受け、五九人が無罪判決を受けている。有罪判決のうち、死刑を言い渡されたのは二九人、無期懲役は一八三人である。有期懲役の刑を受けた被告人のうち、一五六三人は刑の全部の執行猶予の言い渡しを受けている。無罪判決の割合は、少なく見えるかもしれない。しかし、従来の日本の刑事裁判では、無罪判決を受ける被告人はおよそ一〇〇〇人に一人であった。それに比べれば、裁判員裁判で無罪が少ないとはいえない。裁判員裁判で無罪となる事例の多くを薬物の営利目的輸入事件が占めていることは興味深い。空港の税関検査で多量の薬物の所持が見つかっても、本人は薬物が入っているとは知らなかったと主張するのがその典型的な事例である。裁判官に較べると、裁判員は、被告人のこのような弁解を否定できないと考える率が高いのかもしれない。殺人、強姦致傷などの罪に対しては、裁判官だけによる裁判より刑が少し重くなったと見られている。ただし、ほぼ同時期に始まった被害者参加制度や最近の社会一般からの重罰要求などの影響もあり得るので、裁判員が加わったことによる効果を正確に測ることは難しい。裁判員裁判では、刑の執行猶予を言い渡す際に、更生への指導と援助のための保護観察に付す割合が裁判官だけでの判決よりも高い傾向がある。また、検察官の求刑を超える刑や弁護人の意見よりも軽い刑を言い渡す例もあって、裁判員裁判では、量刑の予測が難しい傾向がある。

この間に、実際に裁判員になった人は五万四二九九人、裁判員が欠けた場合に備えて審理に立ち合う補充裁判員となった人は一万八四七二人である。合計すると、ほぼ七万三千人の一般市民が刑事事件の裁判に参加したことになる。平均すると、一年間に日本人の成人が裁判員または補充裁判員になる確率は、おおよそ一万人に一人くらいとなる。

二　裁判員は何のために参加するのか

いろいろな答え

裁判員制度の目的は何か、という問いに対しては、いろいろな答えがあり得る。法律が制度の趣旨をどう定めているか、あるいは制度の提案者がどんな目的を考えていたかという観点からの答えもある。また、私たちがこの制度にどのような意味を与えるべきかという観点からの答えもある。

裁判員制度について定める裁判員法(正式には「裁判員の参加する刑事裁判に関する法律」)の第一条は、その趣旨について次のように定めている。「この法律は、国民の中から選任された裁判員が裁判官と共に刑事訴訟手続に関与することが司法に対する国民の理解の増進とその信頼の向上に資することにかんがみ、裁判員の参加する刑事裁判に関し、裁判所法(略)及び刑事訴訟法(略)の特則その他の必要な事項を定めるものとする」。この定めは、司法に対する国民の理解と信頼を高めることを裁判員の参加の目的としているように見える。しかし、そう単純に理解すると、裁判員制度は裁判所の広報活動の一環となってしまう。それでは、国民に罰則付きで参加を義務づけることは正当化できないであろう。国民に義務づける以上、国民自身の利益につながるようなもっと深い意味が必要である。

裁判員制度は、国民の健全な常識を刑事裁判に反映させるためのしくみだという説明もある。また、職業裁判官だけの視点ではなく、多様な経験を持つ人々が新鮮な目で事件を見ることによって、証拠や量刑事情について、多角的に検討できるようになるという期待もあった。実際に、裁判員と議論して、裁判員の視点に新鮮な印象を持った裁判官も多い。それらは、裁判員制度の良い効果である。

しかし、このような説明に対しては、健全な常識と不健全な意見とを誰が区別できるのかという問題が起きる。また、実際に裁判員の意見が裁判結果にどの程度影響しているかを実証的に示すことは難しい。

裁判員制度を作る議論の中では、陪審制度を復活するべきであると主張する人々も多かった。このような意見の人々の多くは、それまでの裁判官による裁判に対して強い不満を持っていた。簡単に言うと、裁判官は官僚的であり、検察官寄りの判断をしがちであるという不満である。それに対する改善策として、市民の裁判参加、典型的には陪審制度に対する期待があった。たしかに、日本の刑事裁判には、専門家同士のなれ合いともいうべき傾向があった。事実認定も量刑判断も、裁判官は、ある種の相場観に従って判断しており、それは弁護人から見れば検察官側に傾きがちな判断であった。

しかし、裁判員が加わることによって、多くの裁判の結果が一気に劇的に変わる訳ではない。また、裁判員が加わることによって、現実に良い判決という結果になるかどうかは一律ではなく、事件ごとに変わるであろう。どんな人々が裁判員に選ばれるかや、検察官、弁護人の説得力の有無などによっても、違いが出るだろうと推測できる。そうすると、制度の根本的な存在意義は、個々の事件での裁判結果の善し悪しを超えたもののなかに見いだされる必要があるだろう。

裁判員制度の導入にあたっては、刑事裁判の方法を改善する効果も期待されていた。従来の日本の刑事裁判は、「口頭主義」を建前としながらも、書面主義の傾向が強かった。法廷での証言や供述よりも、捜査段階で作られた調書が証拠の中心になっていた。とくに、犯罪事実に争いのない事件では、検察官は捜査段階で作った多数の供述調書を弁護人の同意に基づいて提出して、裁判所はそれに拠って事実を認定していた。事実認定に争いのある事件でも、同一人の法廷での証言よりも検察官に対して語った調書の方が信用できると、裁判所が判断することが多かった。争いのある事件では、検察官と弁護人の弁論も、詳細な書面を朗読するのがふつうだった。一つの事件の公判期日は間を置いて間歇的に開かれ、裁判官は、法廷で事実を判断するよりも、結審の後に分厚い記録を読み直して判断するのが実態であった。このようなやり方は、裁判員には要求できない。そこで、裁判員が加わることによって、連日集中して審理し、法廷での活き活きとした証言と供述による立証と議論に基づいて判断を下すという、刑事訴訟法が本来想定していたはずの裁判のやり方に変わるという期待があった。それは、傍聴者にとっても分かりやすい裁判のやり方であり、刑事裁判の透明度が上がることを意味する。

たしかに、裁判員裁判が始まってから、法廷の様子はかなり変わった。供述調書に頼った立証は少なくなった。被告人が捜査段階で自白をしていて、その自白の任意性に争いがない場合でも、調書を使わず、法廷での質問と供述によって事実を認定する傾向が強くなった。このような運用の傾向は、裁判員が関与しない事件にも広がる兆しがある（安原二〇一七）。熱意のある法律家たちは、証人尋問や法廷での弁論の技術を磨いて実践するようになった。そこでは、アメリカ合衆国の陪審裁判で発達してきた法廷技術が、重要な示唆となっている。裁判員制度の影響によって、刑事裁判の法廷は、傍聴していて、双方の主張、争点と証拠が分かりやすいものになってきた。

しかし、それだけでは、国民に参加を義務づけるための理由としては、まだ不十分であろう。

民主主義からの理解

私自身は、裁判員制度のもっとも重要な意義は、裁判の民主的正統性を強化することであると考えている。分かりやすくいえば、国民が刑事裁判の結果に対して、自分たちの同僚が加わって決めた結果だから尊重しようという気持ちを持てるようにすることである。

もともと裁判員制度の導入を提案したのは、二〇〇一年の『司法制度改革審議会意見書』（司法制度改革審議会二〇〇一）であった。この意見書は、これからの日本では、国民が統治の客体から統治の主体に変わるという大きな構想を描いた。そのための柱の一つが「司法の国民的基盤」の確立であり、裁判員制度はその中心にあった。つまり、裁判員制度の基礎には、民主主義の強化という目的があった。

しかし、その後の具体的な法案を作る過程で、このような思想は背後に押しやられていった。その背景には、立法で思想的理念を掲げることを好まない官僚的な感覚と、多数決原理としての民主主義と法の適用による解決過程である司法とは性質が相容れないという伝統的な理解があった。そのため、裁判員制度の民主主義的な基礎は、現在の日本では、強調されていない。むしろ、民主主義とは切り離して裁判員制度を説明する人が多い。後にも述べるとおり、たしかに裁判には多数者の利益に反してでも、少数者の権利を守るという役割があるから、多数決原理をそのまま持ち込むことはできない。

しかし、一般国民が具体的な問題の議論に加わり、解決を見いだすというしくみには、多数決原理とは異なる民主主義の性格がある。それは、討議民主主義(deliberative democracy)と呼ばれる。外国でも日本でも、陪審制度や裁判員制度をこのような討議民主主義の表現と考える人々は、少なくない(緑二〇〇三、柳瀬二〇〇九)。そして、諸外国では、裁判に一般市民が参加する制度の根本的な意味は、民主主義の表現であるという理解が一般的である。

二〇一一年に最高裁判所大法廷は、裁判員制度が憲法に違反しないという判決を下した(最大判平成二三年一一月一六日最高裁判所刑事判例集六五巻八号一二八五頁)。この判決は、欧米諸国での陪審制度や参審制度の導入が「民主主義の発展に伴い、国民が直接司法に参加することにより裁判の国民的基盤を強化し、その正統性を確保しようとする流れ」であったという理解を示した。そして、裁判員制度の目的が、司法の国民的基盤の強化にあることを確認した。これは、立法の過程で薄められた裁判員制度の理念を最高裁が復活させたと見ることができる。

東アジアでは、韓国でも近年、国民参与裁判という一種の陪審制度を行っている。韓国の国民参与裁判法は、制度の目的を「司法の民主的正当性と信頼を高めるため」と明記している(閔二〇〇一)。台湾でも、近年、裁判への市民参加の制度を導入する試みが続いている。世界的に見ると、二〇世紀半ばまでは、裁判の専門化が進み、市民参加は次第に後退する傾向があった。しかし、二〇世紀末からスペインでも陪審制が復活し、ロシアなど旧ソ連邦の諸国が裁判への市民参加のしくみを導入した(Fukurai 2010)。このような動向は、民主主義の社会では、裁判官の権威によって裁判の正統性を維持することが難しくなり、市民参加が正統性の根拠として必要になっていることを示唆しているのではないだろうか。

三　裁判員自身にとっての意味

裁判員を務める人々自身にとって、その経験がどんな意味をもつかも考える必要がある。制度施行から二〇一六年一一月までの間に、裁判員が立ち合った公判期日の回数は、第一回から判決まで、平均すると四・三回である。審理期間は七・四日となる。つまり平均的には、第一回公判期日から一週間くらいの間に判決に至っている。法廷での審理を終えてから判決を言い渡すまでの間の評議は、平均すると一〇時間二〇分ほどかかっている。例えば、月曜日に審理を始めて火曜、水曜と三日間審理をする。木曜日と金曜日に評議をして、月曜日に判決を言い渡して役目を終えるといった日程が、平均的な裁判員裁判の経過として想像できる。中には、審理期間が一六〇日に達した例もあるけれども、大半の事件はそれほど長くはかかっていない。

法廷で当事者の深刻な状況に触れたり、死体の生々しい写真を見たりすることは、多くの裁判員にとって、辛い経験ではあろう。そして被告人の人生を大きく変える判決を決める責任の重さは、誠実な裁判員に心理的な重圧をもたらすだろう。しかし、証拠調べの方法を工夫することによって、証拠からの刺激はある程度緩和することができる。そして、判決を決める責任を強く自覚する人こそ裁判員を務めるのにふさわしい。

裁判員を務めた人々のやりがいに関する回答は、興味深い。裁判所が裁判員の任務を終えた人々に対して行っている質問票による調査への回答(前述の最高裁ウェブサイトにその報告がある)では、裁判員を務める前には、五一%の人々が裁判員となることに対して消極的な気持ちであった。しかし、任務を終えた後の感想では、九六%ほどの人々がその経験を肯定的に捉えている。

ただし、裁判員の任務を終えても、守秘義務は重い。評議の内容を他人に語ることは、刑罰の対象になり得る。現実には、家族などに話したからといって罰せられる可能性は低い。また、感想を述べることは自由である。それでも、何を語ってはいけないかが分かりにくいために、裁判員経験者が、自分の経験や悩みを人に語れないでいるおそれがある。また評議の過程を具体的に語ることは、守秘義務に反するおそれがある。そのことが、裁判員制度に対する国民の理解を広げる上での障害ともなっている。研究者にとっても、制度を改善するための情報を得ることが難しい。任務終了後の守秘義務は、緩和するべきである。

四　上訴裁判所との関係

裁判員が加わったために個々の判決が変わったかどうかを確かめることは難しい。それでも、先に見たように、ある種の犯罪類型での無罪判断の多さや量刑判断の多様化など、裁判員が加わったことによる変化はありそうに見える。しかし、上訴裁判所も含めて、裁判所が、裁判員の加わった結果としての第一審裁判所の判断を十分に尊重しているかどうかは、また別の問題である。

裁判員制度の導入の際、国会は、上訴制度についてほとんど手を加えなかった。そのため、裁判員裁判でも、裁判官だけによる裁判でも、上訴は同じように可能である。第一審判決に対して、被告人も検察官も控訴することができる。控訴の理由は原審の法令違反に限らず、事実認定の誤りや量刑が妥当でないことも控訴の理由として主張できる。

さらに、上告審である最高裁判所も、一定の範囲で事実認定や量刑判断に介入することができる。そして、控訴審、上告審の裁判所は、職業的な専門裁判官だけが構成する。そのため、裁判員が加わって決めた第一審の判決を裁判官だけの判断で覆したり変更したりすることができることになる。もし裁判所がそのような変更を日常的に行えば、裁判員が参加することに意味があるのかという疑問が生じる。

実際に裁判員事件の一審判決を上訴裁判所が破棄する例は、ときどきある。裁判員裁判での初めての全面無罪判決は、覚醒剤の営利目的輸入事件だった。被告人は、土産として言付かったチョコレートの缶の中に覚醒剤が入っているとは知らなかったと主張した。裁判員の加わった千葉地裁は、この主張が成り立つ可能性を認めて、無罪とした。それに対する検察官の控訴を受けた東京高裁は、事実誤認を理由に一審判決を破棄して、有罪判決を言い渡した。しかし、最高裁判所は、この高裁判決を破棄して、第一審の無罪判決を復活させた(最判平成二四年二月一三日最高裁刑事判例集六六巻四号四八二頁)。その中で最高裁は、一審判決の事実認定に誤りがあるかどうかを審査する控訴審は、自分が有罪と思うかどうかではなく、第一審の認定に不合理な点があると指摘できるかどうかという観点で審査すべきだという趣旨を述べている。これは、上訴裁判所が一歩引いた、やや控えめな審査の方法を示唆している。最高裁は、このような判断を裁判員事件だから特別な考慮が要るという理由で説明しているわけではない。それでも白木裁判官の補足意見からは、裁判員が加わった判断を尊重すべきだという考慮が見える。

ただし、その後、裁判員裁判の無罪判決を事実誤認として破棄した高裁判決を、最高裁が是認した例がいくつかある。最高裁の判断基準は必ずしも明確ではない。しかし、第一審の有罪判決を破棄するときには、有罪認定に合理的疑いがあると指摘できれば足りると考えているように見える。逆に無罪判決を破棄するときには、裁判官から見ればこの証拠で無罪の判断はあり得ないというような基準で判断しているように見える(後藤二〇一五)。

最高裁判所は、裁判員が加わった判決での量刑についても、上訴裁判所が修正することを認めた(最判平成二六年七月二四日最高裁判所刑事判例集六八巻六号九二五頁）。この事件の第一審は、二人の被告人に懲役一〇年という検察官の求刑を上回る懲役一五年を言い渡した。高等裁判所もそれを是認した。しかし、最高裁は、裁判員裁判でも従来の量刑傾向から大きく踏み出す刑を言い渡すためには、特別な理由を説得的に示す必要があるとして、これらの判決を破棄したうえで、一人に懲役一〇年、もう一人に八年の刑を言い渡した。

総じて、最高裁判所の姿勢は、上訴審の裁判官たちが裁判員の加わった第一審の判決を覆すことに、一定の慎重さを求めつつも、その条件はあまり厳格ではない。二〇一〇年から二〇一五年まで各年度の司法統計年報刑事編によると、裁判員制度が始まったころには、裁判員関与事件での控訴審での原判決破棄の比率は、全事件の平均よりかなり低かった。しかし、最近は、むしろ裁判員事件の方で破棄率が高い傾向が見え始めている。

裁判員裁判での死刑判決を高等裁判所が無期懲役に変更し、それを最高裁が是認した例もいくつかある。このような事例について、裁判員の関与を無意味にする運用であると批判する意見もある。しかし、死刑は国家が人の命を奪う極刑である。それを言い渡すには、裁判員の加わった合議体と控訴審の裁判官だけの合議体の両方が一致して死刑が避けられないと判断することが必要だと考えるべきであろう。裁判員が加わった裁判所が死刑を選択することは、控訴裁判所に慎重な判断を求める意味がある。結果的に死刑判決が破棄されたとしても、裁判員の関与は無駄にはならない。これは、裁判員が加わった判決が上訴審で破棄される場合一般についても当てはまる。

五　裁判員制度への反対論

裁判員制度の導入に対しては、反対論も少なくなかった。今でも、この制度に反対する人々はいる。反対の理由は様々である。

一つには、裁判員を務めることの負担が大きいという反対理由がある。しかし、先に見たように、多くの裁判は一週間程度で終わる。裁判所は裁判員を務めることが難しい人々に対して、義務の免除を柔軟に認めている。また、現在の制度では、一生に一度裁判員になる機会があるかどうかという確率である。裁判員となる負担をそれほど心配する必要はない。

素人には無理論

素人には事実認定や量刑の判断はできないという理由で、裁判員制度導入に反対する意見がある。その「素人」の立場から、自分には難しい判断はできないから、裁判官に任せたいという人々もいた。

しかし、実際にやってみると、多くの裁判員はしっかりした議論と判断をしているというのが、多くの裁判官の感想である。事実の認定は特別な知識を要する判断ではないから、「素人」にもできる。逆に裁判官であっても、判断を誤ることは珍しくない。裁判官は多くの事例を経験しているので、事実認定も類型化して考える傾向がある。裁判官の間には、事実認定についてもある種の相場観がある。そのような事実認定の方法は安定した判断結果をもたらす。しかし、半面で被告人の弁解を不合理として退けやすい傾向をもつ。それに対して一つの事件だけを判断する裁判員は、被告人の弁解を素直に聴くことができる。そのために、有罪とするには「合理的疑いが残る」と考え、疑わしきは被告人の利益にという原則に従って無罪の判断をすることに心理的な抵抗がない。裁判員制度を採ることとは、そのような「素人的」な事実認定の方法を尊重することを意味する。自分たちには事実認定ができないけれど、裁判官なら正しく判断してくれるだろうと期待するのは、権威主義である。

死刑制度との関係

自分は死刑制度に反対だから裁判員になりたくないという理由で、裁判員制度に反対する意見もある。前節で述べたとおり、死刑を科すには、裁判官が判断するだけでなく国民が直接にその決定に関わるべきである。アメリカ合衆国でもほとんどの州で、死刑を科すには陪審が死刑相当の評決をすることが必要条件となっている（岩田二〇〇九）。人の生命を奪う死刑は、国家権力のもっとも重大な発動であるから、それをするためには主権者である国民が直接にその正当性を確認しなければならないという考え方が、その背後にある。日本でも、死刑制度を維持する限りは、一人ひとりの被告人に対する死刑の正当性を国民自身が確認するべきである。

死刑制度に反対する人は、死刑の言い渡しを一つでも減らしたいはずである。そのためには、自ら裁判員となって死刑という刑の選択に反対するのがもっとも直接的な効果のある行動である。量刑の相場では死刑になるような事件の評議のなかで、死刑に反対する意見を述べるには勇気が要るだろう。しかし、自らの信念として死刑制度に反対するのであれば、進んで裁判員となって死刑の適用に反対するのでなければ、姿勢が一貫しない。

逆に死刑制度に賛成するなら、死刑を言い渡す責任を裁判官だけに押し付けるわけにはいかない。つまり、死刑制度に賛成でも反対でも、国民の一人ひとりが死刑制度に責任を負わなければならない。だから、死刑制度に対する賛否は、裁判員制度に反対する根拠にはならない。裁判員制度は、日本人が死刑制度の存廃について、自分の問題として考えるきっかけとしても重要な意味をもつ。

民主主義との関係

裁判員制度は、国民を権力行使に駆り出すものだという理由で、これに反対する人々がいる。たしかに裁判員制度は、国民の直接参加によって刑事司法の正統性を強化する意味をもつ。したがって、たしかに国民に対して権力行使に加わることを強制するという側面がある。

しかし、民主主義を目指す社会で、個人は単に権力からの自由を要求していればよいとは思えない。自らが主権者であると主張するなら、その主権の行使に責任を分担する制度を拒否することはできないだろう。私たちがいかに自由を主張しても、国家は私たちに制約を加える。刑事司法の分野で見れば、無実の人でも裁判官が令状を出せば、逮捕や勾留という身体拘束を免れることはできない。あるいは、証人として召喚されれば、裁判所に出頭して知っていることを話さなければ、刑罰を受けることもある。私たちが権力の行使に直接に参加する機会をもたなければ、単に統治される者となってしまう。

裁判には民主主義は合わないという理由で、裁判員制度に反対する人々もいる。分析すると、その中にも二つの理由が含まれている。

第一に、司法は多数決になじまないという理由がある。立法や行政が選挙という制度を通じて多数決原理によって動くのに対して、司法は法が定める権利・義務の適用である。多数者の利益に反してでも少数者の権利を守ることが司法の最終的な役割である。だから、そこに民主主義を持ち込むべきではないという考え方である。

たしかに政治過程におけるような多数決主義は、裁判には合わない。ある被告人が有罪か無罪かを国民投票で決めることはできない。しかし、先に述べたとおり、陪審や裁判員のような裁判への市民参加が民主主義的であるというときの民主主義は、多数決原理とは異なる。それは市民が具体的な問題の決定過程に加わり、話し合って決定するという討議民主主義を意味する。

第二に、法の適用は専門家である裁判官に任せたほうが、司法の独自性がより良く発揮できるという考え方がある。裁判は法の適用として問題を解決するからこそ、時々の力関係や利害関係に引きずられることなく独自な解決を示せるという面がある。これを法の自律性と呼ぶことができる。この法の自律性を保つためには、裁判は法律家たちだけに委ねるほうが良いという考え方である。

しかし、陪審や参審の制度を発達させたアメリカ合衆国やドイツと従来の日本とを比べて、法の自律性はむしろ日本において弱かった。そのことは、裁判所が、法令や行政処分に対して憲法違反あるいは違法と判断する事例の多さを比較しても明らかである。入国の制限に関するトランプ大統領の命令の執行を裁判所が停止させた最近の事例にも、法の自律性が現れている。従来の日本でそれがあまり目立たなかったことは、民主的な基盤を持たない裁判所は、法の自律性を発揮しにくいことを示しているのではなかろうか。市民の裁判参加は、裁判官を自由にするという側面がありそうである。その理由は、一つには裁判官が自分の背後にいる民衆を意識するからであろう。また、とくに日本のように裁判官が官僚制の下で働くしくみのなかでは、裁判への市民参加が大きな意味を持つ可能性がある。それは、最高裁判所あるいは時の政府の意向に反するような裁判でも、裁判員の判断に依拠した判断として説明することができるからである。

日本社会にとっての意味

裁判員を経験することは、社会のあり方について改めて考えるきっかけとなりうる。それによって、自分も社会に対して責任を分担し、何らかの働きかけをしようという積極的な態度を身につける人々もいる。本書に寄稿する田口真義氏はその顕著な例である。

アメリカ合衆国では、陪審員として評議に参加した経験がその後の選挙での投票のような政治への参加行動を促進する可能性があるという報告もある(Gastil 2008)。裁判員制度は、日本の民主主義の成熟を促す可能性を秘めている。裁判員制度をそのようなものとして活かすために、私たちは努力するべきだと思う。

参考文献

岩田太（二〇〇九）『陪審と死刑――アメリカ陪審制度の現代的役割』信山社

後藤昭（二〇一五）「裁判員裁判と控訴審の役割」『刑法雑誌』五四巻三号

司法制度改革審議会（二〇〇一）「司法制度改革審議会意見書――二一世紀の日本を支える司法制度」『ジュリスト』一二〇八号、http://www.kantei.go.jp/jp/sihouseido/report-dex.html

緑大輔（二〇〇三）「裁判員制度における出頭義務・就任義務と「苦役」――憲法一八条との関係」『一橋法学』二巻一号

閔永盛（二〇一二）「国民参与裁判制度の概要と成立の経緯」後藤昭編『東アジアにおける市民の刑事司法参加』国際書院

安原浩（二〇一七）「裁判員裁判が日本の刑事裁判を変えた」日本裁判官ネットワーク編『希望の裁判所――私たちはこう考える』ＬＡＢＯ

柳瀬昇（二〇〇九）『裁判員制度の立法学』日本評論社

Fukurai, Hiroshi et al. (2010) "The Resurgence of Lay Adjudicatory Systems in East Asia", *Asian-Pacific Law & Policy Journal*, Vol. 12: 1.

Gastil, John et al. (2008) "Jury Service and Electoral Participation: A Test of the Participation Hypothesis", *The Journal of Politics*, Vol. 70, No. 2.

9　裁判員という経験
――人々は、裁判員を務めるという経験をどのように受け止めるか――

田口真義

はじめに

二〇一〇年九月、私は東京地方裁判所一〇四号法廷の法壇に裁判員として立っていた。私は俗にいう裁判員経験者である。本稿は、裁判員という経験が一般市民に対してどのような影響を与えるのか、という検証を裁判員経験者自らが語るという試みである。補充裁判員の経験者も含めた裁判員経験者は、年間に約一万人前後のペースで生み出されている。まず、前提条件として、私の視点や意見、制度への評価はあくまで私個人の経験則や知識を背景にしたものであって、裁判員を務めた一般市民の総意でもなんでもないということを強調しておきたい。数万人の経験者の中のほんの一つの声である。

とはいえ、なぜ私などの声を聞く必要があるのか。それは私自身も不思議に思う点でもあるので、一緒に検証していければ幸いである。

普段の私は、いわゆる町の不動産屋で、地元に根を張り細々と商売をしている。裁判員を務めたときも不動産業を営んでおり、つまりそれが生業なのである。その点では、契約書作成などで、法律的な言い回しには慣れていた。それに、貸室の明け渡し訴訟や敷金の返還請求などで、裁判所自体は未踏の地ではなかった（親しみのある場所ではないが）。しかし、刑事裁判の法廷となるとやはりテレビや映画の世界であり、関わりのある場所ではなかった。

関心のない世界ではなかったが関わることがなかったその場所に、裁判員として参加したことによって得られた世界観と揺るがされた価値観とを、わずかでもお伝えすることができれば本稿は及第点と言えよう。

一　私の裁判員経験

裁判員前

よく、「裁判員っていきなり裁判所に来いって言われるんでしょう？」と言われる。それも心配そうに。合っているようで間違っている。裁判員になるまでにはいくつかのハードル（？）が存在する。まず、裁判員になる前年秋から冬にかけて「裁判員候補者登録通知」という通知が送られてくる。これは、翌一年間は裁判員候補者として裁判所に呼び出されるかもしれませんよ、という名簿に登載されたという通知である。最高裁判所が公表しているデータでいうと、二〇一六年九月末時点で約二二〇万人の方のもとへ候補者登録通知が送られている。衆議院選挙の有権者数比で約二％強。だいたい五〇人に一人が裁判員の候補者登録を経験していることになる。

次に、実際の裁判が開かれることになると、裁判員を選ぶための選任手続きへの参加要請の通知が来る。「呼出状」と呼ばれるもので、「赤紙」などと揶揄《やゆ》されたりもしている。その、上から目線ぶりが批判を招いて、最近では「選任手続き期日のお知らせ」と表向きの名称が変わったようである。ちなみに、法律的な観念では「呼出」なので、それに応じて裁判所に出向くことを「出頭」と言うのが正しいそうだ。悪い事をしたわけではないのだが、出頭……。

そして最後に、裁判所で行われる裁判官からの質疑応答や無作為の抽選という選定手続きを経て初めて裁判員（あるいは補充裁判員）に選ばれるのである。

私の場合、二〇一〇年の九月に呼び出されているので、候補者登録通知を受け取ったのは二〇〇九年の秋である。約一年の空白期間があったため、感覚としては「いきなり来い」と言われたようなものだ。もっとも制度施行初年分の候補者登録通知、つまり二〇〇八年に発送された通知が自分の手元に届かなかったとき、「なぜ自分のところに来ないのか」と憤慨していた私にとって、翌年に届いた候補者登録通知は「来て当然」の代物であった。なぜなら、選挙権などと同様に、司法に参加することも私たち国民の権利だと捉えていたので、裁判員になることは義務ではなく当然の権利であると認識していたからだ。

そして、その権利行使の機会としての呼出状が届いたときには小躍りした。世間がいかに「辞退」、つまり裁判員を断ろうかという論法をひねっているときに、ひねくれ者の私は積極的に前進的に取り組もうとしていた。呼出状に記載されていた公判期間一四日間という数字にたじろぎもせず。

秋晴れのその日、東京地方裁判所を訪れた裁判員候補者は二七人。多いのか少ないのかはわからない。しかし、裁判員六人に補充裁判員三人の計九人が選ばれる確率は約三三％。三人に一人が選ばれる状況での選任手続きだった。その内容は極めて淡白で、当日その場で記入する質問票に何かよほどの裁判員をやりたくない理由、やれない理由を書かないかぎりは個別質問もなく無条件で抽選対象とされた。朝の九時過ぎに着いた裁判所で、ほとんど声を発することなく約二時間を過ごし、特に何もしていないのに抽選結果がホワイトボードに貼り出され、自分の番号を見つけ、あっけなく裁判員に選ばれたことを悟った。三分の一とはいえ、選ばれるものなのだと武者震いがした。その時点で事件概要の説明は受けているので、人が亡くなった重大な事件の審理を担うのだという責任感にあふれ、単純に「うれしい」とか「ラッキー」などという心情は浮かばなかった。

細かい描写を加えると、選任されてから法廷、初公判までの流れがめまぐるしく興味深い。まず、抽選発表された時点で有無を言わさず別室に通され宣誓手続きを行う。そして、そのまま別のドアから、専用のエレベータを使って評議室まで垂直移送される。評議室で一通りのガイダンスを受けたあとは、裁判官たちと一緒に昼食会。五〇〇円を自腹で払わされる。小休止のあと午後一時頃からいよいよ初公判に臨むという慌ただしさである。

これは、初期のころの東京地裁での流れで、裁判所や刑事部、何より時期によって違いがある。最近では、午前中に選ばれて、午後にはいきなり初公判という流れが改まり、金曜午後に選任手続きを行い、土日を挟んで翌週から初公判という具合に、少し間をあける運用になった。選ばれた裁判員は、その間に仕事の手配や心の準備を整えるということのようだ。私が裁判員をやった初期のころは、選任されて間があくと、インターネットなどで事件について調べてしまい、先入観を持ってしまうのではないか、という裁判所の老婆心で、選任手続きの直後に初公判という運用だった。端的に言って、私たち国民は信用されていなかったのだろう。

ともあれ、私は裁判員に選ばれた。新たに得た「裁判に参加する権利」を行使するため、約二週間の仕事は朝と夜に回し、日中はすべて裁判に集中できる体制を整えた。

裁判員中

前述のとおり、選任手続きに行ったその日の午後から初公判だったのだが、東京地裁の一〇四号法廷という、日本の地方裁判所で一番大きな法廷を使うためか、入廷のリハーサルが行われた。裁判官を先頭に裁判員一番から順に入り、全員が自分の座る椅子の前に立ったところで一礼、そして着席という一連の流れである。このリハーサルの際に、椅子の高さ調整も行うように助言された。開廷中に裁判員の頭が上下に動くのは好ましくないらしい。

そして、本番。リハーサル時には無人だった傍聴席が満席になっている。それなのに物音一つしない空気がぎゅっと圧縮されたような重々しい空間の中に飛び込んだ。自分の席へ一目散に向かい、着席してようやく傍聴席を見上げる（見下ろす？）ことができるようになった。九〇人強の傍聴人だけでなく、検察官、弁護人、そして被告人がじっとこちらを見ている。独特の緊張感だった。それでも何度か入退廷を繰り返していくうちに次第に慣れてくるから不思議だ。一段高い法壇のおかげで、目線が常に高い位置になる影響かもしれない。

法廷での弁護人と検察官を比較したとき、多くの裁判員経験者たちが検察官に軍配を上げる。個人の感想だが、私のときもやはり検察官優勢という雰囲気だった。滑舌よく理路整然と冒頭陳述を行うさまは、まるで「よくできた推理小説」を聞かされているかのようだった。一方の弁護人は、やはり多くの裁判員経験者たちが口を揃えるように、語尾が聞き取れなかったり、過度に演出じみた立ち居振る舞いがあったりして好感が持てなかった。今となっては、その理由をよく理解できているつもりだし、検察官と弁護人の力量格差が生じるのは仕方ないことだとも思える。

次に、裁判官に対する評価は良くも悪くも大きく変化した。証人尋問が長引くと露骨にイライラしたり、開廷前のテレビ撮影での映りを気にしたりと、思った以上に人間味のある側面を見ることができ親近感を抱いた。一方で、あくまで事務手続きとして裁判を捉え、審理計画を第一に据えた訴訟指揮には違和感を覚えた。

そして、最も驚きを交えて対峙したのが被告人であった。それまで、被疑者（被告人）が逮捕された時点で極悪人のモンスターという先入観を抱いていた。被告人席に座る人は自分とは違う人種なのだと……。ところが、目の前にいた被告人は、当たり前だが私と同じ言葉を話し、呼吸をし、溜め息をつき、感情豊かに自分の主張を表現するごく普通の人間で、私と何が違うのかを問われても、「何も」としか答えられない存在だった。このときの衝撃が後々の活動の原動力にもなっている。

公判を構成する要素に証人というものがある。私が担当した裁判では、被告人が否認していたため、検察官はあらゆる客観証拠の提出と証人尋問を行い、被告人の有罪を立証しようとしていた。その証人の数は一九人、うち一人が弁護側の証人で、残りはすべて検察側申請の証人だった。否認事件ではお決まりなのかもしれないが、取調べ検事の証人もいて、身内同士の証人尋問にどれほどの意味があるのか不思議に思えたし、そのやりとりがやや滑稽でもあった。それでも中には、医学専門家の証人もいて、非常に専門的な言葉のやりとりが展開され、専門性というよりも高度な理解力が求められたシーンには前のめりになった。

最後に、亡くなった被害者の遺族が意見陳述をした場面について疑問を呈しておきたい。被害者等参加制度を利用されていたわけではなかったが、審理の最終盤で証言台の前に立ち、涙ながらに意見を述べられた。しかし、その内容は有罪前提の、つまり被告人が犯人であるという前提の意見で、それを有罪判決前に裁判員に聴かせるのは、否認していて無罪を主張していた被告人の人権を無視したやり方だったのではないだろうか。家族を亡くした遺族の心情は人として最大限に慮りたい。しかしだからといって、無罪推定という刑事裁判の鉄則を無視するのは違うと思う。否認事件においては、被害者あるいは遺族の意見陳述は、事実認定の評議を経て有罪判決が為されたあとにすべきではないだろうか。

血も涙もないだろうか。「家族を殺されたことがないからそんな詭弁が言えるのだ」と思うだろうか。私の場合、少し違う自覚がある。家族や自分自身が、いつ人を殺してもおかしくないと確信している。それは、被告人と対峙したときに実感した感覚でもある。だから、家族や自分が被告人の立場で法廷に臨んだときに、正しい刑事司法であってほしいと願う。それに、無罪推定は詭弁ではなく適正な手続きだ。

評議

ご存知のとおり、裁判員経験者には、罰則規定付きの守秘義務というものがある。端的には、裁判員を務めたことにより得られた、公言してはいけない秘密を守るべしというものだ。裁判員の言い換え表現のように使われる守秘義務だが、世間が過度に心配するあまり、当の裁判員経験者たちが委縮して自己規制してしまうのでは、裁判所、国の思うつぼである。それに本稿の流れ上、守秘義務の宝庫とも呼べる評議の部分に触れないわけにはいかない。守秘義務違反で逮捕されない程度に表現するつもりだ。

評議室はラウンドテーブルのあるメインの部分と、休憩時に使うのかソファーとローテーブルが配された応接セットのような部分が一つになった部屋である。各自にロッカーが与えられ、貴重品や携帯電話はそのロッカーに入れて暗証番号で施錠する。飲み物は五〇〇ミリリットルペットボトル入りの水が一日一本官費で支給される。あとはホット飲料としてインスタントのコーヒー、紅茶、お茶などは飲み放題だった。裁判所や刑事部によっては、裁判官のポケットマネーでそれ以外の飲料やお茶菓子などが用意されるようだ。私のときはなかった。

さて、担当した裁判における評議だが、個別の争点や具体的な対立論点については触れないでおく。そのやりとりの雰囲気に重点を置きたい。

よく、裁判官が意見を言うと「それでいいじゃない」となってしまって議論にならないという懸念を聞く。確かにそのとおりだと思う一方で、最後に取りまとめて意見を言うのは、「後出しジャンケン」ではないか、というのが私の考えだ。だから、裁判員が意見を言っている途中で、意図的に「裁判官はどう思いますか」と振っていた。そして、その意見に納得できなければ反論した。意地悪ではない。議論を深めようと努力しただけだ。

裁判員だけの議論だと、どうしても法理論を無視したり、感情で判断したりすることが多くなる。しかし、法律の専門家の視点を適宜交えることで、理性的で抑制の効いたレベルの高い議論が期待できると考える。相手が専門家だからと臆する必要はない。これまで通りではダメだから裁判員制度が生まれたのだと考えれば、裁判官に意見をすることこそが裁判員の存在意義ではないだろうか。そう考えた私は、おそらく裁判員の中で最も裁判官に反論した（かみついた？）裁判員だったと思う。余談だが、評決したあとに、「やりにくい裁判員ですみませんでした」と頭を下げたら、「いえいえ、これでいいんです」と返してくれた。

もっとも、主な議論相手は人数比からも裁判員同士となるのが自然だ。六人、厳密には補充裁判員三人も入れて九人いれば本当に多様な意見が出る。それこそ無茶苦茶な主張であったり、極端に偏った見解であったりする。私が気をつけていたことは、相手を罵倒したり、その人格を否定したりしないようにする点であった。客観的な根拠から、論理的な言葉で相手を納得させることに注力し、逆に説得されるときも論拠を伴う説得的な言葉を求めた。そうして導き出す答えは、まさに九人の合意であり、合議体としての判決と呼べるのだろう。かくして、判決公判の直前まで議論した判決を言い渡して、裁判員としての任務を終えることができた。

裁判員後

判決公判が閉廷した時点で裁判員は解任される。だから厳密に言うと、記者会見に臨んでいるのは裁判員経験者であって、裁判所からすると、すでに自分たちがもてなすべき相手ではなくなっている。しかし、私たちのときは記者会見の後も丁重に扱われ、マスコミから守られるように裁判所をあとにした。そのためか裁判員同士がゆっくり談笑する時間があまりなかったように感じた。第一、終始お互いの名前すら知らずに過ごしてきた仲であり、談笑するにも互いを番号で呼び合う不自然さがあった。このまま連絡先も交換せずに別れてよいのだろうか。否、これ以上の関わりは不要ということで連絡先交換もすべきではないのだろうか。迷っているうちに約一〇日の濃密な時間を共に過ごした仲間たちは皆いなくなってしまった。

最初の後悔は、その日の帰り道、電車の中で湧き起った。「もう二度と会うことはない」、「明日、裁判所へ行っても誰にも会えない」、当たり前のことだが、そのような感傷的な感情があふれ、深い孤独感を味わった。その思いが動機となって、裁判所に働きかけ、「同事件の裁判員同士から同意が得られれば連絡先交換の斡旋を裁判所がする」という運用に変えさせたのである。そのことを確認できたのが二〇一一年二月なので、裁判員を務めてから半年も経っていない時期であった。連絡をとりあい、なんとか設定した約八カ月ぶりの再会の場は、いまだに忘れることのできない印象深い光景である。

ほぼ同時進行で、他の事件の裁判員経験者たちとも貪欲に交流を重ねるようになった。やがて、毎月一回集まり、会食しながら司法制度に関して議論するようになり、気心の知れた仲間が増えていった。そして、裁判員という共通の経験を有する人たちで、様々な活動を展開していくことになった。

二 裁判員からその後

私個人としての活動も含めると多数、多岐にわたり、裁判員経験者有志での活動に絞ったとしても紙幅に納まりきらないため、いくつかを抜粋する。

裁判員制度と周辺環境における提言書

まずは、「裁判員制度と周辺環境における提言書」(二〇一二年一―四月)だろう。これは、親しくなっていった裁判員経験者たちが、自分たちの経験をもとに裁判員制度を中心とした司法制度全般への疑問点や改善点を挙げ、私が文章にまとめたものである。全部で一三項目からなる提言書は、二〇一二年初頭に完成した。

一 公判前整理手続は可能な限り裁判員に提示すること
二 検察は証拠を原則すべて(弁護人に)開示すること
三 希望する裁判員候補者には刑務所見学を実施すること
四 裁判員等選任手続は(裁判員候補者に)原則公開で行うこと

五　裁判員からの検察官・弁護人に対する質問を可能にすること
六　証人・被告人に対する再尋問・再質問を可能にすること
七　期日を超過したとしても評議時間は充実したものにすること
八　希望する裁判員経験者には上級審の公判期日を知らせること
九　裁判官も記者会見を開くこと
一〇　裁判所主催の裁判員経験者の意見交換会を定例化すること
一一　死刑についての情報公開を徹底すること
一二　被害者等参加制度の運用改善をすること
一三　民事・行政訴訟にも裁判員制度を運用拡大すること

今思えば、微笑ましいくらい素人らしさのにじむ提言である。しかし、五年経った今も色褪せることのない、率直な意見だと自負している。実際に、法改正されなくとも運用で取り込まれた部分もあり、裁判員の評議以来、真剣に議論しただけのことはある内容だ。

何よりも、この提言書が思い出深い理由は、実際に裁判員裁判が実施されている全国の地方裁判所および支部、計六〇カ所へ直接届けて回ったことにある。東京地裁から始まり、北は旭川地裁、南は那覇地裁まで、五〇庁一〇支部を一つひとつ訪ね、その土地の裁判所職員やときには裁判員経験者と意見交換をすることができた。その結果、全国にいる裁判員経験者が、声を上げたくても様々な理由により沈黙している現状を知った。理由とは、守秘義務の問題であったり、土地柄や地域性の問題であったりと、多岐にわたった。私は、この声なき声を拾い上げるインフラが必要だと痛感した。

裁判員経験者による交流団体

そうして同年八月に立ち上げたのが、Lay Judge Community Club——裁判員経験者によるコミュニティ（ＬＪＣＣ）である。その時点で、裁判員経験者同士の交流活動や、裁判員の経験を市民で共有しようとする任意団体は全国にいくつかあった。しかし、法律の専門家などを交えず、生粋の裁判員経験者だけで構成されて、当事者たちが主体的に交流し、経験を共有したり、経験を社会に還元したりすることを目的にした団体は、本稿脱稿時点で他にはない。しかも、活動領域は一定の地域に偏らず全国どこでもすべてである。全国六〇カ所の裁判所を自分の足で回った経験から、東京や大阪、名古屋などの主要都市よりも、その周辺を埋める地域のほうにこそ、埋もれた声なき声があると確信していた。

このＬＪＣＣの活動は、より広い視野と世界を得ることができる貴重な場である。先の提言書で要望していた刑務所見学（第三項目）について、国や裁判所が動く気配がなかったので自分たちで実践し始めた。二〇一六年までの活動で全国八カ所の刑事施設を参観している。参加した裁判員経験者たちからは、多様な意見、感想が出るものの、やはり裁判員をやる前に知りたかったというのが共通した意見である。

死刑執行停止の要請書——抗議書

さらに、ＬＪＣＣとはまた別の個人有志での活動になるが、提言書第一一項目にある死刑の問題について、二〇一四年二月に「死刑執行停止の要請書」を法務大臣および法務省へ提出した。これは、裁判員裁判による死刑判決がいくつか確定している中で、実際に死刑判断に関わった裁判員経験者たちの不安や苦悩を少しでも緩和すべく、根本的な問題点を追及した文書であった。

一　直ちに死刑の執行停止をしてください

二　死刑に関する情報公開をはかってください
三　死刑に関する複層的な国民的議論を促してください

根本的な問題点とは、死刑の判断を考えなければならない評議室の中で、裁判員だけでなく裁判官も含めた全員が、死刑に関する情報や知識を持ち合わせないまま判断しているという恐ろしい現状である。私個人の思想信条を横に置いておいて、死刑の是非でも判決の当否でもない。裁判員が死刑判断に関わるという前提の中で、判断材料がきちんと提示されていることが適正な手続きではないか、という趣旨で法務大臣だけでなく社会にも問うたつもりであった。

しかし、その甲斐なく国は、二〇一五年一二月に裁判員裁判による死刑判決確定者に対する死刑を執行した。避けては通れないことだとしても、その事実を激しい衝撃と同時に強い憤りを持って受け止めた。私は、まさに執行された死刑確定者の裁判員裁判を担当した裁判員経験者の方に協力をいただき、「死刑執行に対する抗議と要請」という文書を執行当日のうちに書き上げ、夜には法務大臣の議員室へ直接届けに行った。我ながらすごい行動力だと思うが、それほどに驚きと怒りがないまぜになった心情に支配されていたのである。

当初の提言書から死刑に関する要請書まで、この間、国や司法当局からの正式な回答は一切ない。司法に市民の視点や感覚を取り入れよう、という触れ込みだった裁判員制度だが、実際には市民から口を挟まれることを頑なに拒否する姿勢を堅持するようだ。敬遠などというかわいらしい言葉がまるで似合わないほどに。

裁判員経験者自ら出版

最後に、私個人の活動だが、一三人の裁判員経験者に私がインタビューをしてまとめた『裁判員のあたまの中――一四人のはじめて物語』(現代人文社)という本を二〇一三年に上梓した。全国の裁判所への提言書提出行脚からＬＪＣＣを立ち上げ、仲間が増えていく中で、様々な人たちの裁判員経験を記憶に留めるだけでなく、記録しておく必要があると直感したのがきっかけだった。裁判員経験者が自らインタビュアーになって、事件や裁判所の違う裁判員経験者に質問し、時に議論し、まとめる作業は、もちろん前代未聞の取り組みだが、非常にやりがいがあった。というのも、守秘義務という問題がある中で、何をどこまで表現するかという判断に伴う緊張感が、裁判員のときのそれと共通する感覚だったのだと思う。

むろん守秘義務違反をするつもりはないし、話してくださった裁判員経験者の方々を守秘義務違反に貶めるつもりも毛頭ない。だが、そんな些末な問題を気にして語らずにストレスを溜めるくらいなら、事件や裁判関係者の人権を傷つけないように配慮しながら、語られた言葉を文章化して本という形にすることで、本人はストレスを吐き出せるし、社会は知っているようで知らない裁判員の世界を知ることができる。ご関心があればぜひ、ご一読願いたい。

冒頭でも述べたが、個人の活動も交えていくとキリがなく、紙幅の限界もあるので、このあたりで止めておく。

三　他の裁判員経験者の事例

ＬＪＣＣの内外において、様々な事件の裁判員経験者たちと交流し、その知見や相違を吸収してきた。

薬事犯

現住建造物放火と並び、裁判員裁判の一定数を占める覚醒剤密輸事案。一部無罪や全面無罪判決が出たことで、初期のころに騒がれた一方で、直接の人的被害がない薬物犯罪は、一般市民が判断する裁判員裁判になじむのか、という疑問をよく聞く。実際に薬事犯を扱った裁判員経験者からも、「被害者がいないので、どのように刑罰（量刑）を考えるかという段になると、単純に重さ（密輸した違法薬物の量）で判断するしかない」、「（被害者がいないため）実際に自分が裁判員として、どのくらい社会の役に立ったのかがわからない」という声を聞く。裁判員裁判の対象事件かどうかの基準が、法定刑によるため仕方ない面もある。しかし、被害者がいないのではなく、見えないだけなのだと思う。常習性のある薬物被害は、回復するまでには途方もない努力と支援が必要で、そのアリ地獄から抜け出すのは尋常なことではない。人が容易に廃人に変わり果てる影響を考えると、薬事犯を裁判員という社会の目できちんと精査することは、不特定多数の被害者を救うことにつながり、大いに意義があることだと考える。

そのような薬物事案の大半は、被告人が事実を認めており、量刑のみの判断になることが多い。するとやはり、薬物の重さで概ねの量刑や罰金が機械的に決まり、情状面で微調整するというルーティンワークが裁判員の仕事となる。単調な仕事なのかもしれない。しかし、単調だからこそ裁判官に任せるのではなく、わずかな違和感や変調に、感性を研ぎ澄ますことができる裁判員の存在は大きいはずである。もし、裁判員に選ばれて担当した裁判が薬物事案だったとしたら、鋭い視点と感性を活かしてほしい。薬物の重さから機械的に量刑を導き出すのではなく、どうしたらその人(被告人)が、再び犯罪に手を染めることがないようにできるかを、一生懸命に考えてほしい。

生命犯

裁判員は重大事件を扱うという前提である以上、人が亡くなっている事案は避けて通れない。そこで話題になったのが、殺人事件だった場合、凄惨な現場の写真や遺体の映像などを見たことによるショックの行方だろうか。そのことが予期せぬ(意に反する)苦役にあたるとして、憲法違反を訴えた訴訟に発展した事例があったが、難しいところである。その訴訟の当否には言及しないが、率直に証拠を提示する検察官やフォローをする裁判官の配慮不足が問題の端緒だと考えている。

実際、殺人事件ではないので凄惨な状況ではなかったし、凶器もないので血まみれというわけでもなかったが、私も現場や遺体の映像は見た。証拠として映像を提示する前に、検察官はこう言った――「これからご遺体の映像をモニターに映し出します。ご気分を害される場合は目を伏せてください。しかし、検察官としては真実をきちんと見ていただいた上で判断してもらいたいと考えます」。もっともらしい配慮の言葉だが、冷静に考えると違和感がある。証拠を正視せずにする判断(判決)は、証拠に基づいた判断ではないので、違法ではないかと思う。他方で、裁判員のショックを軽減するために、映像をイラスト化したり、カラーから白黒に変えたりする作業も、証拠に手を加える改竄行為だと思う。

要するに、私たちが真実をオブラートに包む風習をやめればよいのではないだろうか。強姦致傷事件を扱ったある裁判員経験者が言っていた――「日本人は事件や事故、災害などで死者が出てもそれを数字で表現するだけで、リアルな死体をタブー視する文化がある。そういう無菌室で育つからちょっとした刺激にも弱くなってしまう」と。賛否はあろうが海外での現地報道に触れると、良くも悪くもこの国の生ぬるさを実感すると思う。

ちなみに、私も遺体の映像を見た日以降、裁判が終わるまで毎晩のように夢に出てきた。夢といっても、入眠しているかどうかわからないくらい疲労困憊の状態だったので、幻覚、幻視といったほうが正確かもしれない。今ではすっかり解消されているので心配には及ばない。

死刑事案

こちらもまた、日本に死刑制度がある以上、避けては通れない問題であろう。制度施行から時間の経過とともに、裁判員裁判による死刑判決は増えていき、確定者もじわりと増えている。そして先述のように、二〇一五年一二月、とうとう裁判員裁判による死刑判決確定者に対する死刑が執行された。そのときの衝撃は、『世界』(二〇一六年三月号、岩波書店)に詳しく書いたので参照されたい。ここでは、一般市民である裁判員が、究極の刑罰である死刑を扱うことの意義を考えてみたい。

死刑判決に関わった方たちと交流していると、一言では表せない複雑な思いを受け止める。「間違った判断はしていない」、「しかし、その結果は人の生命を奪うことになる」、「もし、間違いがあったとしたら……」

検察や捜査機関による証拠の捏造や改竄、単純な証拠隠しなどが頻繁に報道されるようになっただけでなく、約半世紀もの間、勾留されていた「袴田事件」の死刑確定者、袴田巌さんの釈放があり、死刑判決に関わった裁判員経験者たちの言葉は揺れていく。

その苦悶があまりに過酷だということで、死刑に関する判断は、これまで通り裁判官に任せて、裁判員は除外すべきでは、という意見を耳にする。実際に死刑判断に関わった裁判員経験者からも聞くことがある。

しかし、私としては素直に頷けない。裁判員を務めた多くの人が感じるように、裁判官も自分たちと変わらない人間なのだ。プロだから問題ないという論理は、軍人だから戦場へ行って人を殺したり、殺されたりするのは当然という論理と同じ理屈であろう。しかも、人としての最大の尊厳である生命を、国家権力が奪うという究極の判断に、国民が関わらないというのはかなり危険なことだと思う。裁判員制度ができて、関わる機会を得られたわけだから自ら放棄してはいけないと考える。その代償がまさに究極の苦悶だとしても。それは、私たちが無自覚のうちに是認している死刑制度があるがゆえの苦悶ではないだろうか。だからこそ、関わったことのある人だけでなく、関わるかもしれない人たちも一緒になって向き合い、考え、議論する必要があると考える。まさにそこが、「死刑執行停止の要請書」で訴えたかった最重要ポイントである。繰り返すが、日本に死刑制度があるかぎり、決して目を背けてはいけない問題である。

四 裁判員経験の波及効果

裁判員という経験が、私たち市民に与える影響は、プラスにせよマイナスにせよ少なからずある。裁判所という非日常の世界から、手ぶらで帰ってくる人はおそらくいないだろう。私を含めた周囲の裁判員経験者が受けた影響を紹介したい。

プラスの事例

裁判員という経験の後、小学生を対象に「ディスカッション講座」なるものを始められた方がいる。自身が評議の際に、きちんと自分の意見を言えなかったことを後悔し、「自分はもう裁判員に選ばれることはないかもしれないけれど、これから裁判員になる可能性を持っている子どもたちには、ちゃんと自分の考えを持って、自分の意見を堂々と言えるようになってほしい」と。最初はモジモジとしている子どもたちが、全七回の講座を終えるころには、ハキハキと、思ったこと感じたことを積極的に発言するようになる。正解のないテーマに対し、臆せず自分の考えを言う体験は、裁判員にならなかったとしても必ず役立つと思う。裁判員をやらなければ、その大切さに気づかなかったとその方は言う。

同じように、中学校や高校から要請されて、裁判員経験を子どもたちに話す活動に取り組んでいる方もいる。学習指導要領に法教育が盛り込まれ、教育現場において実体験を子どもたちに聞かせることは、効果的な教育だろう。

そして、まだ本当に一握りだが、法廷で被告人と対峙した経験から、刑務所からの出所者の社会復帰支援や受刑者の支援を始めた方々もいる。それは、勝手にモンスター像をあてはめていた被告人(犯罪者)を法廷で見たときに、あまりに普通で自分と変わらない同じ人間なのだと実感したことから、彼・彼女らを排除するだけでは、本当の地域の安全や再犯のない社会は実現できないと気づいたからだと言う。

また、被告人の育った境遇に共感し、一人親家庭を支援するNPOを立ち上げた方もいる。まさに社会への貢献、社会参画だと思う。

その他にも、具体的な活動や行動にはつながっていなくとも、多くの方が、「視野が広がった」、「（報道で）事件を知ると、その奥にまで思いをはせるようになった」、「地域でのつながりが大切なのだと気づいた」とそれまでになかった感性を持つようになったようだ。

マイナスの影響

最もわかりやすいのは、ショッキングな証拠（凶器や映像）を目にしたことで、日常生活に支障が出るような事例だろう。また、人の人生を左右するような判断や、場合によっては生命に関わる判断をしたことによる自責の念ともいえる苦悩も典型だ。前節で述べたとおりだ。

では、もう一歩踏み込んだ問題に触れよう。裁判員を無事に務め終えた翌日、それまで通り会社へ出勤したところ、自分の机がなくなっていた。自分の席があった場所には、それまで後輩だった社員が着席していた……本当の話である。勤務先等による、裁判員に対する不利益取扱いの禁止は裁判員法（裁判員の参加する刑事裁判に関する法律）に規定されている。しかし、その法律に違反した場合の罰則は規定されていない。制度導入時、裁判員のための公休扱いを規定するなどの取り計らいを、裁判所から企業へ「お願い」された。日本の企業の大半は中小企業が占める。従業員の裁判員参加を受容する余裕がある企業がどれほどあるのか。終身雇用から、半ば使い捨て雇用となった現代では、裁判所へ行った従業員の代わりはいくらでもいるということだ。結局、その方は仕事を求めて海外へ出ていった。

そしてご存知、「守秘義務」の影響だろうか。その言ってはいけない範囲が曖昧であるというカラクリが過度な自己規制を生み、自ら沈黙してしまい、精神衛生上よくない状況に陥ってしまうことがよくある。「下手なことを言って守秘義務違反になるくらいだったら黙っておこう」という心理だ。当初は私もそのような漠然とした不安があったが、冷静に考えると本業である不動産業も、法廷にいた弁護士も裁判官も、社会生活をしているほとんどの人が守秘義務の中で生活していることに気がついた。配慮すべき点さえ気をつければ、過度に意識する必要はないと。曖昧であることを逆手にとって挑戦したのが、先述の拙著『裁判員のあたまの中』である。

五　裁判員制度の真価と意義

大げさな見出しだな、と自分でも思う。しかし、必ずしもそんなことはないということが伝われば、本稿を受け持った甲斐がある。

なぜ裁判員裁判なのか

制度構想時や導入時の細かい経緯はわからない。それでも、「絶望的な刑事司法、硬直した刑事裁判」などと揶揄されていたことは知っていた。これまでの裁判官裁判ではダメだ、限界がある、といった声が聞こえたかどうかは定かではないが、実際に裁判員をやってみて感じる。一般市民が参加する裁判員裁判のダイナミズムを。

第一に、次から次へと常に二〇〇件強の事件を抱え続ける裁判官と違い、裁判員はその一回きりに集中できる。すでに複数回務めた方もいるが、少なくとも任期中はたった一つの事件に向き合う。そのことの凄さがわかるだろうか。マンネリ化して、(裁判を)いかに効率的にこなすかに傾注しかねない裁判官と、その一回に全身全霊を傾ける裁判員では、感性の鋭敏さがまるで違う。ふと思い出すのは、判決期日の開廷時間に向かって評議が始まったり、有罪認定の直後から量刑の数字部分だけが空白の判決文を用意し始めたり、何かと効率性を重視した裁判官の姿勢である。あくまで彼らの建前は、「裁判員の皆様の負担を考えて」ということらしい。

次に実感するのは、裁判官では想像し難い部分まで裁判員は想像できるということ。私は裁判員当時、被告人のその後、つまり社会復帰を支えたいと思い立ち、裁判官に相談した。すると、「ここは裁判所なので、被告人を裁く場所であり、被告人のその後を気にする場所ではありません」という真摯でドライな答えが返ってきた。その時、落胆ではなく、それこそが裁判官の持つ視野なのだな、と妙に納得した。言い換えると、裁判員を終えたあと、一般市民に舞い戻る私たちだからこそ、被告人だった受刑者の社会復帰を支えたり、そのための受け入れ態勢を整えたりすることができるのだと考えた。そうすることで、もし次の犯罪を防げるとしたなら、犯罪の少ない社会を私たち市民が創造していくことになる。まさに、裁判官ではなく裁判員だからこその着想だと思う。

一方で、肉体的にも精神的にも、時間的にも経済的にも負担を抱えてまでやる意味がいったいどのくらいあるのだろうか。私は、大いにあると考えている。なぜなら、実際に法廷で被告人と向き合ったときに感じた、「私はいつでも被告人になりうる」という青天の霹靂《へきれき》とも言うべき衝撃が、常に心を揺らしているからである。つまり、「犯罪の被害者になるかもしれない」というのと同じ質量で、加害者にもなるし、いわれなく被告人にもなってしまうという確信を持っている。そして、自分が被告人になったときに、正しい司法制度であってほしいと願うし、裁判員制度によって硬直していた司法が動き出し、希望が持てる司法制度に変わっていくとするならば、それは、数々の負担に見合うかけがえのない対価なのだと考える。

裁判員裁判の本当の目的

独りよがりな主張と思われるだろうか。本当に心配なのは、話の想定の中に、自分が被告人席に立つというイメージがまったくない人がけっこういることである。裁判員だけでなく、被疑者や被告人も、その立場に立って初めて青ざめて慌てふためくことになる。歴史上も現在も、冤罪事件は相当数存在している。身に覚えがなくとも、検察官つまり国家権力がその気になったら、あっという間に被告人席に座ることになる。そして、九九％以上の確率で有罪、つまり犯罪者とされてしまう。恐ろしいことだが、裁判員裁判でも、すでに冤罪は多数存在している。

一方で、裁判員裁判により、冤罪事件が救済されてもいる。これまで、裁判員裁判による無罪判決で不可解な判決は何一つなかった。理路整然とした判決文からは、理性的に抑制的に評議を進めていった様子がありありと浮かぶ。あるいは、裁判官がそれまで見落としてしまっていた点に気づいたり、証人や被告人の何気ない言動に着目したりと、キラリと光る市民の視点というものが、躍動感を持って法廷や評議室を席巻しているようだ。そう、本来の市民の役割というものは、権力が暴走しないように監視することなのだと思う。冤罪という理不尽な現象から、私たち市民の人権を守るために。

冤罪に加担するのではなく、冤罪を見つけ出して無実の人を救うというのは、裁判員制度の究極の意義だと考える。さらに、有罪だったとしても、次の犯罪を防ぐために、これ以上の被害者を生まないために、犯罪を地域の問題として考える市民が増えていくとしたならば、それはこの制度の真価なのだと思う。何より、裁判官や国任せにするのではなく、自分たちが住む地域の問題を、自分たちに関わることとして受け止め、自分たちで解決しようとすること、市民が主体的に参加していくこと、これぞ民主主義ではないだろうか。私は、これまでもこれからも、多くの人が裁判員を務めることによって、民主主義に目覚めていくのだとしたら、それは私たちにとって、予想していなかった最大の果実だと思うし、そのきっかけとしてこの制度があるとするなら、それこそが真骨頂なのだと思う。

おわりに代えて

ここまできて……と思われるかもしれないが、私は裁判員制度に諸手を挙げて賛成してはいない。かといって、すぐにやめてしまえばいいとも思っていない。少なくとも、この制度によって法廷に躍動感が生まれたのは確かだし、既述のとおり、地域活動や社会貢献など、新しい動きやつながりが芽生える効果もある。続けていくことに異論はない。しかし、今のまま、「概ねうまくいっている」などという理由だけで問題なしとされて、このまま常態化していってしまうことには大いに異論がある。

問題とは、そこかしこにあり過ぎて挙げ出したらキリがない。一つはっきりしているのは、私たち市民側の意識が薄くなってきてしまったことだ。繰り返すが、裁判員も被害者も被告人も、すべてが他人事ではないはずである。このまま「関係ない」を決め込んでいると、権力側に都合がいいように運用されていって、やがて形骸化することになる。

しかし、私たち一人ひとりが普段からほんの少し意識を高く持って、報道される事件や事故、裁判のニュースなどにきちんと耳を傾けて、「関係なくない」と思えるようになれば、道は少しずつでも確実に開けていくと思える。隣人がどんな人かもわからなくなった、あるいは知ろうともしない時代に、見ず知らずの六人が集まって、見ず知らずの被告人のために真剣になって議論するという制度は、こんな時代だから必然的に生まれたのだと思う。

そして、そのおかげで私は、ご覧のような知見を得られ、この視野は大きく広がった。よく、「人生が一八〇度変わった」という表現があるが、私の場合、五四〇度である。一周、つまり自分の人生をもう一回やり直したうえに、さらにもう半周(一八〇度)回ってしまった感じだ。その感覚がほんのひとつまみでも伝われば本懐だ。本稿執筆の機会を与えられたことに心から感謝する。

III

法廷の中と外とをつなぐ人たち

10　日本の司法通訳の現状と課題

水野真木子

はじめに

一九八〇年代の日本のバブル景気の時期に、アジア、南米を中心に多くの外国人が労働者として日本にやって来るようになった。その数はうなぎのぼりに上昇を続け、二〇〇八年には外国人登録者の数は二二一万人以上で、過去最高を記録した。その後、二〇〇九年のいわゆるリーマンショックによる景気後退、二〇一一年の東日本大震災の影響で、在留外国人の数は減少に転じたが、二〇一四年度より再び増加傾向を示している。それらの来日外国人は、在日外国人とは異なり、日本語を十分解さないことが多く、生活の様々な局面で、コミュニケーションの問題に直面している。このような「言葉の壁」が最も深刻な形で現れる場面の一つが司法の場面、特に刑事手続きにおいてである。

外国人の増加とともに、犯罪に関わる外国人の数も増え、日本の司法機関は刑事手続きの各段階においてコミュニケーションの問題に対処する必要に迫られてきた。そんな中で司法通訳の需要も急激に高まってきた。司法通訳の任用および運用は、一九八〇年代にはほとんど手探りの状態であったが、徐々にシステムが整備されてきており、現在では、刑事手続きの各段階で原則的に被疑者・被告人の母語の通訳人を任用し、手続きのすべてを通訳させるようになっている。また、適正な司法通訳のあり方に対する意識も向上してきており、特に、口頭主義を取る裁判員裁判の導入を契機に、正確な通訳の保証への関心が高まっている。

本稿では、日本の司法通訳の現状を概観し、問題点と今後の展望について述べる。なお、手話通訳も司法通訳の重要な一部であるが、ここでは来日外国人に関わる要通訳手続きの状況に焦点をあてる。

一　日本の司法通訳制度

来日外国人の関わる犯罪の検挙状況

警察庁の統計によると(URL①)、二〇一四年は、刑法犯と特別法犯を合わせた総検挙件数は一万五二一五件となっており、前年と比較しわずかに減少したが、同人員は一万六八九九人となり増加している。検挙件数と人員は、二〇〇四年(四万七一二四件、二万一八四二人)、二〇〇五年(四万七八六五件、二万一一七八人)のピーク時に比べると大幅に少ない数字になっているが、それでも、一九九〇年ごろの数に比べると二倍以上の水準になっている。国籍に関して言えば、中国人の犯罪が最多で、全体の約三割を占めているが、直近の傾向としては、ベトナム人の犯罪の増加が著しいことが挙げられる。これも、近年の来日ベトナム人の増加傾向に伴うものである。また、刑法犯検挙件数の約七割は窃盗、特別法犯検挙件数の約七割は入管法違反である。

司法通訳への法的根拠と日本の現状

日本の現行法においては、日本語を十分解さない外国人被疑者・被告人の刑事手続上の取扱についての規定は非常に少ない。たとえば、刑事訴訟法二二三条一項は、次のように定める。

【刑事訴訟法二二三条一項】

検察官、検察事務官又は司法警察職員は、犯罪の捜査をするについて必要があるときは、被疑者以外の者の出頭を求め、これを取り調べ、又はこれに鑑定、通訳若しくは翻訳を嘱託することができる。

刑事訴訟法一七五条と一七七条では、それぞれ次のように定められている、

【刑事訴訟法一七五条】

国語に通じない者に陳述をさせる場合には、通訳人に通訳をさせなければならない。

【刑事訴訟法一七七条】

国語でない文字又は符号は、これを翻訳させることができる。

これらからわかることは、通訳や翻訳は、日本語を解さない被告人が裁判手続きを理解するための権利という位置づけではなく、あくまで、裁判を円滑に進めるための方便であるということである。

これに比べ、世界人権宣言(一九四八年一二月一〇日に第三回国際連合総会の場で採択)や国際自由権規約(「市民的及び政治的権利に関する国際規約」一九六六年一二月一六日第二一回国連総会で採択)は、法の下での適正手続きを保証するために、被告人は通訳をつけてもらう権利があるという立場を取っている。それぞれ、次のように規定している。

【世界人権宣言一〇条】

すべて人は、自己の権利及び義務並びに自己に対する刑事責任が決定されるに当たつて、独立の公平な裁判所による公正な公開の審理を受けることについて完全に平等の権利を有する。

【国際自由権規約一四条三項】

すべての者は、その刑事上の罪の決定について、十分平等に、少なくとも次の保障を受ける権利を有する。
(a)その理解する言語で速やかにかつ詳細にその罪の性質及び理由を告げられること。
(f)裁判所において使用される言語を理解すること又は話すことができない場合には、無料で通訳の援助を受けること。

日本は、一九七九年に国際自由権規約を批准しているので、「日本国が締結した条約及び確立された国際法規」の遵守を規定する憲法の条文(九八条二項)を介して、上記で規定されている刑事手続きにおいて言葉の通じない当事者が通訳をつけてもらう権利を保障するという内容が、日本でも裁判規範としての効力をもつことになる(竹中二〇一五)。

司法通訳人の現状

『平成二八年版　ご存知ですか法廷通訳』(最高裁判所事務総局検事局編二〇一七)によると、二〇一五年に全国の地方裁判所や簡易裁判所で判決を受けた被告人五万九四六二人のうち通訳人がついた被告人は二六九四人で、その国籍数は七三カ国である。法廷で使用された外国語は三九言語で、使用頻度の高い言語を挙げると、中国語(三一・六%)、ベトナム語(一八・〇%)、フィリピノ語(九・三%)、ポルトガル語(八・二%)、英語(七・三%)となっている。近年の傾向として挙げられるのは、ベトナム語とフィリピノ語の著しい増加である。これは、在留外国人の国籍別構成比における傾向を反映している。これらの言語以外にも、タイ語、ペルシャ語など、日本では理解する人が少ない言語の事件がかなりの数に上っている。

法廷通訳を行うことのできる人材として裁判所に登録されている通訳人を「通訳人候補者」と呼ぶが、必要が生じると裁判所は、通訳人候補者名簿から人材を選び、任用している。この名簿は随時更新されるが、二〇一六年四月一日現在、全国で六一言語、三八四〇人が登載されている。稀少言語のケースのように、名簿から通訳人が探せないような場合には、大使館、大学、各種の国際交流団体等に紹介を依頼するなどして、できる限り被告人の母語の通訳人を確保する努力をしている。

取調べ時や弁護人接見時などについても、警察、検察、弁護士会、日本司法支援センター(法テラス)などが独自の名簿を用意しているが、通訳人確保の現状は、裁判所とほぼ同様の状況である。少数言語を含め、有能な通訳人の確保は、それらの機関にとっても非常に重要な課題である。公平性、中立性を保証するために司法手続きの各段階で異なる通訳人を起用するのが通常であるが、少数言語の場合、各司法機関が同一の通訳人しか手配できず、取調べ段階の通訳人が公判での通訳も担当するというようなケースもある。公正な司法手続きという意味でも、通訳のできる人材の確保が喫緊の課題である。

司法諸機関による通訳人登録の状況

・警察

警察通訳の仕事は、捜査現場に同行しての通訳と取調べの通訳がある。取調べに当たる通訳人には、正式に雇用された警察職員である「通訳吏員」と、各県警に登録したフリーランサーの「民間通訳人」の二つの雇用形態がある。前者には正式の試験があるが、後者には試験はなく、各都道府県警の通訳担当部署に申し出て、ふさわしいと判断されれば名簿に登載される。民間通訳人を対象とする研修は、それぞれの都道府県警が独自に行っている。

・検察

検察庁での通訳の仕事は、検察官が外国人被疑者を取り調べる際に通訳を務めることである。検察庁では通訳人はすべて民間通訳人である。各都道府県の地方検察庁で面接を受け、適切だと判断されれば名簿に登載され、仕事の依頼が来る。通訳人研修としては、全国の地方検察庁から推薦された数十人の経験の浅い通訳人を対象とする通訳人セミナーが実施され、刑事手続きや捜査通訳を行う際の注意点などについて学ぶ。

・裁判所

裁判で通訳をしたい人は、最寄りの地方裁判所に連絡し、法廷傍聴などをした後で、必要な書類を提出し、裁判官による面接を受ける。この面接には当該言語のベテラン通訳人が立ち会って、被面接者の語学力をチェックすることがある。面接の結果、通訳人としての適性を備えていると認められたら、刑事手続きの流れや法律用語、通訳を行うにあたっての一般的注意事項などについての説明が行われる。これらの手続きを経て「通訳人候補者」として名簿に登載される。研修は、法廷通訳の経験などに応じて、各種行われている(最高裁判所事務総局刑事局二〇一七)。

・弁護士会

弁護人接見の際に同行する通訳人はすべて民間通訳人である。通訳人になることを希望する人は、各都道府県の弁護士会に連絡し、適切だとみなされると名簿に登録される。また、二〇〇六年から起訴前国選弁護の制度が始まり、経済的に貧しい被疑者には国選弁護人がつくことになった。日本語を解さない外国人の場合、通訳人がつけられることになる。これに関しては、法テラスが派遣を行うので、ここにも登録をすることになる。研修は各弁護士会が独自に行っている。

二　司法通訳人をめぐる問題点

通訳のクオリティ・コントロール

これまで、司法通訳をめぐって手続きの公正さに疑問が持たれた事件がいくつかある。一九八〇年代には、司法手続きにおいて日本語を解さない外国人に通訳がつかなかった、あるいはそれが本当に被告人の母語ではなかったケースや、通訳人が裁判で被告人の外国語の発言のみを訳し、日本語で進行している他の部分は全く訳さなかったケースなど、いわゆる「通訳不在」の状態という、最も基本的な事柄が問題になることが多かった。ところが、司法諸機関がそれぞれ通訳任用のシステムを整備し、被疑者・被告人の母語の通訳をつけること、そして、手続きのすべてを通訳することが通常の運用になってくると、通訳をめぐる問題は、もっと通訳の質そのものに関わるものになってきた。

これまでの事例をいくつか紹介する。

• 道後事件(一九九六年)

タイ人女性殺害事件。被告人はタイ人の女性で、売春管理者である被害者を殺害。第一審では、夫の海外赴任に伴い二年ほどタイに行っていたという女性が通訳をしたが、公判廷でも簡単な単語すら訳せず、別の日本語に置き換えるか、辞書の中の言葉を指し示すだけだったという。これは、裁判所にとって、タイ語のような少数言語に関しては、通訳人の確保自体が難しく、いわゆる「アド・ホック通訳人[1]」を使用していた時代に典型的な事例である(深見一九九九)。

・イギリス人麻薬密輸事件（二〇〇二年）

取調べ時と第一審の通訳の正確性が大きな争点となり、控訴審のために第一審の通訳の正確性に関する鑑定書が提出された。[2] 鑑定過程で、被告人にはロンドン訛りに近い強い訛りがあり、被告人の英語を通訳人が正確に理解できないため生じる多くの誤訳や訳し落としが見つかった。そのため、被告人は一貫した主張をしているにもかかわらず、供述内容に一貫性が欠如しているように受け取られた。控訴審判決では大幅な減刑となったが、判決理由では第一審の通訳の正確性の問題については言及されなかった（水野二〇〇六）。

・ドイツ人覚醒剤密輸事件（二〇〇九年）

英語通訳がついた初の裁判員裁判。被告人は英語を母語とするドイツ人。本件では、第一審の通訳の能力に問題があったとして、控訴審に控訴趣意書とともに鑑定書が提出された。[3] 鑑定結果として、いくつかの誤訳および通訳人による多くの訳し落としや言い淀みがあることが明らかになった。より精密な分析結果を出すために、言語分析を専門とする研究者たちが合計四通の追加の鑑定書を提出したが、控訴趣意書に添付して提出された最初の一通以外は、裁判所に受理されることはなかった。鑑定では、明らかな誤訳の指摘だけでなく、通訳によるニュアンスの改変や「あのー」「えーと」等の言いよどみ、通訳人の不適切な交代方法などが裁判員の心証に及ぼしうる影響についても、過去の言語研究の成果に基づいて詳細に論じられた。しかし、裁判所は、それらの通訳エラーは意訳の範囲内であり許容されるとし、控訴は棄却となった（水野他二〇一二、中村二〇一〇）。

・英国人女性講師殺害事件（二〇一一年）

英会話講師であったイギリス人女性を殺害後、犯人が整形手術により容貌を変えた上、長期間にわたって逃亡した後に逮捕された、マスコミの注目を集めた殺人および死体遺棄事件。裁判員裁判であり、二〇〇六年から導入されている被害者参加制度により参加した被害者の家族に通訳がつくという点では、全国初の事件となった。難しい裁判であったにもかかわらず、通訳人本人の希望で通訳人は一人だけしか任命されなかった。多くの誤訳があり、証人自らが誤訳を訂正するような場面もあった(The Japan Times, July 21, 2011)。

このように、通訳の運用自体が問題視されるケースは近年ではほとんどなく、通訳の正確性の欠如によって裁判の公正さが損なわれたかどうかという点が注目されるようになってきている。ただ、例外的なケースとして二〇一一年のソマリア沖商船三井タンカー襲撃事件がある。この事件で起訴された被告人たちの話すソマリ語の通訳人の確保が非常に難しく、起訴してから三カ月以上たって、やっと見つけたソマリ語から英語へ通訳できる人を起用した上で、別の通訳人に英語から日本語への通訳をさせるリレー通訳の形を取ることになった。当然のことながら、リレー通訳では、正確性が損なわれるリスクは二倍になる。

日本には欧米諸国やオセアニアのような司法通訳人の認定制度がなく、スキルや能力をチェックする体制が整備されていないので、通訳人によって質のばらつきがあり、常に正確性が保証されているとは言いがたい。日本の司法諸機関が、司法手続きの各段階で被疑者・被告人の母語の通訳人をつけるという慣行を律儀に守っているのに、質の保証ができないのであれば、制度全体として大きな欠陥があると言わざるを得ない。

また、前述したような通訳が問題になったケースに対して、裁判所が通訳の質の低さを公的に認めた例はほとんどなく、通訳が司法手続きの公正さに影響を及ぼすことはないという前提が厳然と存在しているのが現状である。通訳の質の問題に踏み込むと、ただでさえ人材不足の少数言語に対応できなくなるという現実が大きな壁として立ちはだかっている限り「通訳人は下手でも、いないよりはまし」という考えがまかり通るようになる。しかし、不正確な通訳がもたらす不公正さは、通訳不在による不公正さよりも小さいとは、誰も言い切れない。

通訳人教育の現状

・裁判所の通訳人研修

裁判所は、通訳人候補者に対して研修の機会を提供している。法廷通訳の経験が全くないか少ない人を対象とする「法廷通訳基礎研修」、ある程度事件を担当したことのある人を対象とする「法廷通訳セミナー」、法廷通訳の経験を積んでいる人を対象とする「法廷通訳フォローアップセミナー」である。研修では模擬法廷実習などを行って、法廷通訳の実践的な知識や技能を習得する(最高裁判所事務総局刑事局二〇一七)。裁判所によって通訳能力が高いと認められた実務経験の多い通訳人候補者が講師を務め、現場ですぐに役立つスキルと知識を受講者に伝授するわけであるが、同時に、講師は裁判所から、受講者の能力やスキルのレベルについて、評価を求められることもあるという。

このように裁判所は定期的に通訳人研修を行っているが、それに参加してもせいぜい年に二日程度であり、言語によっては研修の対象とならない場合も多く、継続的な教育システムとはなっていない。

・日弁連の研修および啓蒙活動

日本弁護士連合会は、近年、法廷通訳の質の確保の必要性をアピールするために、以下のイベントを開催した。(4)

二〇一四年九月六日には、弁護士、司法通訳者、研究者を対象とする法廷通訳シンポジウム「ただしく伝わっていますか？　あなたの尋問——裁判員裁判時代の通訳人と弁護人の協働のために」を開催し、基調講演で日弁連の「法廷通訳についての立法提案に関する意見書」(後述)の内容が説明され、その後、海外調査報告として英国と韓国の事例が紹介された。それに引き続き、「法廷通訳の現状と課題」をテーマに通訳研究者、司法通訳人、元裁判官、現役弁護士によるパネルディスカッションが行われ、法廷通訳をめぐる様々な問題点について議論された。

また、二〇一五年一二月八日には「法廷通訳と弁護技術　スキルアップのための研修会」が開催されたが、これは、弁護士、司法通訳者、研究者、裁判官、検察官、司法修習生を対象に、誤判を防ぐための正確な通訳とその準備、誤訳を防ぐ尋問技術に焦点を当てたものであった。弁護士とプロの通訳人による良い例・悪い例の実演が行われ、適切な用語や構文の選択、事前準備の協力、適切な休憩、誤りの訂正、通訳メモ等、様々な側面から通訳を介した尋問のあり方についての議論が行われた。

これらのシンポジウムや研修会は、司法通訳に関する啓蒙活動としてのみならず、弁護士を対象とする、いわゆるユーザー・トレーニングとしても、非常に有意義である。いかにして継続教育のシステム構築につなげていくかが今後の課題である。

• 高等教育機関のかかわり

通訳翻訳教育が主として大学、大学院で行われる諸外国と異なり、日本の場合、国際会議などを運営する専門会社が傘下に持つ通訳翻訳の専門学校が中心になって通訳者を養成してきた。近年、大学や大学院に通訳や翻訳のコースが設置され、本格的に通訳者翻訳者を養成するようになってきている。そんな中で、司法通訳をテーマとする授業も行われるようになった。ただ、多くの場合、「コミュニティ通訳(5)」の一分野として扱われ、知識習得が中心で、本格的に司法通訳者の養成を行っているところはほとんどない。

司法通訳者の資格認定制度のある国では、大学や大学院の通訳コースでの学習が資格取得に直結していることが多く、本格的な通訳スキルの訓練も行われている。中には、同じ大学の法学部と協力して本格的な模擬法廷での通訳経験などを通し、学生が司法通訳について実践的に学ぶ体制を整えているところもある。これは法学部の学生が司法通訳についての認識を高めることにもつながり、非常に有益である(オーストラリアのニュー・サウス・ウェールズ大学など)。

通訳という行為を行う力量を身に付けるためには、ある程度の時間をかけ、系統立った適切な訓練を受けることが欠かせない。日本では、会議通訳者になるには、通訳の専門コースで複数年の訓練を受けることが通常である。そして、現場での実践を含んだ教育の過程で実力を認められたほんの一握りの人材だけが通訳市場に出ることができる。そして、力量の乏しい通訳人を排除する市場メカニズムも存在しており、一定以上の能力とスキルを有した人材しかキャリアを維持することができない。それに比べ、前述したように、司法通訳人を対象とするトレーニングの機会は全般的にあまりに乏しく、十分なトレーニングを積まないまま通訳の業務に就く通訳人がおり、さらに会議通訳のように市場原理も働きにくいことから、不適切な人材が排除されない。特に少数言語の場合、通訳の能力のチェックをすることはほぼ不可能である。このように、通訳の質の管理に関しては、認定制度の欠如と並んで、通訳教育の不十分さという点でも、現行システムは大きな問題を抱えている。

通訳人の身分と報酬

会議通訳と比較すると司法通訳は、報酬という点でも身分という点でも十分な状況にあるとは言えない。会議通訳は能力、スキルや通訳経験に基づいた料金体系が明確に定められているケースが多いが、司法通訳の場合、能力やスキルに料金が連動することはない。また、料金体系自体に透明性が欠如していることも多く、たとえば、法廷通訳の料金はどこにも基準が明記されておらず、裁判長の裁量に任される場合も多くあるという。また、会議通訳の場合は、一日あるいは半日単位で料金が支払われるのに対して司法通訳は「訳している時間への対価」という考えが取られ、実働時間が合計されていく形になるので、収入という点では不利である。また、支払い方法も、業務ごとに支払われるのではなく、裁判が終了してからまとめて支払われるため、長期にわたる裁判の場合、一年以上たってやっと報酬が得られるというケースもあるという(静岡県立大学法廷通訳研究会二〇一三)。このように、司法通訳は会議通訳と比較すると、その仕事で生計を立てることは容易ではない。

また、司法通訳については、会議通訳のように独立した専門職という認識が浸透していない。まだ外国人事件が少なかった頃、裁判等で通訳が必要になると、語学のできる警察官や被告人の知人などの、いわゆる「アド・ホック通訳人」を呼んでくるケースも多かった。公平性という点で、これは今では考えられないことである。また、大学の外国語学部の先生やその他語学の専門職に就いている人に依頼したりすることも多かった。鑑定人に似た立場である。今でこそ、そのような間に合わせの通訳人はほとんど見られないが、英語を中心とする会議通訳に比べると、どうしても少数言語のケースが多く、通訳のプロフェッショナルではない人を雇うことに寛容であるのも、また現実である。さらに、司法通訳は仕事の頻度も会議通訳に比べると少なく、専門職として確立しにくい。したがって、通訳者の身分も、会議通訳に比べると安定していない。

裁判員裁判と法廷通訳

二〇〇九年に裁判員制度が導入されたが、対象事件に覚醒剤の営利目的による輸入が含まれているため、外国人が被告人になる要通訳事件も多い。たとえば、二〇一五年に行われた裁判員裁判においては、判決が言い渡された被告人一一八二人のうち、一二六人に対して通訳人がついた(最高裁判所事務総局刑事局二〇一七)。

裁判員裁判は従来型の裁判とはスタイルが大きく異なるため、通訳をめぐる問題も異なる。

• 通訳人の疲労

裁判員裁判は、数日間、連日で開廷されるため、一日の開廷時間が長い。午前、午後を通して通訳業務に携わることが多く、疲労により通訳の精度が低下するという問題が生じる。通訳者の疲労については、様々な研究が行われており(Moser-Mercer et al. 1998, 水野・中村二〇一〇など)、通訳時間が一時間を超えると生理学的にも心理学的にも通訳者の疲労が限界を超え、通訳の精度が低下することがわかっている。正確な通訳を保証するためには連続して三〇分を超えて通訳をしないようにすることが重要である。裁判員裁判の場合、裁判所の判断で通訳人が二名起用されることがある。これは、通訳人同士がチェックし合って誤訳を防ぐ目的もあるが、通訳人の極度の疲労を避けるためでもある。ただ、会議通訳の場合、通常、タイマーを使って二〇分交代にするなどの体制を取るが、法廷では二名の通訳人がどのように交代し合えばいいのか、明確なルールが存在しない。今後、効率的な交代方法を確立していく必要がある。

•通訳が裁判員の心証に与える影響

書面主義を取る従来の裁判と異なり、裁判員裁判は口頭主義を取る。公判廷で語られたことのみを証拠として裁判が行われるので、語られる言葉の重要性が高まる。特に一般市民から選ばれる裁判員は、職業裁判官に比べ、証人の言葉そのものだけでなく、話す態度や言い方なども評価の対象にする傾向が強いようである。また、量刑判断に用いられる論拠を比較しても、裁判員は、被告人の心的側面に関わる事柄により着目する傾向も明らかになっている（堀田二〇〇九）。このことは、被告人や証人が日本語を解さない外国人の場合、通訳人の口から出る日本語そのものが評価の対象となり、通訳人の態度や話し方が判断に影響を及ぼす可能性を示唆している。

筆者らは、模擬裁判員を使った法廷通訳実験を何種類か行って、被告人の同じ言語表現に対して通訳人が訳し方を変えると裁判員の判断にどのような影響が生じるかを検証してきた。その結果、通訳人の訳し方しだいで、裁判員の心証が変化することがわかった。たとえば、同じ被告人の証言について、丁寧で上品な語り口調（会議通訳者出身者に多い）、ぶっきらぼうでやや乱暴な口調（日本語ネイティブでない通訳人に時折見られる）、「あのう」「ええっと」など言い淀みが多い口調（通訳人の癖か通訳能力に問題がある時に出現する）の三種類の訳出例のビデオを作成し、それぞれ異なる模擬裁判員のグループに見せ、被告人の知性・教養・信頼性、証言の一貫性・説得力について評価してもらった。その結果、丁寧な話し方が、いずれの点においても評価が高いことがわかった（中村・水野二〇一〇）。また、同様の手法の実験で、通訳人が犯罪を想起させる語彙を多く使って訳すと、そうでない場合に比べ、被告人の罪が重いという印象を与えることもわかった（中村二〇一二）。さらに、被告人の反省の言葉を日本の言語習慣に沿った形（「本当に申し訳ありませんでした」など）で訳すと、直訳した場合（「とても残念です」など）に比べ、被告人の反省度が高いと評価されることも明らかになった（Mizuno et al. 2013）。日本の法廷では、被告人が反省しているかどうかという点が非常に重んじられるので、通訳によってその印象が変化するのは問題である。

また、法廷で検察官や弁護人は特定の意図を持ち、効果的に尋問や質問をしようとする。たとえば、主尋問では誘導尋問を避けながら証言や供述を引き出すために曖昧な表現が多く用いられるし、反対尋問では、期待する答えに導くために二重否定疑問文が使用されたりする。そのような表現には、通訳人にとっては非常にわかりにくいものがある。そのため、通訳を介すことで質問や尋問における法律家の意図や効果に変化が生じたり、尋問や質問の流れ自体に影響が及んだりすることが、いくつかの研究で明らかになっている（水野二〇一五、水野二〇一六、水野他二〇一六）。問いと答えの整合性が失われたりすると、証人や被告人に対する裁判員の評価にも影響が及ぶ可能性がある。裁判員裁判に限ることではないが、法律家と通訳人の間で情報交換をきちんと行い、法律家の話し方の意図や通訳人側の訳出上の負担（質問のわかりにくさ、言語によっては等価訳が存在しないことなど）について、互いに理解を深めておくことも正確な通訳のためには重要である。

裁判員裁判では、法廷で語られた内容だけでなく、話し方のスタイルや訳語の選択においても、通訳人は非常に敏感で注意深くなければならない。より厳密に正確性が求められるという点で、通訳人の負担は大きい。

三　司法通訳の今後の課題と展望

法制度整備の必要性

手続きの公正さが非常に重んじられる司法の場での通訳には、高度の語学力と通訳スキル、そして専門知識が必要である。しかし、日本には、司法通訳人のスキルや能力を客観的に測るシステムは存在せず、通訳の正確性が保証されていない。実際に、不正確な通訳が問題になったケースもあり、この問題が議論されたことが過去何度かあった。たとえば、一九九八年の参議院法務委員会[6]で、公明党の大森礼子議員が司法通訳の正確性について問題提起し、資格認定制度や教育システムの整備に向けて法制度を確立すべきではないかと提言したが、それを受けて検察庁は、二〇〇〇年から数年間、海外の司法通訳制度の比較調査に研究者たちを派遣し[7]、情報を入手する努力をしている。しかしその調査研究の成果は、司法通訳に関する国内法の整備にはいまだつながっていない。

前述したように、日本政府は司法通訳人の任用の仕組みを整備することには前向きで、これまでに、司法手続きの各段階で被疑者・被告人の母語の通訳をつけ、手続きのすべてを通訳させるという慣習を定着させてきた。これは大いに評価できるが、法制度の確立や認定の仕組みの整備という質の管理にとってコアとなる重要な課題がいまだに手付かずのままである点は、海外の先進諸国に比べ、遅れていると言わざるを得ない。

そのような状況を背景に、日本弁護士連合会は二〇一三年七月一八日付で「法廷通訳についての立法提案に関する意見書」を取りまとめ、最高裁判所長官、法務大臣および検事総長宛てに提出した。同意見書の趣旨は、以下のとおりである（ＵＲＬ②）。

一　刑事公判等における法廷通訳人につき、以下の事項を法律によって定めるべきである。
(一)通訳人の能力確保のための通訳人の資格・名簿制度
(二)通訳人の能力の維持及び向上のための継続的研修制度
二　刑事公判等における法廷通訳人につき、以下の事項を最高裁判所規則(刑事訴訟規則)等によって定めるべきである。
(一)通訳人の身分保障のための報酬制度の規定
(二)公判廷における通訳の質の確保のため、以下の事項を規定
①誤訳防止のための複数選任の原則化
②事前準備の機会付与の義務化
③事後的な検証のための録音・異議・鑑定の規定
④訴訟関係者に対する配慮義務規定(一般的努力義務及び訴訟関係書面の事前交付努力義務)
⑤裁判所に対する配慮義務規定(一般的努力義務及び判決言渡しの際の配慮義務)

これは、通訳人の資格を定めて能力を向上させ質の確保をすることを目的とする立法提案であるが、これを受けて日本政府が何らかの動きを示すことはまだない。

歴史的に移民受け入れ国家ではない日本は、語学人材の層が薄く、少数言語の通訳人の確保の難しさなど、様々な壁が存在していることは事実である。しかし、日本語を解さない被疑者や被告人の司法通訳への権利を法律で定めることに対し、国が消極的な姿勢を取り続けることは、グローバル・スタンダードという観点からも問題である。

通訳人認定制度に向けて

前述したように、日本では司法通訳のクオリティ・コントロールの仕組みはまったく整備されていない。そんな中、国際標準化機構（ＩＳＯ）が、多文化共生主義の歴史の長いＥＵ諸国に主導される形で通訳翻訳の国際基準策定に向けて議論を進めており、「コミュニティ通訳」に関する規格（ISO13611）が二〇一四年に発行された。これには司法通訳分野の一部が含まれているが、認証規格ではなくガイドラインという位置づけなので遵守の義務はない。ＩＳＯは現在、「通訳一般」の規格策定の過程にあるが、これと並行して「司法の場での通訳」の規格についても議論されている。これは認証規格という位置づけになる可能性が高いが、司法通訳人の資格認定制度が整備されていない日本にとっては厳しい資格要件が定められることになる。グローバル・スタンダードに合致するためにも、司法通訳の認定と教育の制度を確立させることは、今後の日本にとって重要な課題である。

このような状況のもと、通訳人の能力の保証のために、公益性を持つ機関が何らかの形でスクリーニングのシステムを作る動きも出ている。たとえば、大阪弁護士会は、二〇一五年に独自の通訳人認定の仕組みを導入した。対象は地域の言語需要を反映して韓国・朝鮮語と北京語となっている。試験の内容は裁判手続きや専門用語に関する知識、日本語能力、外国語能力、司法通訳の場面で求められる倫理観を問う筆記試験（四五分）と、通訳が必要とされる場面を想定した模擬通訳を通じ、実践的な能力を問う模擬接見（一五分）から成っている。

このように、地域限定ではあっても、通訳人資格認定の試みはいくつか行われており、これは司法の現場での通訳の質の保証という重要な課題に対する認識が広まってきていることの証左である。このような動きが国全体としての取り組みへとつながっていくことを期待したい。

司法通訳先進諸外国の制度

歴史的に移民から成り立っている国々は、国民の多くが民族的にマイノリティであり、その国の公式の言葉を解さないという状況に常に対応してきた。北米、オセアニア、ヨーロッパ諸国では、刑事手続きの各段階で通訳をつけるための法律を整備し、認定の仕組みを整えているところが多い。

たとえばアメリカ合衆国は、一九七八年に連邦法廷通訳人法を制定し、連邦裁判所では、それまでの「アド・ホック通訳人」を廃し、資格を認定された通訳人が起用される仕組みが確立した。それに続き、各州も州裁判所での通訳人の資格認定制度の整備を始めた。一九九五年には州裁判所通訳人認定プログラムコンソーシアムが発足し、現在では多くの州がこれに加盟し、共通の試験を実施している。これによって、州独自では実施が難しかった言語にも対応できるようになっている(中村・水野二〇一五)。研修に関しては、各州が独自のプログラムを実施している。

オーストラリアでは、白豪主義の廃止後一九七七年に、多文化政策の一環として全国翻訳者通訳者認定機関(NAATI)が設立され、通訳・翻訳の水準を設定・監視し、最低水準を維持するための認定制度が確立している(水野・内藤二〇一五)。この制度では、プロフェッショナル・レベル以上の認定を受けた者だけが、医療の現場や司法手続きにおいて通訳できることになっている。認定試験は司法、医療、行政を含むコミュニティ通訳全般を対象としていたが、二〇一九年度から、より専門性を備えた人材を養成するために分野別の試験を導入する予定だということである。

右記の二カ国を含め、世界の多くの先進国では、認定制度に対応した通訳翻訳教育が大学などの高等教育機関で盛んに行われており、司法通訳人の専門職という位置づけも明確になっている。司法通訳、特に刑事手続きの通訳は、会議通訳のような市場原理が働く業界ではない。専門職として確立するためには、国による通訳人認定制度が必要不可欠である。

プロフェッショナルとしての司法通訳人

・通訳倫理の遵守

司法通訳の質の保証にとって、制度の確立と並行して重要なのは通訳人の側のプロ意識である。プロ意識を端的に表すのが、通訳倫理の熟知と倫理規定の遵守である。日本は司法通訳が認定を伴う専門職として確立しているわけではないので、公的な倫理規定も存在しないが、基本的な倫理原則については、関係者の間でかなり周知されている。倫理原則には「守秘義務」「公平・中立性」「正確性」「プロとしての認識」という四つの主な柱があるが、資格認定制度を設けている国では、これに「資格の提示」に関わる原則が加わる。日本の場合も、通訳人は法律家の要請に応じて、自分が受けてきた通訳技能のトレーニングの年数や内容、通訳経験の詳細について提示できるよう、準備しておくことが望ましい(水野・渡辺二〇一五)。

倫理原則の中でも「正確性」の原則は非常に重要であるが、アメリカのカリフォルニア州の法廷通訳倫理規定は、様々な場面や状況を取り上げ、正確な通訳の保証のための行動原則について細かく解説している(水野・渡辺二〇一五)。日本では、厳密で正確な通訳というものに対する認識が甘く、法曹関係者にも、通訳は「意訳」で構わないと考える人が多い上、「意訳」の意味の取り違えもしばしば起こっている。「意訳」とは表現方法は異なっても原発言の持つ情報の質と量が同じことを意味する。多少情報が落ちても、大体の意味が伝わることを「意訳」と考える人がいるが、それはもはや「意訳」ではなく、誤訳の範疇に入る。司法通訳人は、まず、正確な通訳とは何を意味するかをきちんと認識し、原発言に限りなく忠実に通訳するよう、スキルを磨かねばならない。そして、通訳人を使う法律家も同様に、「正確な通訳」についての認識を深める必要がある。

・取調べの可視化と通訳

二〇一六年に取調べの可視化を柱の一つとする刑事司法改革関連法が成立したが、取調べの可視化についての検討の段階で、通訳に関しても議論が行われている。「被疑者取調べの録音・録画に関する法務省勉強会取りまとめ」(二〇一一年八月)では、録画を行うことについて通訳人の協力が得られない場合がありうるとしている。この「取りまとめ」に対する意見書(二〇一一年一二月)の中で日弁連は、通訳人の画像や音声について変換処理を施すなどして通訳人を保護することはできるとし、さらに、適切な通訳を行っている通訳人にとっては、可視化によって通訳がわかりにくかったといった苦情から自らを守ることもできるという点で、通訳人にとっても可視化は有益であると述べている。

要通訳事件においては、法廷通訳同様、通訳人の誤訳や不適切な訳語選択等によって捜査官や被疑者の発言が歪められる可能性があり、被疑者の真意と異なる供述調書が作成されるおそれが高い。そして、どんなに優秀な通訳人でも通訳ミスはありうる。したがって、通訳を必要とする外国人被疑者については、取調べの可視化は絶対に必要である。正確に通訳することは通訳人の最も重要な使命である。録音・録画によって自らの訳出をチェックされることを進んで受け入れることこそ、プロらしい責任ある行動である。

おわりに

刑事手続きにおいて「言葉」や「コミュニケーション」は非常に大きな意味を持つ。日本語を解さない人たちに適正手続きを保障するためには、司法通訳人の存在は不可欠である。日本は現在までに、刑事手続きの各段階における通訳人の任用のシステムをかなり整備してきた。それにもかかわらず、通訳の正確性の保証という最も根本的かつ中核的な問題については、いまだ抜本的な取り組みが行われておらず、国内法の整備や通訳人の認定と養成の制度も手付かずのままである。

しかし、最近になって、不適切な通訳の及ぼす影響の重大さについて法律家の認識も高まってきており、少しずつではあるが、通訳の質の向上に向けての動きがみられるようになった。法律家の意識改革によって通訳人のスキルや能力に対する期待も高まり、それに伴い、通訳人側のプロ意識も高まっていくことが望まれる。そして、司法通訳人の認定と養成の仕組みを国レベルで確立していくことが、公正な刑事司法の実現のために、今後取り組むべき大きな課題である。

(1) 訓練を受けたプロの通訳者ではなく、その場限りで依頼されて通訳を行う人。
(2) 弁護人の私的鑑定書。筆者が鑑定人を務めた。
(3) 弁護人の私的鑑定書。筆者を含め、四名の法言語研究者が鑑定に関わった。
(4) どちらのイベントにも筆者がパネリストおよび講師として参加した。
(5) 地域社会に暮らす外国人や聴覚障がい者のコミュニケーションの手助けをするための通訳。医療、行政とならんで、司法もその重要分野とされている。
(6) 第一四三回国会　法務委員会　第三号　平成一〇年九月二二日(火曜日)
(7) アメリカ合衆国(二〇〇〇年)、ドイツ・フランス・スウェーデン(二〇〇一年)、オーストラリア(二〇〇二年)、イギリス・スペイン(二〇〇三年)、台湾・シンガポール・香港(二〇〇四年)、スイス・オランダ(二〇〇五年)。

参考文献

最高裁判所事務総局刑事局編(二〇一七)『平成二八年版　ご存知ですか法廷通訳』
静岡県立大学法廷通訳研究会編(二〇一二)『二〇一二　法廷通訳の仕事に関する調査報告書』
竹中浩編著(二〇一五)『言葉の壁を越える――東アジアの国際理解と法』大阪大学出版会
中村幸子(二〇一〇)「ベニース事件の通訳をめぐる言語学的分析――談話標識を中心に」『金城学院大学論集社会科学編』第八巻第一号
中村幸子(二〇一二)「法廷実験の統計学分析」『愛知学院大学文学部紀要』四二号
中村幸子・水野真木子(二〇一〇)「法廷実験――模擬裁判員の心証形成に及ぼす通訳の影響」『統計数理研究所共同研究リポー

ト――裁判員裁判における言語使用に関する統計を用いた研究』(統計数理研究所)一三七号
中村幸子・水野真木子(二〇一五)「ハワイの法廷通訳に関する過去一五年ほどの動き」『法と言語』二号
深見史(一九九九)『通訳の必要はありません――タイ人女性殺人事件裁判の記録』創風社出版
堀田秀吾(二〇〇九)『裁判とことばのチカラ』ひつじ書房
水野真木子(二〇〇六)「ニック・ベイカー事件の英語通訳をめぐる諸問題」『季刊刑事弁護』四六号
水野真木子(二〇一五)「反対尋問で法律家が多用する終助詞「〜ね」の英語通訳について」『法と言語』二号
水野真木子(二〇一六)「法廷での尋問の際に使用される二重否定疑問文と通訳の問題」『金城学院大学論集社会科学編』第一二巻第二号
水野真木子・寺田有美子・馬小菲(二〇一六)「尋問で法律家が用いる言語表現と法廷通訳の問題――「回りくどい言い回し」と「多義的な問い」を中心に」『法と言語』三号
水野真木子・内藤稔(二〇一五)『コミュニティ通訳　多文化共生社会のコミュニケーション』みすず書房
水野真木子・中村幸子(二〇一〇)「要通訳裁判員裁判における法廷通訳人の疲労とストレスについて」『金城学院大学論集社会科学編』第七巻第一号
水野真木子・中村幸子・吉田理加・河原清志(二〇一二)「日本の司法通訳研究の流れ――方法論を中心に」『通訳翻訳研究』一二号
水野真木子・渡辺修(二〇一五)『法廷通訳人の倫理』松柏社
Mizuno, M.; Nakamura, S.; Kawahara, K.(2013)"Observations on How the Lexical Choices of Court Interpreters Influence the Impression Formation of Lay Judges", *KINJO GAKUIN DAIGAKU RONSHU Studies in Social Science*, Vol. 9, No. 2.
Moser-Mercer, Barbara; Künzli, Alexander; Korac, Maria(1998)"Prolonged turns in interpreting: Effects on quality, physiological and psychological stress(Pilot study)", *Interpreting*, Vol. 3, No. 1.

参考ウェブサイト

① https://www.npa.go.jp/sosikihanzai/kokusaisousa/kokusai/H26_rainichi.pdf(二〇一六年二月七日閲覧)
② http://www.nichibenren.or.jp/activity/document/opinion/year/2013/130718_3.html(二〇一六年五月一日閲覧)

11　精神鑑定から見た刑事司法

中谷陽二

はじめに

たとえばこのような新聞報道がある。

Ａ県Ｂ市で高校三年生のＣさんを刺殺したとして、殺人容疑で逮捕、送検された同じ学校の男子生徒について、Ｍ地検は、Ｎ簡裁から鑑定留置が認められたと発表した。期間は来年〇月×日までの三カ月間で、刑事責任能力の有無を調べる。

ここでいう刑事責任能力とはどのようなもので、なぜ検察庁はその有無を調べるのであろうか。日本の刑法には「心神喪失者の行為は、罰しない」という条文がある。刑事裁判で被告人が心神喪失者であるのかが問われる場合、必要になるのが精神医学の知識であり、診断をくだす行為が精神鑑定である。しかし、医学の一分野である精神医学には法律と馴染みにくいところがある。本稿では、精神鑑定とその周辺の問題を通して、精神医学の視点から見た刑事司法を筆者の経験と私見をまじえて論じてみたい。なお、「責任能力」は民事上の概念でもあるが、ここでは刑事責任能力の意味で用いる。

一　精神鑑定と責任能力

なぜ責任能力か

法律書を開くと次のように解説されている。責任とは「構成要件に該当する違法な行為をしたことについて、その行為者を道義的に非難しうること」、責任能力とは「有責に行為する能力すなわち責任非難を認めるための前提としての人格的能力」をいう（大谷二〇〇〇）。法律の言葉を平たく言うなら、ある人が法に反する行為を行っても、その人に道義に従って振る舞う能力が欠けていれば、通常人と同様には罰せられないことを意味する。これを日本の刑法三九条は「心神喪失者の行為は、罰しない。心神耗弱者の行為は、その刑を減軽する」と定めている。心神喪失・心神耗弱は精神障害によって善悪を弁識して行動する能力が失われているか、著しく低下していることと解釈されている。

しかし、法律がこう定めているからといって、万人がすぐ納得するわけではない。刑法三九条の存在を知らない人は多いし、知っていても違和感を覚える人は少なくないであろう。同じ行為をしていながら、なぜ精神障害者という理由で大目に見られるのか。心神喪失とは刑罰からの逃げ道で、他に助かる道のない被告人を救うために弁護側が使う最後の切り札ではないか。そしてその片棒を担ぐのが鑑定人と称して登場する精神科医ではないか。こうした疑問を持たれてもおかしくない。

それならば、行為の結果つまり他人に与えた損害が同じであれば、精神障害者も健常者と同等に罰せられるのが当然であろうか。保険金目的の放火犯も、幻聴に振り回されたり重い知的障害のために火の危険がわからずに火を放ってしまった人も、家一軒全焼という損害の程度が同じなら同じ刑が科されるべきであろうか。精神疾患は罹《かか》りたくて罹ったわけではないし、幻聴は聞きたくて聞いたわけではない。自分で望んで知的障害をもって生まれたわけでもない。精神的なハンディキャップをもつ人の行為と、悪意や利己的な動機による行為を、刑事責任上、区別して扱うことは理に適っている（精神障害者を刑罰から除外することを差別とみなす向きもあるが、筆者はそのような見解には与しない）。ただ、病的な行動と正常な行動との線引きや、病気が具体的にどのように行動に影響したかの解明は容易でない。だからこそ精神医学の知識と技術が必要となる。

責任能力のルーツ

精神障害者が他人や共同体に害を及ぼした場合に刑事責任を免除される、もしくは減軽される制度は現代日本の専売特許ではない。世界各国に類似の制度があり、また慣行としては古くから人間社会に根付いてきた。簡単に歴史について触れておきたい。

中世から近世への移行期に神聖ローマ帝国で制定され、一八世紀に入るまでドイツで通用したカロリナ刑事法典（一五三二年）ではすでに「弁識力を有せざる人びとが殺人をなす場合」の免責が定められ、精神病者はたいてい不処罰で、近親者または友人の確実な監置のもとに置かれた。ドイツの刑事思想に強い影響力をもったカルプツォフ（一六三六年）は、「狂人（furiosus）は自分の狂気にて罰せらる」というローマ法以来の原則を踏まえ、悪意（dolus）が欠如した狂人は幼年者と同様に不処罰であるとした。その後、紆余曲折を経て、啓蒙時代の法学者らにより〈意思の自由〉が責任能力の本質と捉えられるようになった（詳しくは浅田一九八三を参照）。一八七一年に成立したドイツ帝国の刑法典は五一条で次のように定めた。

> 行為者が行為の時に意識障害、精神活動の病的障害もしくは精神薄弱のために行為が許されないことを弁別し、又はこの弁別に従って行為することができないとき、罪となるべき行為は存在しない。

イギリスではインサニティ(insanity)の人の刑事責任がすでに一三世紀から議論された。一八四三年に発生した首相秘書襲撃事件を機に制定され、加害者の名を冠したマクノートン・ルールが近代的な責任能力規定の原点をつくった。

> インサニティの理由による抗弁を成立させるためには、その行為を行った時に、被告人が、精神の疾患のために、自分のしている行為の性質を知らなかったほど、またはそれを知っていたとしても、自分は邪悪なことをしているということを知らなかったほど、理性の欠けた状態にあったことが明確に証明されなければならない。

一方、フランスではナポレオン第一帝政下の一八一〇年の刑法が次のように定めた。

> 被告人が行為の際にデマンス(démence)の状態にあったか、もしくは抵抗できない力によって強制されていた時、重罪も軽罪も存在しない。

ここでいう英語のインサニティ、フランス語のデマンスは、重度の精神的欠陥のために法的能力が失われた状態を意味する言葉である。

ごくおおづかみに述べるなら、西洋では、狂気はそれ自体が人に与えられた罰であるから狂人はそれ以上罰せられないという古代の観念などがあり、近世以降は意思の自由または理性の欠如が刑事責任を免除する前提とされるようになった。前述の一九世紀に定められた諸規定がドイツ語圏、英語圏、フランス語圏でさまざまに修正されて現在も生きている。

東洋に目を転じると、刑法学者の小野清一郎によれば、江戸時代まで日本の法思想は中国の圧倒的な影響を受け、刑事責任についても中国で顕著に発達した法思想を取り入れてきた。漢律では、八歳未満と八〇歳以上の者はいっさい刑事責任を問われず、その背景には儒教・王道思想の憐憫、敬老の観念が推察されるという。次いで七世紀中庸の唐律では高齢者、幼少者、廃疾の者に対する刑の規定が細かくなった。これはそれらの者の道徳感情と再犯の可能性の乏しさを考慮したものである。ここで言う「廃疾」は精神病患者を含んでいる。日本の大宝・養老の律はこの唐律の規定をほとんどそのまま継受した(小野一九六七)。

将軍吉宗のもとで制定された刑法典である『公事方御定書下巻《くじかたおさだめがき》』(通称、御定書百箇条、一七四二年)では、乱心(精神病)の者と一五歳未満の者について刑の減軽が定められた。乱心に関しては次の七八条がある(山崎一九三一から引用、読み下しとする)。

乱心にて人を殺し候うとも、下手人となすべく候。然れども乱心の証拠、慥《たしか》にこれ有る上、殺され候うものの主人ならびに親類等、下手人御免を願い申すにおいては詮議を遂げ、相伺うべき事。

ここでいう「下手人」はもっとも軽いランクの死刑(斬首後の死骸を刀の試し切りなどに供されない)である。乱心の者が殺人罪をおかした場合、原則として下手人が科されたが、乱心の証拠が明白であり、被害者の主人、親類などが懲罰の追及を取り下げる願いをしたときには、詮議して上部に指示を請うべきであるという。

江戸時代の裁判例を集めた『古事類苑』(神宮司廳一九〇二)に、一七四四年の「狂疾愚昧者犯罪」の裁判例として

「乱心にて両人切殺候もの、事」という事件が記録されている。簡単に紹介すると、彌五郎という者が男二人を切り殺した。彌五郎は乱心であるという確かな証拠があった。被害者双方の親類のうち、一方は加害者に対する下手人つまり死刑を望まなかったが、もう一方は下手人を望んだ。そこで吟味をやり直し、説き聞かせたところ、いずれも得心した。結果として彌五郎は下手人を免れ、親類宅への押込という処分を受けた。御定書百箇条の二年後の事件である。これを見る限り、法にのっとった裁きが積極的になされている。ちなみに、喧嘩で人を殺したにもかかわらず下手人を免れるために乱心を装う者がいることへの注意喚起が付されており、乱心に関する法理が一般人にも周知されていたことの一端がうかがわれる。

乱心者に対する寛大な処分を単純に人道主義の現れとみなすことは一面的であろう。死刑を免ぜられても放免されるわけではなく、私宅への「押込」という処分がなされ、社会秩序の維持が考慮されている。近世の法思想や刑罰体系の中で乱心者の処遇がどのように位置づけられたかについては法制史の専門家に任せたい。

明治に入り、仮刑律(一八六八年)では「狂疾」による殺傷について、新律綱領(一八七〇年)では、「瘋癲《ふうてん》」による殺人について特別な規定が置かれた。これらは老小不具者や女性など社会的弱者を恤《あわれ》むという儒教的思想に基づくとされる(高鹽一九九〇)。その後、法制度の近代化、西洋化の一環として責任能力についても中国の法から西洋近代の法へと転換がはかられ、旧刑法(一八八二年)は「知覚精神ノ喪失」によって是非を弁別できない者は罪を論じないとした。そして一九〇七年の刑法の三九条が現在も通用している。

責任能力は万古不易の原理ではなく、特定の時代の人びとの規範意識や障害者観に応じて変わり得る。精神科医療が入院中心主義から積極的な地域医療へと変遷するに従い、かつては社会的権利を失った異質な存在とみなされた精神障害者のあり方も変わりつつある。その中で、権利を回復した人は同時に社会の一員としての責任を負い、ルールに違反した時には不利益を被るのが当然であるという主張も耳にする。確かに〈権利は責任を伴う〉という主張は一般論としては正しい。しかし現実問題として、精神障害者による違法行為の多くは不十分な治療と支援のもとで起きている。特に脱施設化が急速に進められた欧米諸国では、退院患者が困窮して軽犯罪を行い、刑務所に流れこむ現象が起きている。医療や福祉の責任にも目を向けるべきである。

責任能力は誰が判断するか

刑法の「心神喪失者」「心神耗弱者」という抽象的な文言は具体的には何を意味するのであろうか。一九三一年の大審院判決は以下のような定義を示した。

> 心神喪失は精神の障礙《しょうがい》に因り事物の理非善悪を弁識するの能力なく又は此の弁識に従て行動する能力なき状態を指称し心神耗弱は精神の障礙未た上叙の能力を欠如する程度に達せさるも其の能力著しく減退せる状態を指称するものとす。

ここで責任能力が二つの次元から構成されていることが分かる。〈精神の障害〉と〈理非(是非)善悪を弁識する能力・弁識に従って行為する能力〉である。二つの次元はそれぞれ生物学的要素、心理学的要素と呼ばれている。誤解を生みやすい表現であるが、要は、(一)その人は病んでいたのか、いたとすればどのように病んでいたのか、(二)行為の時点で、物事の善し悪しを弁え、行動できたか、である。

それでは誰が責任能力を判断するのであろうか。裁判官なのか、鑑定人つまり医師なのか。責任能力も心神喪失・耗弱も、一義的には法律概念であり、医学上の診断概念ではない。しかし、責任能力を構成する「精神の障害」つまり生物学的要素は医学を抜きにしては評価できない。裁判官が独自にうつ病の診断を下すわけではない。棲み分けは非常に微妙であり、専門家の間でも合意が存在したとは言えない。

この点に関する重要な転機は二つの最高裁決定である(中谷二〇一三a)。第一は一九八三年のもので、原判決が犯行当時の精神状態に関する鑑定結果を否定して被告人の責任能力を認めたことは重大な事実誤認であるとする上告を、最高裁第三小法廷が棄却した。要するに、裁判所が鑑定結果と異なる独自の判断を下したことに問題はなかったとする。

被告人の精神状態が刑法三九条にいう心神喪失又は心神耗弱に該当するかどうかは法律判断であって専ら裁判所に委ねられるべき問題であることはもとより、その前提となる生物学的、心理学的要素についても、右法律判断との関係で究極的には裁判所の評価に委ねられるべき問題であるところ、記録によれば、本件犯行当時被告人がその述べているような幻聴に襲われたということは甚だ疑わしいとしてその刑事責任能力を肯定した原審の判断は、正当として是認することができる。

もとになった事件は覚せい剤使用歴と窃盗常習歴を持つ人による窃盗である。空き巣をそそのかす幻聴に従ったという犯行教唆が真実であったのかが論点になった。供述内容と客観的事実はかなり矛盾しており、もっぱら被告人の供述に依拠した鑑定結果が裁判所によって否定されてもやむを得ない事例である。法理論上は、この判決は裁判官が鑑定結果に拘束されないという「不拘束説」を明示したとされるが、あくまで特殊事例であり、リーディングケースとして扱われることには違和感がある。

二つ目は一九八四年の最高裁決定である。大量殺人事件の被告人について計五回の精神鑑定が繰り返され、精神分裂病(統合失調症)の病状の程度と責任能力の有無が争点となった。最高裁は心神喪失を主張した上告を棄却して心神耗弱と認定し、第二審の無期懲役の判決を正当とする次のような要旨の決定を下した。

被告人が犯行当時精神分裂病に罹患していたからといって、そのことだけで直ちに被告人が心神喪失の状態にあったとされるものではなく、その責任能力の有無・程度は、被告人の犯行当時の病状、犯行前の生活状態、犯行の動機・態様等を総合して判定すべきである。

前記の一九八三年決定を追認した上で、裁判所は病状や犯行前の生活状態等を総合した結論として心神耗弱を認定した。この「総合的判定」と呼ばれる指針はその後司法界で定着しているようである。確かに、医師である鑑定人の目が病的な側面に向かい過ぎるという偏りは指摘されてよい。しかし逆に、裁判官の目が病的ではない側面に向かい過ぎることもあるのではないか。特にこの決定のもとになった事件については、犯行時は明らかに統合失調症の急性期にあり、心神喪失ではなく耗弱と認定した判決は疑わしいとする指摘も出されている(西山一九九六)。総合的判定は、一般論としては正しいにしても、事例によっては疾病の影響を実際以上に軽く見てしまうおそれがある。

最近の『難解な法律概念と裁判員裁判』(司法研修所二〇〇九)では「鑑定意見には、責任能力の結論に直結するような弁識能力・制御能力の有無・程度に関する表現はできるだけ避け、少なくとも心神喪失等の法律判断は明示しないこと」とされている。他方、最高検察庁が鑑定書の書式を定めた『精神鑑定書例』(高嶋二〇〇九)では「善悪の判断能力及びその判断に従って行動する能力の有無及びその程度」を鑑定事項として指定している。つまり、鑑定人に対して、裁判所は責任能力に言及しないように、検察庁は明記するように、要求しているのである。裁判所は原則論を、検察庁は事件処理上の便宜を優先しているのかも知れないが、ダブルスタンダード以外の何ものでもなく、鑑定人を困惑させる(中谷二〇一一)。筆者の私見では、疾患が行動や動機にどのような影響を与えたかを詳細に記述するところまでが鑑定人の仕事であり、それを踏まえて弁識能力と制御能力を評価し、刑法上の心神喪失・耗弱に該当するかを判断するのが司法官の役割である。

二　精神鑑定の実際

種類と方法

刑事訴訟法一六五条は「裁判所は、学識経験のある者に鑑定を命ずることができる」と定めている。捜査機関が嘱託する場合も鑑定である。刑事事件に関わる精神鑑定は、図に示すように、「起訴前鑑定(簡易鑑定を含む)」「公判鑑定」「医療観察法鑑定」に分けられる。

検察官は心神喪失の被疑者については不起訴処分、心神耗弱の被疑者について起訴または起訴猶予の決定を下す。この決定の資料とされるのが起訴前鑑定である。裁判所の許可と鑑定留置(鑑定のための身柄拘束)の手続きを経て行う場合が本鑑定、通常の捜査期間内に被疑者の同意により行われるものが簡易鑑定である。公判鑑定は被告人の責任能力を裁判官が判断するための鑑定であり、鑑定人は法廷で宣誓を行い、証人として尋問を受ける。裁判員制度の施行により鑑定の具体的な方式が変わりつつある。

鑑定を実施するにあたり、捜査・裁判記録の詳読、面接、心理検査、身体的検査、本人が在籍した学校や治療を受けた医療機関の記録を照会し、家族等からの情報収集を行う。本人との面接が「鑑定」であるかのように誤解されることがあるが、面接はあくまで鑑定作業の一部であり、多方面からの情報を突き合わせて診断を絞り込んでいく。ジグソーパズルを完成するプロセスに喩えることもできる。なぜ多方面からの情報が必須であるかというと、通常の診断と異なり、〈事件の発生時〉という過去に遡って精神状態を解明しなければならないからである。いわゆる〈密室の

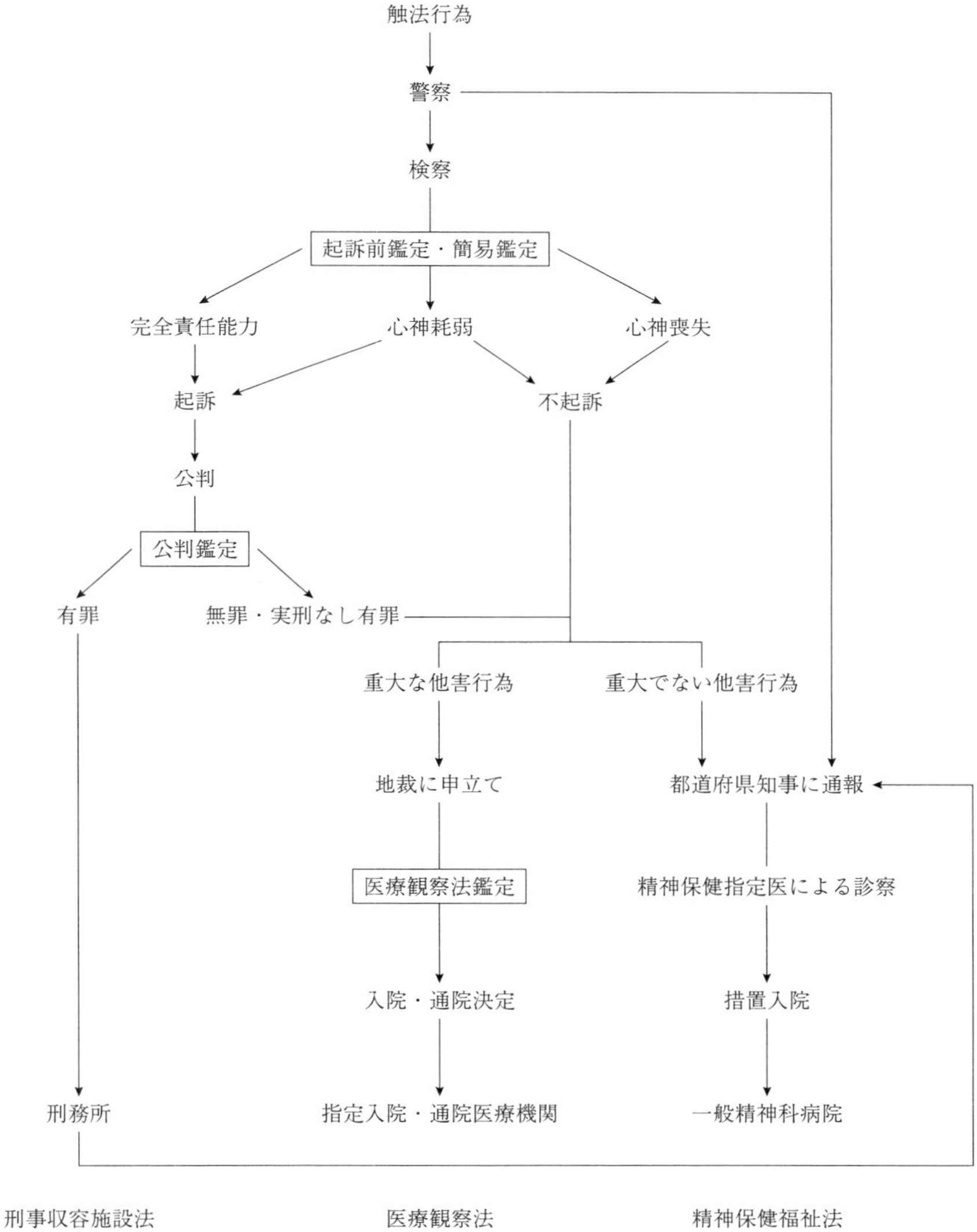

図　触法精神障害者の処遇と精神鑑定

殺人〉では、殺害された被害者はもはや語らないし、目撃者は存在しない。その上、加害者自身の記憶に病的な欠落や歪曲がある場合、状況を再現する直接の手がかりはほとんど得られない。犯行時の精神状態の推定が困難をきわめることが稀でない。

裁判員裁判と精神鑑定

「裁判員の参加する刑事裁判に関する法律」が二〇〇九年からスタートしている。裁判員裁判での精神鑑定は原則として正式審理に先立つ公判前整理手続の段階で施行される。集中審理および書面中心から口頭主義への変更に伴い、法廷で鑑定人がパワーポイントを利用して口頭で鑑定結果を説明している。一般国民である裁判員に精神医学の専門知識を簡潔に分かりやすく伝えることが司法側から要請され、精神医学の側でも技術的な工夫が試みられている。

とはいえ、何よりも優先されるべきは正確さである。正確さを犠牲にしてしまっては鑑定が誤判の原因をつくりかねない。そもそも精神病の症状の多くは正常心理としては了解が困難な現象である。たとえば妄想を「思い込み」、幻聴を「そらみみ」と言い換えると裁判員には飲み込みやすいかもしれないが、症状の本質が見落とされ、誤解を招くことになる。

触法精神障害者の治療——医療観察法

法に触れる行為を行った精神障害者に対して「触法精神障害者」という用語が用いられている。刑事責任年齢（一四歳）に満たない年齢の「触法少年」の語に倣ったものである。刑法は触法精神障害者の処遇については何ら触れていない。従来の方式では、不起訴とされるか裁判で無罪の判決を受けた精神障害者については「精神保健及び精神障害者福祉に関する法律（精神保健福祉法）」にもとづいて検察官が都道府県知事に対して通報を行い、診察によって精神障害のために自傷他害のおそれがあると認められると知事の権限で措置入院の対象とされてきた。措置入院は行政的な処分であり、治療や退院に関して司法機関は関与しない。他方、精神障害者でも実刑を科せられた場合、刑務所で治療を受ける機会があるが、精神障害を持つ受刑者のための特別な処遇方式があるわけではない。

こうしたシステムの弊害が各方面から指摘され、制度の新設が検討されていた矢先、精神科入院歴を持つ男性による小学校児童らの殺傷事件が発生したことがきっかけとなり、二〇〇五年から「心神喪失等の状態で重大な他害行為を行った者の医療及び観察等に関する法律(医療観察法)」が施行されている。

新制度の目的は対象者の医療と社会復帰であり、知事の権限による措置入院と違い、処遇の開始・終了の決定を裁判所が行う。法に定められた殺人等の「重大な他害行為」を行い、心神喪失もしくは心神耗弱を理由に不起訴処分とされたか裁判で無罪等とされた人について検察官が申立を行い、地方裁判所は精神鑑定を命じる。これが医療観察法鑑定である。鑑定結果をもとに裁判官と精神保健審判員(精神科医)の合議体が審議し、医療の要否を決定する。専門の医療機関での治療と保護観察所による精神保健観察が行われる。医療観察法の制度の主体は医療であり、刑事司法とはやや離れるので、詳しくは述べない。

三　法廷の精神科医

鑑定人は誰の「友」か

制度の概説をふまえて鑑定の現場で精神科医が直面する課題について考えてみたい。

法廷は診察室ではない。鑑定を命じられた医師は否応なく法廷という慣れない場でのプレーヤーを演ずることになる。ドイツでは古く「アミクス・クリアエ(amicus curiae. 法廷の友)」、つまり鑑定人は法廷の公平で独立した助言者であると言われた。日本では以下のように論じられている（中谷二〇一一）。日本の刑事訴訟法は「裁判所は、学識経験のある者に鑑定を命ずることができる」と定める。公判では鑑定人の選定は裁判所に委ねられ、どちらかの当事者が鑑定の申請にあたって候補者を推薦する場合でも裁判所はそれに拘束されない（三井ほか二〇〇三）。刑法学者の平野は刑事訴訟法の解説で次のように述べている（平野一九五八）。

英米法では、鑑定人は当事者が選定し依頼するから、その鑑定内容は依頼者の利益に傾き易く、相手方はこれを反駁するために、自己の鑑定人を依頼し、その結果、「鑑定人の闘争」が行われる。わが法のように、裁判所が鑑定人を選ぶ制度は、公正な鑑定人を持ちうる点ですぐれている。

同じく刑法学者の林はアメリカのレーガン大統領暗殺未遂事件での鑑定人相互の激しい争いを例に引いて、裁判所が鑑定を命じる日本の制度は専門家証言の争いを回避する点で優れているとする。ただし日本でも鑑定人が証人として「アメリカ法的な当事者主義の象徴」である反対尋問にさらされると指摘する（林二〇〇六）。裁判官の川合は、「通常、精神鑑定は、当事者とりわけ弁護人の請求によりなされることが多い。裁判所が職権で行うことも可能であるが、その数は少ない。もっとも、当事者からの請求の形をとっている場合でも、実質的には裁判所がイニシアチブをとっている場合も少なくない」と述べ、鑑定人の人選に関しては「当事者の意見には拘束されず、裁判所の専権に属する」とする（川合二〇〇六）。司法精神医学者の中田は、鑑定人の指名は裁判所または裁判官によるという原則は日本やヨーロッパ大陸諸国にみられ、それに対してアメリカでは中立的な鑑定人が得られず、党派的鑑定人同士による醜いやりとり――鑑定人の泥仕合――がしばしばみられると述べている（中田一九七六）。鑑定人は法廷の助言者であるから公正性を保てるという。

ここでは職権主義か当事者主義かという刑事訴訟の原理が問題となる。職権(審理)主義とは、刑事手続において裁判所が訴訟追行の主導権を持ち、自ら証拠を収集し、証人を尋問して事実を糾明する方式である。その対概念が当事者(追行)主義であり、当事者すなわち検察官と被告人に訴訟進行の主導権が与えられ、それぞれの主張・立証を裁判所が中立の立場で審判する。日本の旧刑事訴訟法は大陸法系で、職権主義が強く支配したが、現行刑事訴訟法は英米法の影響で当事者主義を大幅に導入した(三井ほか二〇〇三)。「わが国の刑事訴訟は、理念上は対等な当事者である検察官と被告人およびその弁護人とが裁判所の面前で検察官の主張の正当性をめぐって争い、その当否を公正な審判者たる裁判官が判断する、という当事者主義・対審構造を採る」という刑法学者の見解もある(伊東二〇〇六)。

結局、日本の刑事司法は職権主義の伝統の上に当事者主義も取り入れ、比重は後者へと傾いているようである。中田は夙《つと》に「わが国においても、刑事裁判でも当事者主義が非常に強くなってきており、将来、その傾向がいっそう強くなるものと考えられる」と指摘した(中田一九七六)。この趨勢は精神鑑定のあり方や公正性にどのように影響するであろうか。

精神鑑定と倫理

アメリカでの精神鑑定の状況について司法心理学者のスロベンコは以下のように伝えている。大陸法と異なり英米法は当事者主義を特質とし、そこでは公開の闘争こそ真実を明らかにする最善の方法とみなされる。均等な立場にある対抗者が裁判官をゲートキーパーとして論争を展開し、陪審が判定を下す。チェスのように、双方が弁論において自身にもっとも有利で相手にもっとも不利な手を打つ。その中で鑑定人は双方から依頼された党派的鑑定人であり、当事者いずれかの代言者の役割を期待される。意見の偽造や捏造をしない限り、倫理に反するおそれはない。スロベンコによれば、映画『羅生門』が描くように、どのような事柄にも二つ以上の見方が可能であり、当事者主義こそが人間の心性の自然な働きを反映したシステムである。当事者は古代ローマの剣闘士であり、正々堂々とした作法を期待される。逆に、裁判所によって選任された鑑定人は「中立性の仮面をかぶった党派性」を持つことになる(Slovenco 2002)。

このような情勢を背景にして、アメリカでは精神鑑定の倫理問題が先鋭化した。もっぱら一方の意見に添った証言をして報酬を稼ぐ「雇われガンマン」の精神科医というイメージが流布された(Weinstock 2004)。そのため精神鑑定の実施にあたって公正性の遵守が厳しく求められた。専門家組織のアメリカ精神医学法学会は一九八七年に『司法精神医学実践のための倫理ガイドライン』を設け、改訂を重ねた(URL①)。当事者主義に由来するハザードを最小限にとどめるために、ガイドラインは守秘義務、同意、誠実さと客観性の希求などを倫理項目に掲げている。日本でも精神鑑定に従事する医師が多く集まる日本司法精神医学会が「刑事精神鑑定倫理ガイドライン」を作成し公表している(URL②)。

日本の現状は北米の法的土壌に根付いた当事者主義的な鑑定方式からはまだ遠いところにあるが、職権主義を建前としたとしても、複数の鑑定が実施された場合、鑑定人同士が激しく対立することは稀でない。法廷は本質的に争いの舞台であり、個人の立場や信念の違いを増幅する効果を持つ。それなら初めから「検察側の鑑定人」「弁護側の鑑定人」というふうに旗幟《きし》を鮮明にするという方式もあるであろう。いずれにせよ、なし崩し的な当事者主義化は鑑定の現場を混乱させる。司法が精神鑑定のあり方について明確な方向を打ち出すことが望まれる。

起訴前鑑定の功罪

倫理の視点から特に問題にしたいのは捜査段階での検察官の嘱託による起訴前鑑定である。その意義と目的について刑法学者の伊東は「検察官が公訴提起(起訴)の可否・適否を判断するうえで必要な、被疑者の嫌疑行為時の責任能力や公訴提起時および公判継続中の訴訟能力等に関する資料としての専門家意見の収集」(伊東二〇〇六)と述べ、検察官の立場から入谷は「無罪判決が予想される者を被告人という不利な立場に立たせることになることから、そのようなことはできる限り避ける」ための証拠の収集であるとする(入谷二〇〇六)。

起訴前鑑定の利点は精神障害を持つ被疑者を医療へ早期に導入するところにある。他方で筆者が仄聞《そくぶん》するところでは、心神喪失は容易に否定できるが、裁判で責任能力が争点になる可能性のある被疑者についても起訴前鑑定が稀ならず実施されている。その場合、医療的配慮ではなく、あくまで公判対策として先手を打つことに意味があるのではないか。

捜査段階での簡易鑑定には特に注意が必要である。現在、全国の地方検察庁で実施されており、触法精神障害者の処遇の中で大きな役割を果たしている。精神障害の早期発見と迅速な医療導入に有効である。その反面、司法精神医学の知識の乏しい医師がルーチン的に引き受ける場合が少なくないようである。「簡易」とはいえ、検察官による決定の材料として重大な法的意味を持つことに変わりはない。

起訴前鑑定に関して刑法学者の浅田は、鑑定留置の期間が身柄拘束を延長するために濫用されてはならないこと、その期間内に捜査機関の取調べが行われてはならないこと、犯人ではないと主張する被疑者を心神喪失の理由により不起訴処分にすることを問題点として指摘している(浅田二〇〇六)。筆者の私見を付け加えると、診断資料が適正に提供されているか(検察側に不都合な資料が除外されていないか)、鑑定人が偏りなく選定されているか(特定の医師に偏していないか)という点も看過できない。

心神喪失者・耗弱者と認定される人の大多数は不起訴処分とされ、裁判でこれらが認定される場合は非常に少ない。犯罪白書によれば、二〇一四年に検察庁において心神喪失を理由に不起訴処分に付された被疑者五八九人に対し、第一審において同様の理由で無罪となった者は五人であった(URL③)。ただこれはあくまで近年の傾向である。犯罪白書をもとに一九五四年以降の推移を見ると、心神喪失による第一審無罪者数がもっとも多かったのは一九五〇年の一七二人で、その後は変動しながら減少に向かい、一九八六年以降は、二〇〇八年の一一人を除いて、一桁が続いている。

この傾向をどのように理解すべきであろうか。触法精神障害者の実態が大きく変化したとは考えられず、検察庁の姿勢を強く反映していることは確かである。すなわち、心神喪失の疑いのある被疑者に対して起訴前鑑定、特に簡易鑑定を広く実施し、捜査段階で篩《ふるい》にかける方策が、裁判での心神喪失の認定を例外的なものとしているのであろう。さらに二〇〇六年以降、心神喪失を理由とする不起訴の人員は明らかに増加しており、これはその前年に施行された医療観察法と連動した変化であろう。

要するに、今日、日本では責任能力判断の主な舞台が裁判所から検察庁へと移行している(加藤二〇〇四)。これは司法機関にとっては効率的であり、精神障害を持つ被疑者にとっては早期に治療を受けるという利点がある。しかしその一方で、起訴前鑑定には前述した倫理的問題があることにも十分注意が払われなければならない。またこの傾向に連動して、弁護側が専門家の意見書を多く用いるように見受けられる。特に検察側が起訴前鑑定の結果を証拠として提出し、裁判所が新たな鑑定を行わない場合、鑑定を代替する対抗手段として取られるようである。意見書は〈私的鑑定〉とも呼ばれ、当事者主義的な方式である。しかしアメリカなどとは異なり、双方の鑑定は対等の立場にない。裁判所から鑑定留置の許可を得て行われる起訴前鑑定に比して、私的鑑定は格段に条件が不利である。不均衡な当事者主義というほかない。

四　冤罪と精神鑑定

精神鑑定の危険な落とし穴は冤罪事件発生への関与である。冤罪が確定した「弘前事件」、冤罪の疑いが持たれたまま死刑確定者が病死した「帝銀事件」は、すでに過去のものとなったが、多くの教訓を残した(中谷二〇一三b)。

弘前事件

一九四七年に弘前大学の教授夫人が就寝中に殺害され、捜査が難航した末、近隣に住む那須隆が逮捕された。一審では死刑の求刑に対して証拠不十分で無罪となり、二審では一転して懲役一五年の有罪判決が下された。上告棄却により服役し、仮出獄後に真犯人が名乗り出たことから再審請求となり、唯一の物証であった血痕が警察の捏造と判定されて一九七七年に無罪が確定した。

この事件で起訴前鑑定を担当したのは日本の精神分析学の草分けとして知られる弘前大学の丸井教授である(鑑定書と起訴状は青木一九八〇、塚崎一九八一から引用)。検察の鑑定事項は「本件犯行当時及現在に於ける精神状態」であり、鑑定の結論は犯行当時と現在に関して「正常健康な精神状態から著しくかけ離れた状態にあったものとは認める事が出来ない」というものであった。注目されるのは、「(被鑑定者は)表面的には猫のようにおとなしく、態度・行動が一般に女性的である」「精神分析学の教うる処によるとそれは内心に残忍性・短気な傾向を包蔵し、その傾向を抑圧する結果反動として極端に柔和な猫のような態度が表面にあらわれるに至っているものと察せられる」「内面的には女に対し常人以上の興味を持って居たものと察すべく……」という記述である。

これらのことから被疑者は被害者の女性に対して「大なる関心を持った事ひいては被疑者が真犯人ではないかと察せしめる有力な証拠が吾人に与えられることになる」と論じ、「精神医学者、精神分析学者としての鑑定人は、凡ての事実を各方面から又あらゆる角度から考察し、被疑者那須は、少くとも心理学的にみて、本件の真犯人であるとの確信に到達するに至った」と結論づけている。起訴状はこの内容を受けて「変態性欲の満足を得る目的……被害者の美貌に執心し……殺害する以外に変態性欲の満足を得られないため……」と動機を説明した。

二審はあらためて東北大学の石橋教授に鑑定を命じ、「被告人は変態性欲者であるか、若し然りとすれば、被告人が変態性欲の満足を得る目的で本件殺人行為をすることがあり得るかを明らかにする」を鑑定事項とした。石橋鑑定の結論は「被告人が変態性欲者であるという断定は下し得ない。従って同人が変態性欲の満足を得る目的で本件殺人行為をすることがありうるかどうかの考察を加え得ない」であったが、二審の裁判所はこれを退け、丸井鑑定を採用した。

丸井鑑定にはいくつもの問題点を指摘し得る。(一)鑑定人が被害者の夫と同じ大学の同僚であった。(二)資料のほとんどを警察・検察調書に頼り、被鑑定人との面接は一カ月の鑑定留置中に約一五分間の一回に過ぎなかった。(三)鑑定人は事件発生から一週間後の新聞紙上で犯人像を「精神変質者や残虐性に富むサディスト」と推測し、予断を持っていたと推測される。(四)鑑定事項として求められていない事項——真犯人か否か——にまで言及した。

特に最後の点は決定的に重要である。そもそも犯罪の事実は「心理学的にみて」確定できる事柄ではない。被疑者が否認し、動機が不明な事件で、丸井鑑定が確信をもって描いた犯人の動機と人間像は〈変態性欲者の犯行〉という筋書きを創り出し、有罪を支える役割を果たしたことは想像にかたくない。二審も鑑定事項として「被告人は変態性欲者であるか」の判断を求めた。被告人が〈やりそうな人物か〉を明らかにせよというのである。石橋鑑定がその点の判断を避けたのは医学者として賢明であったが、裁判所はこの鑑定結果を受け入れなかった。

帝銀事件

一九四八年に発生した大量強盗殺人事件は精神鑑定のあり方に関する同様の問題をはらんでいる。鑑定で被告人平沢貞通は「狂犬病予防注射によって起った脳疾患の影響による異常性格」と診断され、ワクチン接種と脳疾患の因果関係に医学者の関心が集まった。一方、これが一貫して無実を主張する被告人に対して実施された鑑定であることにはあまり注意が払われていない。

鑑定書（内村・吉益一九七三）を参照しよう。東京地裁の鑑定事項は「左記時期における被告人の精神状態に異常があったかどうか、若し異常ありとせばその程度」である。それらの時期とは〈銀行での殺人事件ほか四件の犯罪発生〉〈検事への犯行の自白〉〈検事にかけられた催眠術が醒めたと称する時期〉および〈公判当時〉である。鑑定書の記述はこれに対応し、加えて「犯行がどの程度までその異常性格と直接の関係を有するかも、犯行時における犯人の責任能力の問題を考える上で重要」として、各事件について「これらが仮に被告人の犯行であると仮定した場合にも、犯行は被告人の欺瞞性格によって理解せられるものであって、空想性虚言症と直接関係があるものとは認めることが出来ない」と述べる。

この事件での裁判所の設問は「本件犯行当時」ではなく「本件犯罪発生の当時」である。つまり、被告人が真犯人か否かは棚上げして、各事件が起きた年月日について問う内容である。それに対して鑑定は、「仮定の上で」と断りながらも、犯行と被告人の性格の関連性を推定している。さらには被告人の「自白の真実性」について「精神医学的立場のみからは決定的判断を下すことは困難である」とする一方で、「この自白には空想虚言者の単なる虚偽の所産とは考えられぬものがあるとの感を深くした」と述べ、自白の真実性を間接的ながらも肯定している。

犯行が未証明の事件で裁判官が鑑定を命じたのは、被告人を真犯人とする心証を得たかったからではないであろうか。鑑定人による「犯行と性格の関連」「自白の信用性」にまで踏み込んだ言及はまさにその期待に適うものであった。真犯人であるかの立証の道具に鑑定を利用したとするなら、司法による鑑定の濫用と考えざるを得ない。

以上の二事例は、いまだ絵空事に過ぎない段階での「犯行」について精神科医が意見を述べることの危険性を物語る。筆者の私見では、本人が犯行を否認し、客観的な証拠を欠く事件では、検察や裁判所から鑑定を求められても医師は応じるべきではない。さらに、重要な事実、たとえば殺意の有無が争われている事件でも、鑑定の記述には十分な慎重さが求められる。たとえば「妄想が強固であった」という医学的記述が、法の文脈で「殺意が強固であった」と解釈される可能性があるからである。

おわりに

稿を終えるにあたり、精神障害が関係する刑事事件の報道のあり方について感じるところを述べておきたい。

一〇年以上前になるが、路上でバスを待っていた園児らの輪をひとりの少年が襲い、園児一人を殺害、かばおうとした母親に重傷を負わせるという痛ましい事件が発生した。筆者は裁判所から鑑定を命じられた。犯行当時は有機溶剤(シンナー)による急性中毒の状態にあったが、事件発生までの経緯を調べて明らかになったのは、加害者はいわゆるシンナー少年として地域で知られており、警察もたびたび接触していた。しかし依存症治療のために医療・保健機関が関わる機会はなかった。依存症が放置されたことが悲惨な事件につながったことは明らかであった。重大な結果を招く有機溶剤乱用について社会に警鐘を鳴らす絶好の機会を提供したわけである。ところが、ある月刊誌が少年の実名をあげて報じたことがきっかけとなり、「少年の実名報道は是か非か」という論議に火がつき、乱用対策の問題はかき消されてしまった。こと話が〈報道の自由〉や〈国民の知る権利〉に及ぶと一斉に燃え上がるのがジャーナリズムのつねである。もちろん、ないがしろにされてよいわけではない。しかしそのことによって、悲惨な事件の再発をいかに防ぐかという課題が国民の目から遠ざけられるようなことがあってはならない。

精神鑑定は精神医学という特殊な専門分野の〈社会に向かって開かれた窓〉であると筆者は考えている。窓が風通しよく機能し、責任能力や触法精神障害者の処遇についての問題意識が多くの人に共有されるには、メディアによる正確な報道が欠かせない。相互理解をはかるための努力が双方に求められている。

参考文献

青木正芳(一九八〇)「いわゆる弘前事件における丸井鑑定について」『精神神経学雑誌』八二巻
浅田和茂(一九八三)『刑事責任能力の研究　上巻』成文堂
浅田和茂(二〇〇六)「刑事司法手続きと精神鑑定」中谷陽二専門編集『司法精神医学2　刑事事件と精神鑑定』中山書店
伊東研祐(二〇〇六)「刑事訴訟法」松下正明専門編集『司法精神医学1　司法精神医学概論』中山書店
入谷淳(二〇〇六)「検察官からみた精神鑑定」中谷陽二専門編集『司法精神医学6　鑑定例集』中山書店
内村祐之・吉益脩夫(一九七三)「帝銀事件」内村祐之・吉益脩夫監修『日本の精神鑑定』みすず書房
大谷實(二〇〇〇)『新版刑法講義総論』成文堂
小野清一郎(一九六七)「責任能力の人間学的解明(二)」『ジュリスト』三六七号
加藤久雄(二〇〇四)「触法精神障害者と検察官の訴追裁量権――心神喪失者等医療観察法における検察官の役割を中心として」町野朔編『ジュリスト増刊　精神医療と心神喪失者等医療観察法』
川合昌幸(二〇〇六)「裁判官からみた精神鑑定」中谷陽二専門編集『司法精神医学6　鑑定例集』中山書店
最高裁昭五八・九・一三　三小法廷決定　判時一一〇〇号
最高裁平八・九・三　三小法廷判決　判時一五九四号
司法研修所編(二〇〇九)『難解な法律概念と裁判員裁判』法曹会
神宮司廳(一九〇二)『古事類苑』吉川弘文館
大判昭六・一二・三　刑集一〇号
高鹽博(一九九〇)「新出の「刑法新律草稿」について――「假刑律」修正の刑法典」高橋治俊・小谷二郎編『増補刑法沿革綜覧』信山社
高嶋智光(二〇〇九)「裁判員制度と精神鑑定」『司法精神医学』四巻
高橋省吾(一九八四)「精神分裂病者と責任能力　最高裁昭和五九年七月三日第三小法廷決定」『ジュリスト』八二七号
塚崎直樹(一九八一)「弘前事件における丸井鑑定の批判」『精神神経学雑誌』八三巻

中田修（一九七六）「精神鑑定の実際」懸田克躬・武村信義・中田修編『現代精神医学大系24　司法精神医学』中山書店

中谷陽二（二〇〇九）「最高検察庁による精神鑑定書例に関する私見」『精神神経学雑誌』一一一巻

中谷陽二（二〇一一）「精神鑑定における中立性とは」『臨床精神医学』五三巻

中谷陽二（二〇一三a）『刑事司法と精神医学』弘文堂

中谷陽二（二〇一三b）「司法精神医学と倫理——鑑定・治療・研究」中谷陽二・岡田幸之責任編集『シリーズ生命倫理学9　精神科医療』丸善出版

西山詮（一九九六）『精神分裂病者の責任能力——精神科医と法曹との対話』新興医学出版社

林美月子（二〇〇六）「裁判のプロセス、手続き」松下正明専門編集『司法精神医学1　司法精神医学概論』中山書店

平野龍一（一九五八）『刑事訴訟法』有斐閣

三井誠・町野朔・曽根威彦ほか編（二〇〇三）『刑事法辞典』信山社

山崎佐（一九三一）「精神病者処遇考」『神経学雑誌』三三巻

American Academy of Psychiatry and the Law (2005) *Ethics Guidelines for the Practice of Forensic Psychiatry* (adopted May, 2005)

Slovenco, R. (2002) *Psychiatry in Law*, Brunner-Routledge

Weinstock, R., Gold, L. G. (2004) Ethics in forensic psychiatry. Simon, R. I., Gold, L. G. (eds.) *Textbook of Forensic Psychiatry*, APA

参考ウェブサイト

① http://www.aapl.org/ethics.htm（二〇一六年六月二三日閲覧）

② http://jsfmh.org/oshirase/index.html（二〇一六年六月二三日閲覧）

③ http://www.moj.go.jp/housouken/houso_hakusho2.html（二〇一六年六月二三日閲覧）

12 刑事司法と報道

渡辺雅昭

一 九九・九％と〇・一％の間で

無実を証明できる確率、〇・一％――。

刑事事件にとり組む腕こき弁護士の活躍をコミカルな要素もまじえて描いた、二〇一六年放送のテレビドラマのキャッチコピーだ。残りの「九九・九％」が、きわめて高い日本の刑事裁判の有罪率を意味するのは言うまでもない。法律学を勉強する学生であれば、このコピーのおかしさをただちに指摘するだろう。「〇・一％」が意味するのは検察側が有罪を立証できなかった率だ、弁護側に無実を明らかにする義務があるかのような言いは正確さに欠け、刑事司法への誤解を招く、と。

一方で、刑事弁護を担ってきた人たちからはこんな声が聞こえてきそうだ。「理屈はそのとおりだ。しかし、事実上、弁護側に無実の証明を求めてきたのが、この国の刑事裁判の歴史ではないか。宣伝文句はあながち間違いとはいえない」

多くの市民は、長い間、両者の言い分の違いを認識する機会はなかったし、その違いが意味する問題や理論と実務の乖離について深く考える必要もなかった。

ところが二〇〇九年に裁判員制度が始まった。市井の人が重大な刑事裁判に参加して、有罪か無罪か、そして有罪の場合はどんな量刑がふさわしいかを判断するようになった。

裁判員に選ばれれば、裁判所から基本的な説明を受ける。しかしそれ以前に、刑事裁判について一定の知識と関心をもち、ふだんからそのありようを考える市民の層が厚くなってこそ、裁判員制度がめざす「司法の国民的基盤の強化」は現実のものになる。

事件が起きたとき一時的に話題にし、その後の被疑者・被告人の処遇は専門家に「お任せ」する。それで良しとされる時代は過去のものになった。

新しいステージに入ったいま、刑事司法と市民をむすぶ報道機関の役割は重要さを増しているように思う。間違った理解や認識に基づく報道は読者・視聴者を誤った方向に導きかねないし、メディアの側がそうした報道や番組づくりを続けていると、見識ある市民に見すかされ、信用をみずから掘り崩すことにもなる(1)。

日ごろの仕事を通じて市民の司法参加を側面から支え、またそうすることによって自身も鍛えられるのが、裁判員時代におけるメディアの姿といえよう。

私は一九八三年に朝日新聞の記者になり、裁判、事件、刑事立法などの取材や論評を担当する機会を得た。このシリーズの編者から示された「刑事司法と社会を媒介する働きを報道は適切に果たしているか」というテーマについて、自分なりに考えたり悩んだりしてきたことを書き留めておきたい。いきおい「報道する側」に立って、報道がもたらす功罪の「功」に重きをおき、「罪」への言及が足りない内容になるかもしれないが、おゆるし願いたい。

二　取材記者の思い、考え、悩み

事件報道の意義

全国に拠点をもつ新聞社や通信社、NHKの記者は、まず地方に配属され、そこでおきる事件・事故や裁判の取材から仕事をスタートさせることが多い。

犯罪は時代や社会を映す鏡といわれる。私たちはいまどんな世の中に生きているのか。どのような人間がいて、いかなる葛藤をかかえているのか。それを取材し人びとに伝えることは、かわら版の昔を引くまでもなく報道の基本と言っていい。一方で捜査には密行性が求められ、記者はその壁を乗り越えてはじめて、他社とは違う独自の記事を書くことができる。厳しい現場にまず身を置き、経験を重ねるなかで、他の分野を取材するときにも役立つ力を蓄える。一部例外もあるが、そんな育成方法が長年引き継がれてきた。

朝日新聞の場合、入社後の研修で刑事手続きや弁護活動の意義、犯罪被害者が直面する状況やその心情などを学ぶ。だが時間が限られているため、そこで習得するのは初歩的な内容にとどまる。それぞれの任地で、実際の事件に即しながら、先輩記者や取材で知り合った警察官、検察官、弁護士らの教えを受け、刑事司法の仕組みとその背景に流れる考えを勉強していく。まさにオン・ザ・ジョブ・トレーニングだ。

警察や検察の広報資料をもとに、若干の追加取材をして比較的簡単にまとめられる記事もあれば、現場に何度も足を運び、関係者の話をねばり強く聞き、捜査幹部らにも確認して、ようやく形になるものもある。他社に先がけた報道、いわゆる特ダネやスクープ記事が書ければやりがいを感じ、逆に遅れをとれば意気消沈する。どの取材分野にも競争があるが、とりわけ刑事事件の報道は「勝ち負け」がわかりやすい。体力的にも精神的にもハードな仕事のため、苦手意識をいだく記者も少なくない。

なぜ事件報道に力を入れるのか。そこにどんな意義があるのか。

この問いに、報道機関側は次のように説明してきた。

①自分のまわりや社会で何がおきているかを知りたいという、読者・市民の当然の要求にこたえる。

②犯罪や事故などの危険情報を社会全体で共有することによって、対策や予防、再発防止のための手だてを一緒に考える(リスク・コミュニケーション)。

③刑事責任の追及という枠の中におさまらず立件が見送られた事案や、事件・事故の背景にある社会の課題、捜査・公判がかかえる問題などを掘りおこし、世の人びとに提起し、議論のきっかけをつくる。

以上は、日ごろの取材に悩んだとき、記者が立ちかえり、みずからの仕事の意味を確認する原点でもある。厳しい批判を受けながらも報道機関がかかげ続けている実名報道の原則も、これと密接な関係にある。

被疑者・被告人の実名は、報道内容の真実性の担保に加え、捜査が正しく行われているか、意図的な情報操作はないかなどの監視・検証、地域での無用な犯人捜しの防止などの役割を果たす。被害者についても、氏名とあわせてその歩んできた軌跡や人となりを紹介することで、事件が浮き彫りにした問題をともに考え、解決していこうというエネルギーを生む。氏名はその人をその人たらしめている重要な要素、まさに人格の象徴で、実名の記事と仮名の記事とでは読者に訴えかける力が格段に異なる。

もちろんその取り扱いは十分慎重であるべきだ。情報が瞬時に伝わり、かつ半永久的に残るインターネット時代にあってはなおさらで、とりわけ被害者の氏名に関しては、事件の内容、当事者の属性、立場などを考慮して匿名にする記事が増えている。捜査当局が発表を見合わせることも多い。二〇一六年七月に神奈川県相模原市の障害者支援施設で四六人が殺傷される事件が起きたときも、遺族・家族の意向を理由に非公表の措置がとられ、実名掲載の当否や警察広報のあり方をめぐって改めて大きな議論が起きた。

明快単純な基準を示せる性質の問題ではなく、ケース・バイ・ケースで対応していくしかないが、安易に名前を消してしまうことが社会にどんなマイナスの影響をもたらすか、よくよくの検討が必要だろう。そのうえで、実名報道に踏み切って問題が生じたとき、責任を引き受けるのはその報道をしたものであることは言をまたない。

関連して、「逮捕へ」「強制捜査へ」など「前打ち」とよばれる報道にどんな意味があるのかという声もよく耳にする。たしかにいかがなものかと思う記事もあるが、地域社会で注目される事件がひとつの区切りを迎えることは、その構成員の関心事であり、いち早く報じる価値は小さくない(その被疑者が真犯人かどうかは、また別に追究する話だ)。記者が捜査の進む方向をあらかじめ把握していれば、前述したような犯罪の背景を探り、論点を整理して世に問うことも可能になる。逆にいえば、そうした「次」の展開につながらない予告記事は、記者の自己満足でしかないと批判されても、やむを得ないかもしれない。

広がるテーマ――公判から保護、立法へ

事件報道は事件・事故の発生や被疑者の逮捕によって終わるものではない。先にあげた三つの意義を果たすためにも、比較的落ち着いた環境のもと、訴追する側、される側の双方の言い分や背景事情が示される公判の過程を追うことは、記者の重要な仕事だ。

ロッキード事件やリクルート事件など政治家がらみの裁判や、オウム真理教事件のような世間をゆるがした重大犯罪の公判取材に、メディアは多くのエネルギーを注いできた。しかし、こうした事案と同等、もしくはそれ以上に、大勢の人に読まれ反響が寄せられるのは、たとえば介護につかれた末に最愛の親族に手をかけてしまった犯罪や、家庭や職場での人間関係のあつれきが原因となって大事にいたったケースなど、他人事とは思えず、また時代の空気を色濃くうつす事件だ。

証拠調べの段階で明らかになる事件のディテールや、被告人をふくむ関係者の生の声をどう伝えるか。新聞、テレビと違って紙面のスペースや放送時間の制約がないデジタル空間が、最近は格好の発信の場となっている。ともすれ

ば、初公判、論告、弁論、判決という節目を報じることにとどまっていた裁判報道だが、新しいツールを得て、伝える内容、手法とも大きく変わってきている。

悩ましいのは判決の評価だ。法律の解釈・適用や手続きの当否が焦点であれば、ある視点にたって積極的にも消極的にも論じることが可能だが、事実認定が争われるケースではそうはいかない。市民の司法参加をきっかけに法廷でのやり取りが重視されるようになり、状況は変わってきているものの、記者が見聞きすることのできる証拠は限られる。しかもそれらをどう評価するかは、裁判員や裁判官の自由な判断にゆだねられている。

一九九七年に東京電力の女性社員が殺害された事件は、私には苦い思い出だ。一審は、被告人、被害者のいずれとも縁のない土地から被害者の定期券が発見されるなど「解明できない疑問点」が残るとして無罪を言い渡したが、二審が破棄して無期懲役刑とし、最高裁もこれを支持した。ところが後になって、犯行現場に落ちていた体毛や被害者の爪の付着物から、被告人ではない人物のＤＮＡ型が検出され、二〇一二年に再審で無罪になった。一審判決には説得力があると思っていたので、二審の判断には違和感があった。しかし、先にあげた理由から、正面から批判する記事は書けなかった。十数年後、再審開始の決定から無罪判決までを忸怩たる思いで見守ることになった。

市民から選ばれた裁判員も加わって言い渡された結論となれば、対処の仕方はいっそう悩ましい。裁判員や裁判官が事件に真摯にのぞんでいるのは間違いないだろうが、裁判員裁判の判決だからといって疑義を呈するのを自己規制し、結果をただ受け入れるだけでは、制度の深化や発展は期待できない。

量刑も同様だ。発達障害について正しい理解を欠いたまま、検察側の求刑を上回る重い刑を科した裁判員裁判の判決に対し、各方面から疑問が寄せられ、高裁が是正した事例があった。弁護人をはじめ、病気に関する正しい知見を裁判員に提示できなかった法律専門家の責任が、まず問われてしかるべきだ。しかし、反省すべきは法曹三者だけで裁判員に責任はないかというと、そうとは言い切れまい。

一審重視の考えを踏まえつつ、「市民」の判断に対しても批判的な視点を忘れず、ただすべき疑問はしっかりただす。上級審を担当する裁判官だけでなく、報道する者にとっても難しい課題である。

公判が終わった「先」にあり、従来はあまり注目されなかった刑務所や更生保護の現場の様子を記事に取り上げる動きも活発になっている。

かつて、法務省内で保護行政を担当する部署に異動した検事が「現場の検察官だったころは、ほとんど考えたことのない世界だ」と話すのを聞いたことがあるが、いまや被疑者・被告人に適切な処遇をするための福祉・医療分野との連携や、社会総体の負担を減らすことにつながる再犯防止施策の充実は、刑事司法が正面からとり組まねばならない重要テーマだ。報道する側も、注ぐエネルギーは捜査・公判の取材に比べてまだ小さいものの、関心をもつ層は着実に厚くなっており、さらなる広がりを予感させる。

立法過程も記者にとって興味深く、取材する甲斐のある分野である。

一九八〇年代までは刑法や少年法、監獄法などをめぐる根深い対立があり、法改正や新法制定の動きは停滞していた。しかし条文の表記を平易にした一九九五年の刑法改正以降、実体法、手続き法を問わず、刑事司法関係の法整備が間断なく続いている。

刑事立法の場合、法務省などに設けられた懇談会や勉強会から議論が始まり、法制審議会、そして国会へと取材の場が連なることが多い。いささか図式的な表現になるが、論理を重ね、意見をたたかわせ、磨きをかけていく専門家の世界と、その成果を受け継ぎつつ、思いきった妥協をするのも珍しくない政治の世界とを行き来しながら、ひとつの法がつくられていくプロセスを追うのは、刺激的で勉強になる。

受け身で見守るだけではない。途中段階で示される試案や法案を論評したり、日ごろの取材を通じて感じている制度上の不具合を記事に取りあげたりして、より良い法律にしていくのもメディアの役割のひとつだ。水面下の政党間の折衝や議員同士のかけひきを取材し、読者に伝えることも求められよう。本来、こうした動きも国の責任でしっかり記録し、後世に残すべきだと考えるが、文書管理や情報公開の法制がそのようになっていない現状では、記者が問題意識をもって発信していかなければならない。

古くて新しい課題——取材先との距離感

このように「刑事司法と報道」といってもさまざまな切り口や側面があるが、大勢の人が関心をもち、また批判や疑問が数多く寄せられるのはやはり捜査段階の報道だ。

逮捕イコール有罪という前提で報じている、関係者の名誉を毀損し人権を傷つけているといった指摘を受け、報道機関は一九八〇年代以降、一定の改革にとり組んできた。ＮＨＫが逮捕された者を呼び捨てにするのをやめ、容疑者（「被疑者」ではなく「容疑者」としている）などの呼称をつけて報じるようになったのは一九八四年のことだ。朝日新聞は社内の合意形成が遅れ、実施は一九八九年一二月にずれ込んだ。裁判員制度の導入は記事の書き方にさらに見直しを迫るものとなったが、それについては次節で詳しく紹介したい。

個人情報保護法がもたらしたプライバシー意識の高まり、それを理由にした匿名発表の拡大、インターネットの検索機能の発達を直接の契機に欧州で生まれた「忘れられる権利」への対応なども、表現・報道の自由と個々人の人権との調整が難しいテーマで、この先どんな展開をたどるか予断を許さない。特定の人物や地域に記者が殺到するメディアスクラムも、日本新聞協会が対応策（ＵＲＬ①）を打ち出して一定の時間がたつが、世の中から依然厳しい目を向けられている。

そして、同じく古くて新しい問題として、報道にたずさわる者が常に心にとめておかなければならないのは、取材源との距離の取り方だ。

政治や経済、文化、科学、スポーツなどあらゆる取材分野に共通するが、事件報道についていえば、正しく(少なくともその時点では「正しい」と思える)新しい情報を読者・視聴者に届けるには、その情報をにぎる警察官や検察官など当局側にどうアクセスするかが重要になる。帰宅後や出勤前に自宅を訪ねたり、利用する駅で待ち受けたりする「夜討ち・朝駆け」をしながら、信頼関係をどう築き、話を聞き出すかに記者は腐心する。

こうした取材手法は癒着をうみ、お先棒をかついだ記事が書かれる原因になっているとの批判をよく受ける。たしかに記者が取材対象と一体化し、からめとられてしまう危険は常にある。とりわけ相手が権力機関の一員である場合、在野の弁護士らと接するとき以上に、自覚と自制が必要だ。しかし、懐に深く入り込んでいたからこそ、表層的な特ダネ競争を越えて、社会的意義のある報道に結実したケースもしばしばある。

朝日新聞の例を二つだけ紹介する。リクルート事件は、神奈川県警が摘発を断念した疑惑を独自の調査報道で掘りおこしたものだった(第一報一九八八年六月一八日付朝刊)。警察取材をおろそかにしていては、未公開株を使った利益供与の疑惑があることも、捜査の頓挫も知りえず、「それならば自分たちの責任で事実にせまり、このおかしさを社会に訴えよう」という発想も生まれなかっただろう。郵便不正事件を捜査していた大阪地検の検事が、押収したフロッピーディスクの内容を検察側の主張に沿うように改竄していたことを報じた記事(同二〇一〇年九月二一日付朝刊)も、記者が日ごろの取材を通じて築いていた検察当局者との人間関係を抜きにしては語れないといわれる。

組織がかかえる問題や欠陥、限界をよく知るのは、組織の中にいる人間だ。思いを打ち明けたり、情報を提供したりする先のひとつに報道機関が考えられるが、その組織のことをよく理解し、問題意識を共有してくれると見込んだ記者でなければ、重い口を開くことはまずあるまい。言うまでもなく、「理解」と「癒着・一体化」は別のものだ。

そうした観点で近年の取材環境を見ると、気になることがある。それは、情報漏れをおそれるあまりの過度な面会規制であり、当局側と記者側の双方にひろがる、深いつきあいを敬遠する空気である。

かつて記者は県警本部や警察署のなかをほぼ自由に歩くことができ、管理職だけでなく第一線の捜査員とも、雑談を交わす機会がふんだんにあった。検察庁も一部の部署をのぞいてそんな感じだった。ところが時代を追うごとに窮屈になり、記者に対応するのは決められた幹部のみ、それも事前の約束が必要だとか、カウンターをはさんで互いに立ったまま会話をするとかいった光景が広がっている。

検察や警察はどんな組織原理のもと、何を大事に思って仕事をしているのか。かかげる目標と現実との間にどのようなギャップがあり、そのはざまで仕事をしている人たちは、いかなる悩みや苦労を抱えているのか。解消にむけてどんな模索をしているのか。

そうしたことを記者が認識しているからこそ、組織に対する厳しい批判や提言も説得力をもって相手方に受け入れられ、改善につながると考える。しかしそれを、カウンター越しのつきあいで築くのは至難の技だ。関係の希薄化が、将来の刑事司法をめぐる報道にどんな影響を及ぼすのか、懸念なしとはしない。

三　裁判員制度が変えたもの

「偏見報道禁止」への反論

前述したように、戦後の刑事司法にとって最大の変革は裁判員制度の導入だろう。司法権の行使に直接かかわることになった市民、捜査・公判を担当する法律実務家はもちろん、報道の世界にいる者にとっても、大きなエポックとなった。

市民の司法参加を、新聞やテレビは濃淡の差はあれ、大筋でこれを評価・歓迎した。朝日新聞も積極的に受けとめる社説を一貫して掲載している。導入を提言した二〇〇一年六月の司法制度改革審議会の意見書（ＵＲＬ②）にあるように、「法の精神、法の支配がこの国の血となり肉とな」り、「憲法のよって立つ個人の尊重と国民主権が真の意味において実現される」ことに期待したからにほかならない。

しかし、課題も突きつけられた。

具体的な制度づくりにあたった政府の司法制度改革推進本部の検討会で二〇〇三年三月、裁判員法に「事件に関する報道を行うに当たっては、裁判員らに事件に関する偏見を生ぜしめないように配慮しなければならない」という趣旨の規定を盛りこむことが提案されたのだ。日本新聞協会などは「取材・報道が規制を受け、国民の知る権利に応えられなくなる恐れが大きい」「何をもって「偏見」とするのかも明確でない。恣意的な運用を導く恐れの強い規定であり、表現の自由などを定めた憲法の精神に触れる疑いがある」と反論し、紆余曲折の末、法律に定めるのは見送りとなった。

一方で、市民が裁判に参加するか否かにかかわらず、被疑者を犯人と決めつけるような報道が許されないのは当然の理である。裁判員が予断をもって審理にのぞむのを懸念する裁判所との意見交換やさまざまな勉強会などを重ねて、日本新聞協会は二〇〇八年一月、「裁判員制度開始にあたっての取材・報道指針」(URL③)を発表した。そこには、協会加盟社の確認事項として次の三つが列記された。

▽捜査段階の供述の報道にあたっては、供述とは、多くの場合、その一部が捜査当局や弁護士等を通じて間接的に伝えられるものであり、情報提供者の立場によって力点の置き方やニュアンスが異なること、時を追って変遷する例があることなどを念頭に、内容のすべてがそのまま真実であるとの印象を読者・視聴者に与えることのないよう記事の書き方等に十分配慮する。

▽被疑者の対人関係や成育歴等のプロフィルは、当該事件の本質や背景を理解するうえで必要な範囲内で報じる。前科・前歴については、これまで同様、慎重に取り扱う。

▽事件に関する識者のコメントや分析は、被疑者が犯人であるとの印象を読者・視聴者に植え付けることのないよう十分留意する。(2)

朝日新聞のとり組み

報道各社はこれを踏まえて独自のとり組みをした。朝日新聞の場合、二〇〇九年三月二二日付朝刊に「朝日新聞の新しい指針」を発表し、事件報道の具体的な改善点として、①情報の出所を明示する、②対等報道を徹底する、③被疑者・被告人の前科、前歴、プロフィルは必要な範囲内で報道する、④いわゆる有識者のコメントについては、その要否や内容、掲載時期を慎重に検討する、⑤被害者の処罰感情を報じる際の表現や記事の扱いに配慮する、⑥公判段階の様子をこれまで以上に多角的に報道する、⑦記事の見出しの作成にあたっても同様の視点を心がける――ことを打ち出した。

実際、記事の書き方はこんなふうに変わった。

▽旧来の「調べでは~~した疑い」といった表現はやめる。「〇〇署によると、~~した疑いがある」というように、あくまでも捜査当局の見方であることが伝わるようにする。

▽「警視庁は〇〇容疑者を逮捕した」ではなく、「警視庁は〇〇容疑者を逮捕したと発表した」と、逮捕の事実自体が捜査当局の発表であることを明示する。

▽容疑の認否や具体的な供述内容を示す場合は、「捜査本部は、〇〇容疑者から~~との供述を得た、としている」などと、情報の出所とともに書く。

▽「~~がわかった」という断定的な表現はできるだけ使わない。使うときも、続けて「捜査関係者が明らかにした」などと、どこからの情報かを明らかにする。

▽「〜とみられる」といった受け身であいまいな表現は避け、「県警は〜とみている」と判断の主体をはっきり示す。

▽検察官の冒頭陳述についても、「冒陳で〜を明らかにした」などと確定的事実と受け取られるような表記はせず、「冒陳で〜と指摘した」と書く。

新聞やインターネット配信の記事でこうした表現を目にしたら、以上述べてきた経緯や配慮が背景にあることに意をとめていただければと思う。

それでも、残念ながらルールを逸脱した、あるいは表現そのものはルールに従っていても、「犯人視しない」という原点を忘れた記事や番組が、時に掲載されたり放映されたりする。なぜそのような取りきめになったかという経緯を学ばず、教えられた型に従うことだけを考えて取材・執筆をすると、えてしてそのような結果を招く。

メディアによる不断の自己点検はむろん必要だが、読者・視聴者によるチェックも大切だ。試行錯誤を重ねながら、より適切な事件報道を心がけていきたい。

前記「朝日新聞の新しい指針」のうち、報道側の努力や工夫のみでは実践が難しいのが、②の「対等報道を徹底する」だ。

捜査当局だけでなく、被疑者側の言い分をあわせて報じようという試みは、西日本新聞が率先して一九九二年からとり組み始めた。一九九三年度の日本新聞協会賞を受賞し、他メディアにも一定程度広がりをみせたが、継続するには相当のエネルギーが必要とあって壁にぶつかっていた。裁判員制度を機に、そこに改めて光があたった。

非難の矢が一方的に被疑者に向けられるのを抑えるとともに、不当な取調べや長期におよぶ勾留など公権力の逸脱を防ぐことにもつながるとして、被疑者との接見を終えた後などに取材に応じる弁護士も少なくない。

一方で慎重論も根強い。弁護士には守秘義務があり、依頼者との信頼関係の保持がきわめて大切なのに加え、事件に関する見解や弁護方針を明らかにすれば、それを「つぶす」ための捜査が行われるなど、結果として被疑者・被告人の利益を損なう懸念があるからだ。刑事弁護に通じた弁護士の中には「マスコミ対応は、常にノーコメント、であるべき」と話す人もいる。報道機関側の問題意識を弁護人に丁寧に伝え、理解を得ながら地道に実践していくほかない「指針」である。

相反する司法観と自省

裁判員制度によって問われたのは予断・偏見問題だけではない。そもそも自分たちは、刑事司法をどのようなものと理解したうえで記事を書いているのか。そんな根源的な問いが突きつけられた。

読者のみなさんは、新聞、テレビで以下のカギ括弧内のような決まり文句やコメントをよく見聞きするのではないか。私自身、何度か使ったことのある表現だ。

▽耳目を集める殺人事件の被疑者や、重大事故の関係者が逮捕・起訴された。「真相を徹底的に解明せよ」「捜査を踏まえて再発防止を図れ」

▽犯行に至る経緯などにわからない点があり、動機も不明のままだ。「真実の解明に至らず、捜査は大きな課題を残した」「心の闇が残った。社会の不安は取りのぞかれない」

▽取調べや捜査のゆきすぎが発覚した。「過去の教訓がいかされていない。自白の強要は許されない」

▽裁判所で無罪判決が言い渡された。「捜査当局の失態だ。捜査・公判を検証し、猛省しなければならない」

▽一審と二審、あるいは同じ事案をめぐる刑事と民事の裁判で結論が違った。「判断がこう揺れるようでは、司法に対する国民の信頼もゆらぐ」

▽「日本の有罪率は諸外国と比べてきわめて高い。異様というほかない」

それぞれの文脈ではもっともな指摘なのだと思う。しかしこのように抜き出して並べると、メディアは捜査や裁判に何を求めているのか、求めるべきなのか、考えこんでしまう。

微に入り細をうがって真相を明らかにせよ。動機についても、万人が納得できるものを被疑者本人から引き出せ。そう説きつつ、しかし自白を無理強いしてはならないという。無罪判決が出ると捜査のあり方を厳しく糾弾する一方で、有罪率の高さを批判する。

こうした報道が、何としてでも詳しい供述をとって有罪に持ち込まねばならないという自白偏重・有罪至上の考え、「警察・検察は常に正義を遂行している」とする独善的な体質、刑事裁判の真相解明機能に対する過剰な期待、裁判の無謬主義とその先にある再審請求の厚い壁――などを、一緒になってつくってきた面はないか。報道が捜査や裁判をゆがめる一因になってはいないか。

市民参加が実現し、刑事司法について議論し、考える機会が格段に増えたことで、こうした問題意識が胸に宿るようになった。

「評価型」への転換のインパクト

改めて言うまでもなく、刑事司法には相反する二つの要請がある。「個人の基本的人権の保障」と「事案の真相の解明」だ。日本では長らく後者に重きがおかれ、非常に強い捜査と捜査に依存した公判が、それを支えてきたといわれる。膨大かつ（一見すると）整合のとれた調書が作成され、法廷はその内容を確認する場となった。

「真相の解明」が無実の人を罰しないという範囲で追求されるのであれば、大きな問題はないだろう。しかし、ともすればそれは「処罰すべきは処罰しなければならない」「一人たりとも逃してはならない」という発想に転化する。

捜査当局のみならず、裁判官もその陥穽におちいりがちだと指摘する声をよく聞くが、取材記者も同じ気分を共有してきたように思う。捜査が圧倒的に優位な状況を少しでも変えようと、一九九〇年ころから弁護士会が手弁当で当番弁護士制度を始めるなど、いまにつながる見識あるとり組みもあったが、大きな構図はなかなか変わらなかった。

そこに登場したのが裁判員制度だった。一般の市民が加わり、限られた審理期間で結論を出すには、従来のように調書を丹念に読み込んで「真相」を発見する方法はとれない。証拠をしぼり、法廷でのやり取りから心証を得なければならないという実務上の要請は、法が予定しながら実現していなかった公判中心主義の考えをよみがえらせた。

そして、裁判員裁判を円滑に進めるための刑事訴訟法の改正や、制度がスタートする前に全国の裁判所で繰り返し行われた模擬裁判を通じて、刑事裁判を「真相解明型」から、弁護側の反証を踏まえてなお、検察官の主張する事実が合理的疑いを入れない程度に証明できているか否かを判断する「評価型」に変えていかなければならない、とする考えが広がった。真相解明が優先する世界のもとでは、たとえ検察側に見落としがあっても、裁判所が釈明を求めるなどして救いの手をさしのべることがあったが、判断者の立場に徹する評価型では、それは認められない。

刑事司法をめぐる思想やものの見方が大きく転換するのに立ち会いながら、それまで頭で理解し何度となく記事にもしてきた「推定無罪」「疑わしきは被告人の利益に」という言葉が、実感を伴って迫ってくる経験をした。おそらく職業裁判官も、裁判員にむかって審理にのぞむ基本姿勢や訴訟手続きを説明するなかで、刑事裁判の原則に改めて思いをいたしたのではないだろうか。

裁判員法施行から約一年半。二〇一〇年一二月に鹿児島地裁が言い渡した裁判員裁判の無罪判決は印象深い。強盗殺人の罪で死刑が求刑された事件について、判決は、被告人は殺害現場に行ったことがある、にもかかわらず法廷でうそをついてそれを否定した、などと被告人にとって不利な事実を認定した。しかし、だからといって犯人性が強く推認されるとは言えないとし、他の証拠を総合しても犯罪の証明はできていないと結論づけた。まさに「疑わしきは被告人の利益に」に忠実な判決で、事件報道にたずさわる記者にも大きなインパクトを与えたと思う。

折しもこの鹿児島事件の判決の三カ月前に、大阪地検の検事による証拠の改竄が発覚し、検察改革が重要課題に浮上した。翌年九月、検察の精神および基本姿勢を示すものとして策定された「検察の理念」（ＵＲＬ④）は、「事案の真相解明」に先立って「基本的人権を尊重し、刑事手続の適正を確保する」ことをかかげ、「あたかも常に有罪そのものを目的とし、より重い処分の実現自体を成果とみなすかのごとき姿勢となってはならない」と宣言した。

時の経過とともに改竄事件の衝撃がうすれ、揺り戻しの気配を感じるときもある。だが、検察がこうした規程を設けて公表したことは意義深い。強大な権力機関である検察のチェックは、メディアの使命のひとつだ。「検察の理念」はその活動の当否を判断する際のものさしになるし、警察をはじめとする第一次捜査機関の姿勢にも影響は当然及ぶ。機会をとらえては記事で紹介し、その内容を読者と確認しあう必要があると考えている。

四　橋渡し役として

以上書いてきたような刑事司法観が後戻りすることは、もはやないだろう。

真相の解明はもちろん重要だが、限界があることをわきまえ、過度な期待はつつしむ。捜査や裁判はある原則とルールの下で行われることを理解し、それらが築き上げられるまでに先人が重ねてきた失敗と反省を知る。そのうえでルールに不都合があると思えば、問題を提起し、改めることをタブー視しない。

こうした認識を社会全体で共有する必要がある。そして冒頭に書いたように、その目標にむけて市民と専門家との橋渡し役になるのが報道機関だ。メディア不信が深まり、影響力も相対的に落ちるなど厳しい環境下にあるが、重い社会的使命を担っていることに変わりはない。ものごとの本質をつかみ、かみくだき、わかりやすい言葉で伝える力が求められる。

思い出すのは、かつて米国サンフランシスコの裁判所で聞いた首席判事のスピーチだ。見学にきた小学生たちに、判事はこう説いていた。

「皆さん、正義の女神を知っていますか。目隠しをして、はかりを持っていますね。なぜ目隠しをしているんでしょう。だれに対しても偏見を抱いていないことを示すためです。人種とか肌の色とか、宗教、政治信条などではなく、裁判の結論は証拠に基づいて決められるのです。そして、その証拠の重みを量るために、はかりを持っているのです」

「では、裁判に勝つには言い分の正しさをどこまで証明する必要があるでしょうか。刑事裁判では、その被告人が犯人であると「合理的な疑い」をさしはさむ余地がないところまで、検察官が証明しなければなりません。正義の女神のはかりは水平ではなく、被告人に有利に傾いているのです。検察官が証拠を積みあげてはじめて、はかりは検察の方に傾きます」「検察側と被告側の証拠が同じくらいだったらどうでしょう。そう、ノット・ギルティー（無罪）です。イノセント（無実）とノット・ギルティーは違います。検察官が証拠に基づいて事件を立証できなければ、有罪にならないのです」

「皆さん、大きくなったら陪審員を務める時間をぜひ作ってください。それは私たちの民主主義の、最も重要な礎のひとつなのです」

注

（1）山口県光市でおきた母子殺害事件に関する三三本の番組を検証した放送倫理・番組向上機構（ＢＰＯ）の放送倫理検証委員会は、二〇〇八年四月一五日付で意見書を公表した。弁護団へのバッシングが過ぎるという指摘を受けての検証だった。そのなかで委員会は「刑事裁判――その前提的知識の不足」という章を立て、「番組制作者に刑事裁判の仕組みについての前提的知識が欠けていたか、あるいは知っていても軽視した、という事情があったのではないだろうか」と指摘した。意見書をしめくくる「おわりに」でも、「公正性・正確性・公平性の原則を十分に満たさない番組は、視聴者の事実理解や認識、思考や行動にもストレートに影響する。一方的で感情的な放送は、広範な視聴者の知る権利に応えることはできず、視聴者の不利益になる」と述べている(http://www.bpo.gr.jp/?p=2808&meta_key=2008　二〇一七年二月一日閲覧)。

(2)　日本新聞協会にはＮＨＫや民間放送各社も加盟している。これとは別に日本民間放送連盟は二〇〇八年一月一七日付で「裁判員制度下における事件報道について」を発表した。要旨、以下のような「考え方」が示されている。▽被疑者・被告人の主張に耳を傾ける▽一方的に社会的制裁を加えるような報道は避ける▽事件の本質や背景を理解するうえで欠かせないと判断される情報を報じる際は、当事者の名誉・プライバシーを尊重する▽多様な意見を考慮し、多角的な報道を心掛ける▽予断を排し、その時々の事実をありのまま伝え、情報源秘匿の原則に反しない範囲で、情報の発信元を明らかにする。未確認の情報はその旨を明示する▽国民が刑事裁判への理解を深めるために、刑事手続の原則について報道することに努める(https://www.j-ba.or.jp/category/topics/jba100657　同)。

参考ウェブサイト

① http://www.pressnet.or.jp/statement/report/011206_66.html(同)、http://www.pressnet.or.jp/statement/report/020418_91.html(同)
② http://www.kantei.go.jp/jp/sihouseido/report/ikensyo/(同)
③ http://www.pressnet.or.jp/statement/report/080116_4.html(同)
④ http://www.kensatsu.go.jp/content/000128767.pdf(同)

13 刑事司法をめぐる立法の力学
――被疑者取調べ録音・録画の義務化立法を素材にして――

葛野尋之

一 序論――問題の所在

「新時代の刑事司法」と二〇一六年刑事訴訟法改正

二〇一六年刑事訴訟法（以下、「刑訴法」）改正は、刑事手続に対し、大規模な変化をもたらすものである。その多くが施行前であるため、現実の変化は未だ確認できないものの、被疑者取調べの録音・録画の制度化、勾留された全被疑者への国選弁護人請求権の拡張、捜査・公判協力型協議・合意制度、刑事免責制度、通信傍受の対象犯罪拡張と手続簡略化など、「新時代の刑事司法」を標榜する二〇一六年改正が刑事手続のあり方に重大な変化を生むことは、間違いないであろう。

二〇一六年改正の契機となったのは、郵便不正事件における厚労省元担当課長である村木厚子氏の無罪判決、およびその後に発覚した担当検察官の証拠改竄事件である。郵便不正事件において、大阪地裁は、検察官が取調べ請求した共犯とされた元同僚らの供述調書の大半を採用することなく、村木氏に無罪判決を言い渡した(1)。元同僚らの証人尋問からは、村木氏の有罪を獲得せんがために、検察官の描いた有罪ストーリーに合致するよう供述調書を作り出していく取調べの実態が明らかにされた。大阪地検特捜部の担当検察官が検察官の有罪ストーリーに符合するよう重要な証拠物を改竄していたこと、そしてその行為を組織的に隠蔽しようとしたことの発覚によって、個々の検察官にとどまらず、検察が組織として「有罪獲得至上主義」に陥っていることが明らかとなった。

その後間もなくして、法務大臣は、私的諮問機関として「検察の在り方検討会議」(以下、「検討会議」)を設置し、同会議は一五回の集中的会議を経て、二〇一一年三月三一日、提言「検察の再生に向けて」を発表した。(2) 同提言は、捜査のあり方について、「被疑者の人権を保障し、虚偽の自白によるえん罪を防止する観点から、取調べの可視化を積極的に拡大するべき」だとし、あわせて「新たな刑事司法制度を構築する」ための広範囲な検討の場を設けることを求めた。

この提言を受けて、二〇一一年五月一八日、法務大臣は、法制審議会(以下、「法制審」)に対し、「近年の刑事手続をめぐる諸事情に鑑み、時代に即した新たな刑事司法制度を構築するため、取調べ及び供述調書に過度に依存した捜査・公判の在り方の見直しや、被疑者の取調べ状況を録音・録画の方法により記録する制度の導入など、刑事の実体法及び手続法の整備の在り方について、御意見を承りたい」とする諮問を発した。法制審内に設けられた「新時代の刑事司法制度特別部会」(以下、「特別部会」)は、三〇回に及ぶ会議と二〇回の作業分科会会議を経て、二〇一四年七月九日、「新たな刑事司法制度の構築についての調査審議の結果」(以下、「調査審議の結果」)を取り纏めた。(3) 同年九月一八日、法制審総会は、これを法務大臣に答申した。この答申を基にして作成されたのが、二〇一六年改正案である。

本稿の課題

本稿は、以下、特別部会の審議過程に着目し、立法の力学という観点から、警察・検察が強固に反対していたにもかかわらず、捜査機関に対して取調べ全過程の録音・録画を義務づける立法がいかにして実現したのかを明らかにし、捜査・訴追権限を抑制し、被疑者・被告人の権利を強化する刑事立法（以下、「権限抑制・権利強化立法」）を活性化させるために、いかなる方策をとりうるかについて検討する。

ところで、立法の力学という観点から立法過程を検討するさい、どのような範囲の立法過程に着目するかが問題となる。狭くみるならば、具体的な法案作成過程および立法機関たる国会における審議過程に着目することになろう。逆に広くみるならば、立法的改革を必要とした事実という意味での立法事実の形成過程にまで遡って、広範な過程に着目すべきことになろう。

この点を考えるうえで踏まえるべきは、刑事立法がどのように具体化されるかに対して、刑事司法の運用に携わる専門機関、すなわち警察、検察、裁判所、そして弁護士を代表する日本弁護士連合会（以下、「日弁連」）の組織としての立場ないし意見が、強い影響力を有していることである。実際、特別部会の委員二六名および幹事一四名のうち（以下、委員および幹事をあわせて「委員」という）、一般有識者七名、研究者一一名、内閣法制局関係者一名を除き、警察関係者が五名、法務省関係者を含む検察関係者が九名（ほかに法務省の関係官二名が出席）[4]、裁判所関係者が四名、日弁連関係者が五名を占めており、発言者名が明らかにされた議事録から分かるように、取調べの録音・録画に限らず、あらゆる改革課題について、これらの専門機関を代表する委員の発言が審議の内容を方向づけ、結果を左右する強い影響力を発揮した。このことからすれば、立法の力学を検討するにあたって、まずは、これら各専門機関の意見ないし立場が立法にどのように反映したかを確認する必要があろう。本稿が特別部会の審議過程に着目するのは、それゆえである。

また、本稿が被疑者取調べの録音・録画の制度化を素材として採りあげるのは、法制審に対する法務大臣の諮問にも示されているように、これこそが「新時代の刑事司法」改革の中心課題とされてきたからである。録音・録画の広がりは、実質証拠としての記録媒体の利用、録音・録画された被疑者の供述態度を基にした自白の信用性の印象的・

直観的判断など、新たな問題を生み出している。しかし、その制度化が、取調べ状況の客観的記録化により自白の任意性の正確な認定を可能にし、それを通じて取調べの適正化にも寄与するであろうことはたしかである。「新時代の刑事司法」立法が、虚偽自白を含む冤罪事件を直接の契機としていることからすれば、録音・録画の制度化が中心課題とされたのは当然だといえよう。

改正刑訴法による録音・録画の義務化は、捜査・訴追権限を拡大・強化するものとはいえない。むしろそれを抑制し、不適正な取調べの防止を通じて、被疑者の権利のより十全な保障につながるものである。このような立法に対しては、捜査・訴追権限を与えられている警察・検察の消極的姿勢が予想され、逆に、日弁連の積極的姿勢が予想される。立法の力学という観点からすると、両者の対立がどのように克服され、立法が実現したのかを検討することは有意義であろう。実際、特別部会において、警察・検察関係の委員は、最終局面に至るまで、捜査機関に対して取調べ全過程の録音・録画を義務づける案(以下、「義務化案」)に反対し、義務づける取調べの範囲を限定したうえで、取調べのいかなる場面を録音・録画するかを捜査機関の裁量に委ねるとする案(以下、「裁量案」)の採用を求めていた。他方、弁護士の委員は、もともと、全事件・全過程の録音・録画を義務化すべきとする立場をとっており、一般有識者の委員の多くも、それに与していた。義務化案と裁量案とが、厳しく対立していた。三年余りに及ぶ審議の結果、特別部会が全会一致により決定した最終案たる「調査審議の結果」は、対象事件を狭く設定し、広汎な例外を許容し、義務担保措置を限定しながらも、義務化案に立つものであった(5)。義務化案の合意形成に至る過程は、立法の力学という観点からすれば、恰好の検討素材となるであろう。

二　取調べ録音・録画をめぐる立法の力学

特別部会の審議結果と刑訴法改正

法制審への法務大臣の諮問と特別部会の設置に至る経緯は、上述のとおりであったが、特別部会は、第三〇回会議(二〇一四年七月九日)において、「調査審議の結果」を承認した。これを踏まえ、政府は、刑訴法等の改正案を作成し、二〇一五年三月一三日、第一八九回通常国会に提出した。録音・録画に関する規定には修正がないまま、二〇一六年五月二四日、改正案は可決・成立した。被疑者取調べの録音・録画に関する規定は、二〇一九年六月までに施行されることとされた。

改正刑訴法三〇一条の二によれば、捜査機関は、裁判員裁判対象事件および検察独自捜査事件について、逮捕・勾留されている被疑者を取り調べる(弁解録取を含む)ときは、取調べ全過程を録音・録画しなければならない。検察官は、これらの事件について、被告人の署名・押印のある供述録取書など刑訴法三二二条一項該当の書面の取調べを請求するにさいして、被告人・弁護人が供述の任意性を争った場合には、「当該書面が作成された取調べ又は弁解の機会の開始から終了に至るまでの間における被告人の供述及びその状況」を録音・録画した記録媒体の取調べ請求をしなければならず、記録媒体の取調べ請求がなされなければ、裁判所は、書面の取調べ請求を却下しなければならない。ただし、機器の故障、「被疑者が記録を拒んだことその他の被疑者の言動により、記録をしたならば被疑者が十分な供述をすることができないと認めるとき」、または指定暴力団構成員の犯罪に関する取調べであるときには、捜査機関は、録音・録画の義務を免除される。

権限抑制・権利強化立法における警察の同意

検討会議および特別部会の委員を務めた後藤昭は、特別部会の審議を振り返りつつ、次のような興味深い見解を提示している。後藤昭は、刑訴法改正案において、たしかに取調べの録音・録画の制度化は限定的なものでしかなく、協議・合意制度、通信傍受の対象犯罪拡張と手続簡略化など、誤判の防止という観点からすれば問題のある内容が含まれているにしても、二〇一五年提出の「この法案を活かす以外に、取調べの録音・録画を法制化する機会はない」という。すなわち、「現在の日本では、単純に捜査過程の透明度を高める、あるいは被疑者・被告人の権利保障を厚くするような立法はできないという現実がある。警察捜査を規制するための立法が、警察組織の反対を乗り越えてはできない」という「現実」があるというのである。[6]

法務大臣として法制審に諮問を行った江田五月も、後藤昭を聞き手とするインタビュー[7]のなかで、警察の影響力の大きさを指摘している。江田五月は、諮問前に国家公安委員長と会談し、「警察は可視化の制度化をはじめから拒否するわけではないが、制度化するのであれば警察の側からも考えて欲しい要求は出てくる」とする話を聞いたうえで、「細かなすりあわせまではありませんが一定の意思疎通をして、どこかで妥協できるという感触があって諮問し」たとしている。さらに、警察が反対するような「立法をしても警察が動かなければ絵に描いた餅です。だから警察をどう納得させられるかが大切で、限度はありますけど警察が制度化を納得したのは本当に大きいと思います」と述べている。このインタビューのなかで、後藤昭も、「今回議論に参加して、日本では刑事司法手続に関して警察が組織として反対するような立法はできないのだと痛感しました」と語っている。

立法過程に深く関与した二人により、警察の組織としての立場ないし意見が、制度化の成否やそのあり方に決定的影響を与えたこと、ひいては、その強力な影響力は刑事立法全般、とくに権限抑制・権利強化立法に及ぶものであることが指摘されている。

立法の力学と警察の同意

ここにおいて、一つの問いが生じる。警察は、特別部会の最終局面に至るまで、義務化案に対して強固な反対の立場をとっていた。しかし、特別部会の最終案たる「調査審議の結果」は、対象事件を狭く設定し、広汎な例外を許容し、義務担保措置を限定しながらも、捜査機関に対して取調べ全過程の録音・録画を義務づけるものであった。これは、従来の取調べ実務からすれば、捜査権限の抑制につながり、不適正な取調べの防止を通じて、被疑者の権利のより十全な保障を可能にするであろう。立法の力学という観点からしたとき、警察はどのような理由から、このような義務化案に最終的に同意したのであろうか。

考えうる第一の回答は、警察は、義務化案とはいっても、対象犯罪の狭い設定、広汎な例外の許容および義務担保措置の限定によって、その実質が失われたと理解し、それゆえあえて反対するまでもないと考えたというものである。しかし、特別部会の「調査審議の結果」において、対象犯罪は、捜査・訴追機関が有罪獲得を最も強く希求するはずの主要な重大犯罪に関する裁判員裁判対象事件を含むものであり、また、例外事由および義務担保措置についても、これらが義務化案の実質を損なうようなものとなるかは、立法がなされた後、裁判所がこれらをどのように解釈・運用するかにかかっており、裁判所がこれらを厳格に解釈・運用する可能性も低くはないはずである。実際、特別部会の審議において、現職裁判官の委員が、厳格な解釈・運用を示唆していた。そうであるならば、少なくとも、この回答が唯一の、または主要な理由だとはいいにくいであろう。もっとも、警察が義務化案に同意したのは、これらの限定が付加されたことが主要な理由だとはいえないにせよ、審議の最終局面における警察関係の委員の発言から窺われるように、これらの限定がなければ、警察の同意は得られなかったであろうとはいえよう。警察の同意の「必要条件」になったということである。

第二の回答は、通信傍受の対象犯罪拡張と手続簡略化、捜査・公判協力型協議・合意制度の導入など、捜査・訴追権限を拡大・強化する立法とのバーターとして、すなわちこれらの立法提案の合意を確保するために、義務化案に同意したというものである。しかし、これらの立法に消極的立場をとっていたのは、弁護士の委員のほか、研究者および一般有識者の委員の一部にとどまり、反対意見が特別部会の多数を占めてはいなかった。警察としては、これらの立法を強く求めるのであれば、反対意見を押し切って、立法提案を決定することも可能であったといえよう。あえて義務化案への同意を「交換条件」とするまでもなかったのである。もちろん、反対意見を鎮め、全会一致によって、捜査・訴追権限を拡大・強化する立法提案の合意を形成するためのバーターであったという見方は可能かもしれない。とはいえ、そのための交換条件として義務化案に同意するというのは、警察が、取調べの真相解明機能を大きく損なうことになるとして、義務化案に対して強固な反対の立場を貫いてきたことからすれば、均衡を欠いているといえよう。そうであるならば、第二の回答も、唯一のまたは主要な理由だとはいいにくい。

このように考えると、次のような仮説が成り立ちうるであろう。すなわち、警察に対して義務化案への同意を促す力が、検察、裁判所、弁護士会という他の専門機関との関係のなかで生じ、その力が作用したがために、警察は義務化案に同意するに至ったという仮説である。これについて検証するために、特別部会の審議経過を確認しておく。

三　特別部会の審議経過

特別部会における義務化案と裁量案の対立

特別部会の審議は、義務化案と裁量案の鋭い対立を軸にして展開した。

特別部会第五回においては、現職の警察官および検察官からのヒアリングが行われたが、両者とも真相解明のための取調べの重要性を強調しつつ、録音・録画が被疑者から真実の供述を獲得することを困難にすると指摘した。とくに取調べ全過程の録音・録画の義務化については、取調べの真相解明機能を大きく害するとして、強い反対を表明した。

審議は、第九回会議から本格化した。取調べの録音・録画をめぐっては、警察・検察関係の委員が、取調べの真相解明機能を害さない限りでの録音・録画を要求した。これに対して、弁護士の委員は、全事件・全過程の録音・録画の必要性を強調した。研究者と一般有識者の一部委員がこれに与する一方、警察・検察関係の委員は、取調べの真相解明機能を大きく損なうことになるとして、義務化案に強く反対し、録音・録画をするにしても、いかなる範囲の取調べについて行うかの判断は、捜査機関の裁量に委ねるべきだとした。義務化案と裁量案の対立である。裁判所関係の委員は、制度化のあり方については、明確な意見を表明しなかった。

第一三回会議において事務局が提出した「取調べの録音・録画制度の枠組み」においても、対象とする取調べの範囲については、原則全過程の義務化、一定部分の義務化、捜査機関の裁量の三案が併記された。また、例外の設定、必要な録音・録画がなされなかった場合の法的効果も重要論点とされた。第一三回・第一七回会議においても、警察・検察・日弁連関係の委員は、先と同様の意見をあらためて表明した。義務化案と裁量案の鋭い対立は続いた。

第一九回会議においては、審議の中間総括として、「時代に即した新たな刑事司法制度の基本構想」(以下、「基本構想」)が策定された。(8) 「基本構想」案をめぐる第一八回・第一九回会議においても、裁量案と義務化案の対立は続いた。それまでの審議を反映して、「基本構想」は、「被疑者取調べの録音・録画制度の導入については、以下の二つの制度案を念頭に置いて具体的な検討を行う」とし、「一定の例外事由を定めつつ、原則として、被疑者取調べの全過程について録音・録画を義務付ける」とする義務化案と、「録音・録画の対象とする範囲は、取調官の一定の裁量に委ねるものとする」とする裁量案を併記した。義務化案における対象事件については、「裁判員制度対象事件の身柄事件を念頭に置いて制度の枠組みに関する具体的な検討を行い、その結果を踏まえ、更に当部会でその範囲の在り方についての検討を加える」こととした。

特別部会は、専門家の委員各七名により構成される二つの作業分科会を設置し、「基本構想」に基づき、制度案の具体化のための検討を進めた。取調べの録音・録画については、第一作業分科会が担当し、途中経過を特別部会第二〇回ないし第二二回会議に報告し、特別部会全体の意見を徴したうえで、特別部会第二三回において、義務化案、裁量案のそれぞれに沿った具体的制度案を、「作業分科会における検討結果(制度設計に関するたたき台)」(以下、「たたき台」)として提示した。義務化案は、被疑者が十分な供述をしないおそれがあるときなどを例外事由とし、また、義務担保措置については、供述の証拠能力の制限または取調べ状況の立証制限を設けるという案と、とくに新しい規定を設けないとする案を併記していた。裁量案は、弁解録取および供述調書の作成および署名・押印の場面については録音・録画を義務化したうえで、それ以外の取調べについての録音・録画を捜査機関の裁量に委ねるとするものであった。

特別部会における義務化案の合意形成

「たたき台」策定をめぐる議論において、警察・検察関係の委員は、義務化案について、例外の設定を過不足なく行うことは不可能であり、また、捜査官が取調べへの支障が大きいと考えても、違法と判断されることをおそれて録音・録画を実施せざるをえなくなり、供述の獲得が困難になるから、結局、裁量案によるしかないとする意見を繰り返した。とりわけ警察関係の委員の意見は強硬であった。

注目されるのは、警察・検察関係の裁量案を求める発言が続くなかで、裁判所関係の委員が、義務化案への支持を示唆する態度をとったことである。すなわち、義務化案について、例外の拡大に懸念を表明し、事後的検証が可能なように、例外事由を客観的かつ明確に規定すべきであるとし、対象事件についても、段階的拡張を視野に入れ、できるだけ広く設定すべきであり、また、訴訟における事後的争いに備えて、対象事件について逮捕・勾留されていなくとも、余罪としての対象事件の取調べがなされる場合には、録音・録画を義務づけるべきだとしたのである。

策定された「たたき台」をめぐっても、第二三回会議においては、弁護士の委員が、義務化案を支持しつつ、例外事由を限定し明確化すべきこと、義務履行の強力な担保措置を講じることを主張したのに対して、警察・検察関係の委員は、義務化案においては例外を過不足なく設定できないこととともに、余罪取調べについても義務化することの実際上の困難を指摘して、裁量案によるべきだと繰り返した。対立の構図は、ある研究者委員が、特別部会開始時から平行線を辿り、ほとんど進歩がないと指摘したほどであった。

第二五回会議の「たたき台」をめぐる審議の最終段階においては、注目すべき動きが生じた。もともと、特別部会においては、一般有識者の委員が多く参加し、重要な役割が期待されていた(9)。その一般有識者の委員のうち五人が共同して、義務化案を支持しつつ、実務的観点からする段階的実施の可能性を含みつつ、対象事件を全事件とし、例外事由も限定的・客観的なものとすべきであり、検察官取調べについては参考人取調べも録音・録画すべきだとする意見書を提出したのである。

さらに注目されるのは、現職裁判官の委員の発言である。すなわち、供述の任意性を立証するための最良証拠は録音・録画媒体であるから、今後、個々の裁判においてもその取調べが中心となり、録音・録画媒体が存在しない場合には、供述の証拠能力について、証拠調べ請求をする検察官に現在よりも重い立証上の責任が課されることになり、このことは、被疑者の供述が鍵となる事件においては、録音・録画義務が課される事件も、課されない事件も同じであるとする意見が示されたのである。これは、義務化案をとった場合、例外を広汎に認めるべきではなく、また、裁量案をとったとしても、結局、確実な任意性立証のために、全過程を録音・録画せざるをえないことを示唆するものであった。このようななかで、検察関係の委員は、義務化案に対する懸念を繰り返しながらも、発言のトーンからすると、反対の強硬さはいくらか弱まったようである。

第二六回会議においては、「事務当局試案」が提出された。ここにおいて、裁量案は採用されず、義務化案のみが残された。もっとも、対象事件を裁判員裁判対象事件に限定する案と、それに加えて全身柄事件の検察官取調べも対象とする案とが併記されたほか、被疑者が十分な供述をしないと認めるときなど広汎な例外が設定され、また、取調べ請求義務の対象は、供述調書を作成した取調べについての記録媒体に限定された。警察関係の委員は、裁量案が採用されなかったことに強い遺憾の意を表明しつつ、例外の設定、担保措置としての立証方法の制限、余罪取調べについての録音・録画義務という点において、「事務局試案」の義務化案には重大な問題が残されており、それらの問題が解消されなければ、警察としては再度裁量案について検討を求めるとした。検察関係の委員からは、このような意見に同調する発言はなされなかった。他方、裁判所関係の委員は、義務化案に反対することなく、取調べ請求義務の対象が供述調書を作成した取調べについての記録媒体に限定されたとしても、全過程の録音・録画が義務化される以上、供述の任意性が争われたときは、例外事由に該当しない限り、調書作成以前の取調べについての記録媒体を取り調べることとなり、例外事由の存否が問題になることが多くなるであろうものの、任意性の判断は実務的に可能であろうとの意見を述べた。議論の焦点は、義務化案を前提として、対象事件について、全事件への拡張を視野に入れつつ、全身柄事件の検察官取調べも含めるか、取調べ請求義務の対象を供述調書が作成された取調べについての記録媒体に限定するか、被疑者が拒否した場合以外であっても録音・録画により十分な供述が得られないと認められること、指定暴力団構成員の犯罪であることを例外事由とするかに当てられた。

第二八回会議においては、「事務当局試案(改訂版)」が提出された。ここにおいては、義務化案について、対象事件を裁判員裁判対象事件に加え、検察独自捜査事件とする修正案が示された。弁護士の委員は、対象事件を裁判員裁判対象事件以外の事件にも拡張した提案を行ったが、この提案をめぐって、警察関係の委員は、録音・録画が取調べの機能を害し、真相解明に支障を生じさせることから、対象事件の拡張を予定しつつ義務化案を導入することには断固として反対であり、そのような前提に立つのであれば、裁量案に立ち戻るよう求めることになるとした。警察としては、義務化案に同意するための最低条件が、警察取調べについては、対象事件を裁判員裁判対象事件に限定することであると示唆したのである。

対象事件の拡張を求める弁護士の委員および一般有識者の委員の意見が続くなかで、元検事総長の委員は、警察のこの意見表明を受けて、任意性・信用性の判断における裁判官の負担の大きさからすれば、対象事件を裁判員裁判対象事件に限定することには合理性があるとしたうえで、「警察が裁判員裁判については義務化結構だと踏み切ってくれたことは、やはり、この会議がまとまっていく方向での非常に大きな一つの決断であったと思う」と指摘し、それ以上に対象事件の拡張を求めるべきではないとした。義務化案への警察の同意を確保するためには、対象事件について妥協する必要があると示唆したのである。

ところで、第二八回会議においては、会議の数日前に当たる二〇一四年六月一六日、最高検察庁が発した「取調べの録音・録画の実施等について（依命通知）」が報告された。この「依命通知」は、裁判員裁判対象事件、知的障害によりコミュニケーション能力に問題がある被疑者の事件、精神障害により責任能力の減退・喪失が疑われる被疑者の事件および検察官独自捜査事件について、録音・録画を「本格実施」し、また、本格実施対象事件以外の事件についても、録画が必要と考えられる事件であれば、被害者や参考人に対する取調べを含め、新たに録画の「試行」を開始するとするものであった。しかし、注意すべき点は、「本格実施」、「試行」のいずれにおいても、取調べ全過程の録音・録画を義務づけるものではなく、いかなる範囲の取調べを録音・録画するかは、結局のところ検察官の裁量的判断に委ねられていたことである。もし特別部会において義務化案の合意を形成することができなければ、この「依命通知」のもとで、検察官取調べにおいては、裁量による部分的な録音・録画が広がることになろうし、他方、警察取調べにおいては、録音・録画自体への消極的姿勢を反映して、裁量による録音・録画が非常に限定された範囲において行われるにすぎなくなることが予想された。最高検察庁の「依命通知」は、対象事件の限定を受け入れつつ、義務化案の合意を形成するよう促す強い力となった[10]。

第二九回会議においては、「調査審議の結果(案)」が提出された。ここにおいても、対象事件を裁判員裁判対象事件および検察独自捜査事件とする義務化案が採用されていた。これをめぐる審議においては、弁護士の委員および一般有識者の委員から、対象事件を拡張すべきとの意見が表明されたものの、多数の受け入れるところとはならなかった。むしろ、義務化案の合意形成のためには、対象事件の限定が必要であることを示唆する意見が、検察関係の委員からだけでなく、研究者の委員からも表明された。

第三〇回会議においては、「調査審議の結果(案)(改訂版)」が提出され、最終案が採択された。取調べの録音・録画について、実質的修正はなされなかった。

四　権限抑制・権利強化立法の実現をめぐる力学

義務化案の合意形成をめぐる立法の力学

以上の審議経過を立法の力学という観点からみると、次のようなことが分かる。すなわち、後藤昭および江田五月が指摘するように、義務化案の合意形成、したがって義務化立法の実現において、警察の同意が決定的に重要であったことである。警察は最終局面に至るまで、録音・録画自体に対し消極的姿勢を貫き、裁量案の採用を求め続けた。特別部会の審議経過から分かるように、警察が最終局面において義務化案を拒絶し、裁量案の採用をあらためて要求していたとすれば、義務化立法は実現しなかったに違いない。もともと全事件・全過程の録音・録画の義務化を求めていた弁護士会の委員などが、対象事件の限定、広汎な例外の設定、義務担保措置の限定を容認せざるをえなかったのも、義務化案への警察の同意を得るためであろう。

義務化案に対し強硬な反対姿勢を貫いてきた警察が、最終的に同意したことには、検察および裁判所の態度が影響を与えていたようにみえる。検察関係の委員は、特別部会当初より、警察関係の委員と歩調を合わせる形で、義務化案に反対し、裁量案の採用を要求していた。警察関係の委員の態度が、審議を通じて、一貫して強硬であったのに対して、検察関係の委員は、審議終盤になると、態度を軟化させていき、ついには義務化案への反対を唱えなくなった。検察のこのような態度の変化により、警察は孤立した。

さらに、検察の態度の変化には、裁判所の態度が影響を与えていたようにみえる。裁判所関係の委員は、特別部会の審議において、義務化案、裁量案のいずれか一方を明確に支持する意見を表明することはなかった。しかし、裁量案を支持する意見を明示しないまま、訴訟において事後的に争われた場合に備えて、義務化案における例外事由を限定しつつ明確化するよう求めたことは、義務化案の支持を示唆するものであった。また、第二五回会議において、現職裁判官の委員が、訴訟において供述の任意性の立証と判断を迅速かつ確実に行うためには、義務化案をとる場合、広汎な例外事由を認めるべきではなく、かりに裁量案をとったとしても、結局、確実な任意性立証のために全過程の録音・録画を行わざるをえないであろうことを示唆する意見を表明したが、このような裁判所の態度は、任意性立証に直接の責任を負う立場にある検察に対して、義務化案の支持を促す力として作用したであろう。実際、この時期以降、検察関係の委員から、裁量案の採用を明確に要求する意見が表明されることはなかった。

このようにみるならば、義務化案への警察の同意は、裁量案の支持において孤立した結果、裁量案に執着するのではなく、義務化案に同意したうえで、対象事件の範囲、例外事由の規定、義務担保措置の限定の点において、検察と意見を一致させながら、自己の立場を実現させようという選択によるものであったといえよう。別の見方をするならば、警察が義務化案に同意したのは、裁判所に促される形で、裁量案の支持において検察が警察から離れ、積極的な形ではないにせよ、義務化案を支持するに至ったからであるといえよう。

立法の力学という観点からこれを敷衍するならば、次のようになろう。権限抑制・権利強化立法、すなわち捜査・訴追権限を抑制し、被疑者・被告人の権利を強化するような刑事立法が実現するためには、警察の同意が必要である。(11)警察が同意しうるのは、検察が警察と共同することなく、そのような立法を支持した場合である。検察の支持の可能性は、裁判所がそれを促す態度をとった場合において高まる。

立法の力学と身体拘束制度の改革

権限抑制・権利強化立法について、このような力学が働くとするならば、裁判所および検察が立法を支持することがない限り、警察が同意することはなく、警察の同意がない以上、立法は実現しないということになる。今般の刑事司法改革において、そのような結果に終わった例として、被疑者の身体拘束制度の改革がある。(12)

逮捕・勾留の要件たる理由・必要性の認定に厳格さが欠け、その結果、本来ならば身体を拘束されるべきでない被疑者が拘束されており、また、身体拘束が、被疑者に自白を強いる圧力として作用している。このような認識に立って、特別部会の開始時期から、弁護士の委員は、被疑者の身体拘束制度の改革を提起していた。これに応えて、「基本構想」は、具体的検討課題として、勾留と在宅とのあいだの中間的処分の新設とともに、適正な運用を担保するための指針規定の創設を提示した。いずれについても、警察・検察関係の委員を中心に、厳しい反対意見が表明されたものの、第二三回会議において提出された「たたき台」は、「考えられる制度の概要」を示していた。

しかし、「たたき台」をめぐるその後の審議においても、強硬な反対意見が続いた。中間的処分の新設をめぐっては、中間的処分によって確実に罪証隠滅を防止することができるか、遵守事項として取調べのための出頭義務を課すべきか、その前提として、逮捕・勾留されている被疑者は取調べを受忍する義務を負うかなど、また、指針規定の創設をめぐっては、被疑者の否認・黙秘と罪証隠滅の意図の認定との関係はどうか、被疑者勾留と被告人勾留とのあいだで必要性の要件に違いがあるかなど、困難な理論的問題が存在した。これらについて意見の対立は解消されず、第二六回会議において提出された「事務当局試案」は、「身柄拘束に関する判断の在り方についての確認的な規定を設ける」とするにとどまった。さらに、「調査審議の結果」は、被疑者勾留に関するいかなる立法提案をも含まず、被告人勾留について、「裁量保釈の判断に当たっての考慮事情を明記する」とするのみであった。

被疑者の身体拘束制度の改革について、意見の一致が得られなかったことは、たしかに先にあげた理論的問題における意見の対立に起因するといえよう。しかし、「調査審議の結果」の「附帯事項」が、「現在の運用についての認識が大きく相違し、共通の認識を得るには至らなかった」と指摘したように、理論的問題における意見の対立の背後には、身体拘束の運用についての現状認識における大きな隔たりがあった。現状認識における懸隔の大きさが、理論的問題についての意見の対立にも反映していたといってよい。

中間的処分および指針規定の新設に積極的な立場は、先のような現状認識に立っていた。これに対して、消極的な立場は、逮捕・勾留は適正に運用されており、問題のある事例があったとしても、それは希有な例外にとどまるとの現状認識を有していた。積極的立場は、無罪となった被告人が長期間拘束された例をあげるなどして、運用の問題点を指摘した。しかし、消極的立場は、制度改革の必要を示す「立法事実」を具体的・実証的に提示するよう繰り返し求め、結局、両者のあいだで現状認識の溝は埋まらなかった。

警察・検察関係の委員は、運用に問題はないとする現状認識に立った。捜査機関は、犯罪の嫌疑のほか、逮捕・勾留の理由・必要性について慎重かつ厳格に判断しているとしたのである。注目されるのは、裁判所関係の委員も、裁判所はこれら身体拘束の要件を慎重かつ厳格に判断しており、それゆえ逮捕・勾留は適正に運用されているという認識を繰り返し表明したことである。警察・検察のみならず、裁判所も、自らの運用に問題があることを頑として認めなかった。このような三者の一致を前にして、改革は頓挫した。

上述した立法の力学からすれば、裁判所が現状に問題はないとの認識に立ち、権限抑制・権利強化立法が必要であると認めない以上、検察も立法を支持することはなく、したがって警察が立法に同意することもないことになる。被疑者の身体拘束の改革は、まさにそのようになった。

五　結語——権限抑制・権利強化立法の活性化のために

冤罪事件、人権侵害事件などを通じて、捜査・訴追権限の発動のあり方に問題があることが明らかになり、権限抑制・権利強化立法の必要性とそのあり方が検討されるときに、そのような立法の実現には警察の同意が必要であり、さらにそれを可能とするためには検察の支持がなければならないというのは、立法の力学をめぐる構造的矛盾といえよう。捜査・訴追権限を与えられている機関が自己の権限を抑制する立法に積極的姿勢をとることを、本来、期待することはできないからである。警察の同意と検察の支持を必要とする限り、権限抑制・権利強化立法は活性化しないであろう。

取調べ録音・録画を義務化する立法に至る特別部会の審議経過から示唆されるのは、その可能性があるとすれば、裁判所が権限抑制・権利強化立法に積極的姿勢をとり、それを通じて、検察に対し立法への支持を促す場合であろうということである。裁判所が積極的姿勢をとる可能性を高めることが、権限抑制・権利強化立法の活性化につながるのである。

その可能性を高めるための一つの方策は、立法提案を行う機関の構成を刷新することであろう。現在その役割を担っている法制審は、法務大臣の諮問機関であり、刑事立法について審議を行う部会の場合、委員の構成としては、検察関係者が多くを占め、警察関係者も多数参加している。特別部会もそうであった。これを改め、たとえば、法制審議会とは別の機関を設置し、組織的に法務省からは切り離し、捜査・訴追機関からの実質的な独立性を確保したうえで、現職裁判官を含む裁判所関係者を中心に委員を選任し、警察・検察関係者は助言者的役割において関与するにとどめることなどが考えられよう。裁判所が立法において期待される役割を発揮しうるような組織体制を作るのである。裁判所が立法により積極的に関与したとしても、裁判所が法規定を解釈・運用するにあたり立法論的立場を反映させるということにはならないから、そのことが裁判所の司法機関としての機能と矛盾するものではない(13)。

しかし、被疑者の身体拘束制度の改革をめぐる特別部会の審議経過から窺うことができるように、裁判所関係者も、自らの制度運用に問題があると認めることには消極的である。この限界を克服するためにはなにが必要か。それは、制度運用に関する正確な現状認識を共有することであろう。特別部会の審議経過をみたとき、異なる立場の専門機関が自らの有する現状認識を提示し合い、それを衝突させても、溝を埋めることはできないようである。イギリスにおいて、かつて一九八四年警察・刑事証拠法を制定するさいに行われたように、立法提案を行う機関が自ら綿密な調査を行うことに加え、外部の個人・団体に広く運用状況に関する資料の提出を呼びかけ、また、重要問題については、公平な立場にある研究者のチームに調査を委託し、必要十分な調査権限を与えたうえで、徹底した調査を実施させ、それらの調査結果をもって「立法事実」を確定することが有用であろう(14)。調査結果の信頼性は、科学的妥当性が認められる調査方法が用いられることに加え、調査過程の透明性を確保し、調査実施者に説明責任を尽くさせることによって保証されるであろう。

(1) 大阪地判二〇一〇(平二二)・九・一〇判タ一三九七号三〇九頁。この事件の捜査・公判などについては、村木厚子『私は負けない――「郵便不正事件」はこうして作られた』(中央公論新社、二〇一三年)参照。

(2) http://www.moj.go.jp/content/000072551.pdf(二〇一七年二月二〇日閲覧)。これについて、「特集・検察再生のゆくえ」『ジュリスト』一四二九号(二〇一一年)など参照。

(3) 特別部会の審議過程およびその結果について、http://www.moj.go.jp/shingi1/shingi03500012.html(二〇一七年二月二〇日閲覧)。「調査審議の結果」および刑訴法改正案について、「特集・法制審特別部会は課題に答えたか」『法律時報』八六巻一〇号(二〇一四年)、「特集・「新たな刑事司法制度」の構築」『論究ジュリスト』一二号(二〇一五年)、「特集・刑訴法改正は刑事司法に何をもたらすか」『法律時報』八八巻一号(二〇一六年)など参照。

(4) 法務省と検察庁の結びつきは強く、上級職員の多くを検事が占め、実際、特別部会の委員を務めた法務省関係者もすべて検事であったことから、以下、法務省関係の委員を含め、検察関係の委員とする。

(5) 例外事由の広汎さ・曖昧さおよび義務担保措置の限定をめぐる問題について、葛野尋之『刑事司法改革と刑事弁護』(現代人文社、二〇一六年)一五三頁以下参照。

(6) 後藤昭「刑訴法等改正案の全体像」『法律時報』八八巻一号(二〇一六年)七頁。

(7) 江田五月(聞き手・後藤昭)「インタビュー・刑訴法改正に思う」『法律時報』八八巻一号(二〇一六年)。

(8) 「基本構想」について、「特集・刑事手続の構造改革」『法律時報』八五巻八号(二〇一三年)参照。

(9) 一般有識者の位置づけについて、江田・注(7)インタビュー八頁参照。

(10) この点について、一般有識者委員の一人による、周防正行「部会の議論で感じ、思ったこと」『法律時報』八六巻一〇号(二〇一四年)一二頁、同『それでもボクは会議で闘う――ドキュメント刑事司法改革』(岩波書店、二〇一五年)一三四頁以下参照。

(11) 捜査・公判協力型協議・合意制度をめぐる特別部会の審議経過をみると、捜査・訴追権限を強化する立法についても、権限抑制・権利強化立法の場合と同じく、立法の実現のためには、警察の同意ないし支持が必要であるかにみえる。「基本構想」および「たたき台」は、協議・合意制度の運用に警察が直接関与することを認めていなかった。この時点において、警察は、協議・合意制度の創設に対して、すこぶる消極的な意見を表明していた。しかし、第二五回会議において、元検事総長の委員が、「日本型司法取引」制度としては、捜査の障害を除去するためにも、協議の過程を効率的に進めるためにも、第一次捜査機関たる警察が関与することが求められると発言し、第二六回会議において提出された「事務当局試案」が、司法警察員の関与を認める案を採用すると、第二八回会議において、警察関係の委員は、それまでの立場を転換し、制度の創設に積極的な賛意を表明した。かくして、「調査審議の結果」を経て成立した改正刑訴法は、司法警察員の関与を認めるものとなった(三五〇条の六)。このような審議経過からすると、立法を実現するために、警察の支持を獲得しようとして、司法警察員の関与を認める修正がなされたようにみえる。

(12) 特別部会の審議経過について、豊崎七絵「被疑者・被告人の身体拘束の在り方」川﨑英明・三島聡編著『刑事司法改革とは何か』(現代人文社、二〇一四年)参照。また、葛野尋之「被疑者の身体拘束制度——残された改革課題」村井敏邦・海渡雄一編『可視化・盗聴・司法取引を問う』(日本評論社、二〇一七年)参照。

(13) 立法過程のなかで直接的な役割を担うのではなくとも、裁判所、とくに最高裁判所は、判例を通じて、刑事立法に対して強い影響を与えることができるであろう。特別部会の審議経過をみたとき、たとえば被疑者取調べ録音・録画の義務化案における義務担保措置をめぐって、義務違反があったときにどのような制裁措置を講じるべきかという文脈において、違法収集証拠排除法則の適用基準に関する最高裁判例が、立法によっても変えることのできない前提であるかのように扱われ、捜査機関の有意的ではない義務違反に対して供述排除の効果を与えることは、最高裁判例の適用基準に照らして、担保措置として過剰であるとの意見が優勢となった。最高裁判例が、このような形において刑事立法の枠組みを規定する機能を有しているのであれば、最高裁判所は、捜査権限を抑制し、被疑者・被告人の権利を強化するような判断を積極化することによって、そのような判例を通じて、権限抑制・権利強化立法の活性化を促すこともできるであろう。

(14) 井上正仁・長沼範良「イギリスにおける刑事手続改革の動向(一—四)」『ジュリスト』七六五・七六六・七六九・七七〇号(一九八二年)参照。制度改革を提案する報告書(The Royal Commission on Criminal Procedure, *Report* [Cmnd. 8092, 1981])とあわせて、その前提となる制度および運用の現状を明らかにした報告書(The Royal Commission on Criminal Procedure, *The Investigation and Prosecution of Criminal Offences in England and Wales: The Law and Procedure* [Cmnd. 8092-1, 1981])が発表されている。外部の専門家チームによる調査報告書も、別に複数、公刊されている。

●執筆者紹介

宮澤節生（みやざわ・せつお）　カリフォルニア大学ヘイスティングス校　法社会学

デイヴィッド・ジョンソン（David Johnson）　ハワイ大学　法社会学

平山真理（ひらやま・まり）　白鷗大学　刑事法

石田倫識（いしだ・とものぶ）　愛知学院大学　刑事訴訟法

村木厚子（むらき・あつこ）　元厚生労働事務次官

村岡啓一（むらおか・けいいち）　元弁護士，白鷗大学　刑事訴訟法

川﨑英明（かわさき・ひであき）　関西学院大学　刑事訴訟法

安 原　浩（やすはら・ひろし）　元裁判官，弁護士

田口真義（たぐち・まさよし）　不動産業，裁判員経験者

水野真木子（みずの・まきこ）　金城学院大学　法言語学，通訳翻訳学

中谷陽二（なかたに・ようじ）　筑波大学名誉教授　司法精神医学

渡辺雅昭（わたなべ・まさあき）　朝日新聞社

葛野尋之（くずの・ひろゆき）　一橋大学　刑事法

●責任編集

後藤 昭

1950年生．青山学院大学教授，一橋大学名誉教授．
刑事訴訟法．

シリーズ刑事司法を考える 第3巻
刑事司法を担う人々

2017年4月21日 第1刷発行

編 者 後藤《ごとう》 昭《あきら》

発行者 岡本 厚

発行所 株式会社 岩波書店
〒101-8002 東京都千代田区一ツ橋2-5-5
電話案内 03-5210-4000
http://www.iwanami.co.jp/

印刷・理想社 カバー・半七印刷 製本・牧製本

ISBN 978-4-00-026503-4 Printed in Japan